BIBLIOTHÈQUE
FRANÇAISE.

ABRÉGÉ

DE

L'HISTOIRE GÉNÉRALE

DES VOYAGES;

Par J.-F. LAHARPE.

TOME ONZIÈME.

PARIS,
MÉNARD ET DESENNE, FILS.

1825.

ABRÉGÉ

DE

L'HISTOIRE GÉNÉRALE

DES VOYAGES.

SECONDE PARTIE.

ASIE.

LIVRE CINQUIÈME.

ASIE CENTRALE ET THIBET.

CHAPITRE IV.

Petite Boukharie.

CE nom désigne très-improprement le pays situé à l'est de la grande Boukharie, car il est beaucoup plus étendu que celui-ci ; mais comme la grande Boukharie resta le siége du gouvernement lorsque ses habitans eurent conquis la contrée à l'est, et que celle-ci n'offrait pas encore un état politique régulier, on lui appliqua une dénomination qui exprimait son infériorité, sous ces deux rapports. En lui conservant le nom de *Boukharie*, on devrait l'appeler haute Boukharie, parce qu'elle est plus élevée et plus froide que le pays à l'ouest; alors celui-ci serait la basse Boukharie.

Ces deux pays sont nommés *Touran* par les écrivains persans; *Maravarannahar* par les Arabes, c'est-à-dire au-dessous de l'eau (la mer Caspienne); par les Orientaux en général, *vara djihon* (au-dessous du Djihon). Comme il fut habité d'abord par des Tartares ou Turcs, on le comprit sous la dénomination générale de Turkestan, et il fut indiqué particulièrement sous celle de Turkestan oriental. Rubriquis le nomme *Karakitai*, la géographie chinoise *Toufan*, l'historien de Gengis-khan *Dsagatai oriental*. Quelques auteurs qui en ont parlé l'ont appelé *Mogolistan*; enfin, comme le pays est difficile à garder par ceux qui en font la conquête, et qu'il s'est fréquemment partagé en plusieurs souverainetés indépendantes, il en a été question sous le nom des villes capitales de chacun de ces états.

La petite Boukharie touche au nord et à l'est à la partie du désert de Cobi, occupée par les Kalmouks; au sud, au Thibet; à l'ouest, à la grande Boukharie. Entourée sur plusieurs points par des espaces déserts, ses limites ne peuvent se fixer avec précision. Il paraît qu'elle s'étend à peu près entre le 39e et le 45e degré de latitude nord, et du 67e au 81e degré de longitude, à l'ouest de Paris. Une grande partie de cette vaste surface est occupée par le désert de Cobi. Sa grande élévation et la hauteur des montagnes la rendent beaucoup plus froide qu'elle ne devrait l'être d'après sa position.

Les principales rivières sont celles d'Yerkend, qui traverse les pays du sud au nord, et va se jeter dans le lac Lop, au milieu du désert, et l'Hotoma-soulou, qui porte aussi le tribut de ses eaux à ce lac. L'Yerkend coule avec rapidité dans les montagnes dont il sort, et charrie de l'or; mais en plaine son cours est très-lent et interrompu par intervalles; ses affluens se perdent fréquemment dans les steppes, puis reparaissent plus loin.

On trouve dans ce pays de l'or, de l'argent, des pierres précieuses, et même des diamans; c'est le lit des rivières et des torrens qui recèle ces richesses. Les habitans les vendent brutes dans les pays où ils les portent, ou aux marchands étrangers qui viennent les chercher. Les autres productions sont le blé, le vin, le chanvre, le lin, le coton, dans les vallées qu'il est possible de cultiver; on y élève du gros bétail, des chevaux, des chameaux, des moutons et des vers à soie; en général, le sol en est maigre.

Les renseignemens que nous possédons sur ce pays se bornent à ceux que fournissent les voyageurs du moyen âge, les écrivains orientaux, et les historiens chinois.

La population se compose principalement de Boukhariens ou Tadjiks mêlés de Kalmouks. La plupart ont le teint basané et les cheveux noirs, quoiqu'il s'en trouve quelques-uns qui sont blonds, beaux et bien faits. Ils ne manquent pas de politesse et sont gracieux pour les étrangers; mais ils sont avides pour le gain. Ils commercent avec assez d'avantage à la Chine, en Perse, dans les Indes et en Russie. Ils vont en caravanes : obligés de traverser des déserts immenses pour aller sur les terres des Russes, ils sont souvent pillés par les Kirghis.

Leur habillement consiste en une robe qui tombe jusqu'au gras de la jambe; les manches en sont larges aux épaules et serrées au coude. Leurs ceintures ressemblent à celles des Polonais. L'habit des femmes ressemble exactement à celui des hommes; il est ordinairement de coton piqué. Leurs pendans d'oreilles ont un pied de long et leur descendent jusqu'aux épaules. Elles partagent leur chevelure en tresses, qu'elles terminent par des rubans noirs, brodés d'or ou d'argent, et par de grandes touffes qui leur pendent jusqu'aux talons. Trois autres touffes, moins grandes, leur tombent sur le sein. Leurs colliers sont en perles, mêlées de petites pièces de monnaie et de plusieurs autres bijoux dorés ou argentés. Les deux sexes emploient aussi pour ornement de petits sacs de cuir qui contiennent des prières écrites par leurs prêtres; ils les regardent comme autant de précieuses reliques.

Les femmes, comme les hommes, portent des pantalons étroits et des bottes légères en cuir de Russie. Ils ont aussi des sortes de galoches ou de sandales à la manière des Turcs, avec des talons très-hauts. Le bonnet des femmes diffère de celui des hommes en ce qu'elles y ajoutent divers ornemens. Les jeunes filles surtout recherchent davantage cette sorte de parure. Les femmes mariées mettent dessous leurs bonnets une longue bande de toile qui fait le tour du cou et forme par-derrière un nœud, dont les deux bouts tombent jusqu'à la ceinture.

Quelques femmes, surtout avant le mariage, se peignent les ongles de rouge. Cette couleur dure long-temps : elle est tirée d'une herbe qui se nomme *kena* en langue du pays. On la fait sécher, on la pulvérise avec un mélange de poudre d'alun, et, vingt-quatre heures avant d'en user, on prend soin de l'exposer à l'air.

Les maisons sont de pierre et assez bien bâties; mais les meubles sont en petit nombre. On n'y voit ni chaises, ni tables; quelques coffres de la Chine, garnis de fer, sur lesquels on place pendant le jour les matelas qui servent pendant la nuit, en les couvrant d'un tapis de coton de différentes couleurs, forment l'ameublement. Les habitans sont d'une propreté extrême dans leur manière de manger. Une pièce de calicot leur sert de nappes et de serviettes, et ils ont des cuillers de bois. C'est beaucoup pour des Tartares.

On dit que leur nourriture la plus ordinaire est de la viande hachée dont ils font des pâtés. C'est une provision dont ils se munissent dans leurs voyages, surtout pendant l'hiver. Après les avoir fait un peu durcir à la gelée, ils les transportent dans un sac; et lorsque le besoin de manger les presse, ils en font une espèce de soupe, en les mettant bouillir dans l'eau. Ils n'ont guère d'autre liqueur qu'une espèce de thé noir, qu'ils préparent avec du lait, du sel et du beurre. En le buvant, ils mangent du pain lorsqu'ils en ont.

Ils achètent leurs femmes à prix d'argent, c'est-à-dire qu'ils en donnent plus ou moins, suivant le degré de leur beauté; aussi la plus courte voie pour s'enrichir est-elle d'avoir un grand nombre de belles filles. La loi défend aux personnes qui doivent se marier de se parler et de se voir depuis le jour du contrat jusqu'à la célébration. Les réjouissances de la noce consistent en festins, qui durent pendant trois jours. La veille du mariage, une troupe de filles s'assemble au soir chez la jeune femme, et passe la nuit à chanter et à danser. Le lendemain matin, la même assemblée revient au même lieu, et s'occupe à parer la nouvelle épouse pour la cérémonie. On avertit ensuite le jeune homme, qui paraît bientôt accompagné de dix ou douze de ses parens ou de ses amis, et suivi de quelques joueurs de flûte, avec un *abis* ou prêtre qui chante en battant sur deux petits tambours. A son arrivée, le jeune homme fait une course de chevaux, pour laquelle il distribue plusieurs prix proportionnés à ses richesses. Ce sont ordinairement des damas, des peaux de martres et de renards, des calicots et d'autres étoffes. La fête qui se donne pour la circoncision des enfans n'est pas différente de celle des mariages.

Lorsqu'un Boukharien tombe malade, le mollah lui vient lire un passage de quelque livre, souffle sur lui plusieurs fois, et lui fait voltiger un couteau fort tranchant autour des joues. Les habitans du pays s'imaginent que cette opération coupe la racine du mal. Si le malade ne laisse pas d'en mourir, le prêtre lui met le livre de l'Alcoran sur la poitrine et récite quelques prières. Ensuite le corps est renfermé dans un tombeau, pour lequel on choisit ordinairement un bois agréable, qu'on entoure d'une haie ou d'une espèce de palissade.

Les Boukhariens n'ont pour monnaie que de petites pièces de cuivre, qui pèsent environ le tiers d'une once. S'ils ont une somme considérable à recevoir en or ou en argent, ils la pèsent à la manière des Chinois et de leurs autres voisins.

Quoique la religion dominante, dans les villes et les villages, soit le mahométisme, toutes les autres religions y jouissent d'une liberté entière, ou du moins elles y sont tolérées, les maîtres du pays étant d'une autre religion que les habitans originaires. Les Boukhariens ont quelques notions du christianisme; ils croient la résurrection et la réalité d'une autre vie; mais ils ne peuvent se persuader qu'aucun homme soit condamné à des peines éternelles. Au contraire, ils prétendent que, le démon étant l'auteur du péché, c'est sur lui que la justice du ciel en fait tomber le châtiment. Ils croient aussi qu'au dernier jour du monde tout doit être anéanti, à l'exception de quelques justes, c'est-à-dire d'un sur cent pour les hommes, et d'une sur mille pour les femmes, différence fort injurieuse au sexe, et qui tient sans doute au mépris qu'on a pour lui dans toute l'Asie.

Ils ont tous les ans un jeûne de trente jours, depuis le 15 juillet jusqu'au milieu d'août. Dans cet intervalle, ils ne prennent aucune nourriture pendant le jour, mais ils mangent deux fois dans le cours de la nuit, sans boire d'autre liqueur que du thé. Ceux qui transgressent cette loi sont obligés ou de mettre en liberté le meilleur de leurs esclaves, ou de donner un festin à trente-six personnes, sans compter quatre-vingt-cinq coups de fouet, que l'agouns ou le grand-prêtre leur fait donner sur le dos nu avec une lanière de cuir.

Les Boukhariens ont leurs temps marqués pour la prière comme le reste des mahométans : 1º. le matin; 2º. midi; 3º. l'après-midi; 4º. le coucher du soleil; 5º. la troisième heure de la nuit. A chaque fois, les abis ou prêtres donnent un signal public. Ceux qui savent lire et qui sont capables d'expliquer l'Alcoran sont considérés, et portent le nom de *mollahs*.

La manière dont le mahométisme s'est établi dans le Cachegar mérite d'être rapportée. Un des rois mongols, descendans de Gengiskhan, fit venir un cheik ou docteur musulman, et lui dit : « Il y a dans notre nation un homme » d'une force extraordinaire; si le cheik a la » hardiesse de lutter contre lui, et la force de » le renverser, j'embrasserai sa religion; au- » trement je m'en garderai bien. » Le cheik s'approchant du Mongol, lui donna un coup du revers de sa main sur l'estomac, et le fit tomber à terre où il demeura sans mouvement. Celui-ci s'étant enfin relevé, se jeta aux pieds du cheik, et lui déclara qu'il était prêt à se faire musulman. Le roi fit la même déclaration, et tous les Mongols, ses sujets, au nombre de cent soixante mille, furent convertis par ce merveilleux événement.

On ignore encore si la petite Boukharie a été primitivement peuplée par les Tartares, les Indous, les Mongols, ou les Tadjiks, qui sont les habitans actuels. Toutes ces races y sont mêlées aujourd'hui. Le pays fut, à ce qu'il paraît, long-temps partagé entre plusieurs souverains indépendans. Vers l'an 626, il fut soumis par les empereurs chinois de la dynastie des Tang. Un siècle après, les Arabes cherchèrent à s'y établir. Les Thibetains eurent plus de succès dans leurs tentatives, mais ils en furent chassés par les Mongols. Gengis-khan donna cette partie de ses conquêtes à son fils Dzagathai, dont les descendans y régnèrent jusqu'en 1683, que Galdan, khan des Éleuths, réunit cette contrée à la Soungarie. Il paraît cependant que, depuis cette époque, d'anciens royaumes recouvrèrent leur indépendance. Mais en 1760 tout le pays fut soumis par les armes de Kien-long, et aujourd'hui il forme à l'ouest la portion la plus reculée de l'empire chinois dans cette direction.

Cachegare est la plus occidentale des provinces de la petite Boukharie. Sa capitale, qui porte le même nom, située près des monts Belour, à vingt-cinq journées du chemin de Samarkand, est une des villes les plus célèbres de la Haute-Asie. C'était autrefois la résidence d'un roi particulier qui descendait de Gengis-khan; son royaume s'étendait jusqu'à Khotan. Les habitans embrassèrent de bonne heure l'islamisme. Marc-Pol fait un tableau brillant de cette ville et de son territoire, qui est extrêmement fertile. Selon le général chinois qui rendit compte à l'empereur Kien-long de son expédition, Cachegar est à six mille lis (six cents lieues) à l'ouest de Sou-Tcheou, ville du Chen-si; il a un peu plus de dix lis de circuit; mais n'est pas peuplé à proportion de son étendue, puisqu'on n'y compte que deux mille cinq cents familles; il ajoute que le terroir des environs est médiocre.

Yerkend est à dix journées de route au sud-est de Cachegar. C'est une station pour les caravanes ; il leur faut un mois pour aller à Bokara. Marc-Pol représente ses habitans comme industrieux, mais malheureusement affligés de goîtres et d'enflures aux jambes. Après la décadence du Cachegar, elle devint la résidence du souverain du pays. Dans le dix-septième et le dix-huitième siècle, elle a été le principal entrepôt du commerce entre l'Indoustan, le Thibet, l'Asie septentrionale, la Grande-Boukharie et la Chine. Cachegar et d'autres villes avaient précédemment joui de cet avantage. Yerkend le dut au gouvernement tolérant des Kalmouks, qui la laissèrent profiter librement de son heureuse position au centre commun des routes qui aboutissent dans ces divers pays. Le gouvernement chinois s'est peut-être départi de sa politique soupçonneuse, dans cette contrée où il n'a pas beaucoup à craindre les tentatives des Européens ; car les relations récentes des voyageurs qui se sont le plus approchés d'Yerkend, nous apprenent que cette ville continue à être le rendez-vous des caravanes. Yerkend est situé sur la rivière à laquelle il donne son nom ; elle prend sa source à trois lieues de distance, dans les montagnes du sud-est.

Khotan, à deux journées de route à l'est d'Yerkend, a été la capitale d'un état qui paraît avoir conservé son indépendance jusqu'à l'invasion des Mongols. Ses environs étaient couverts de monastères où les boudistes des pays plus orientaux allaient chercher les livres sacrés et les traditions de leur croyance. Les rivières qui arrosaient les pays arrachaient du flanc des montagnes la célèbre pierre de Kasch ou le jaspe antique qui, dès les premiers âges du monde, était transporté de là dans toute l'Asie et la calcédoine. Des rapports religieux et commerciaux étaient entretenus avec l'Inde au travers du Cachemire et de l'Himalaya.

Marc-Pol dit que la province de Khotan contient plusieurs villes et bourgades ; qu'elle a dix journées de marche de longueur ; qu'elle abonde de toutes les choses nécessaires à la vie. On y cultive la vigne, on y recueille de la soie ; il en est de même de Peim et de Ciarciam, pays plus à l'est ; on y trouve aussi du jaspe et de la calcédoine.

Hami ou Hamil, ou Khamul, est situé par les 42° 26' de latitude et les 81° 44' à l'ouest de Paris, au milieu du désert sur la route des caravanes. Le climat, selon du Halde, y est assez chaud en été. La terre n'y produit guère que des melons et des raisins ; mais les premiers surtout y sont d'une excellente qualité. Ils se conservent en hiver : on les sert sur la table de l'empereur de la Chine.

La ville de Lop, située sur la rivière d'Yerkend, un peu au-dessus de son embouchure dans le lac de Lop, était un rendez-vous de caravanes du temps de Marc-Pol ; elles s'y préparaient au passage du désert.

Tourfan, autre ville à peu de distance, à l'entrée du désert, est considérable, et fréquentée par les marchands qui font le voyage de la Chine. Le désert des environs est si chaud en plusieurs endroits, qu'il est impossible de s'y arrêter. On y éprouve de ces vents brûlans dont les effets sont terribles.

Aksou est plus à l'ouest, sur une petite rivière qui vient du sud et coule vers l'Yerkend. C'est aussi un lieu fréquenté par les caravanes. Du temps de Tamerlan, Aksou était une forteresse importante, avec trois châteaux; il s'y trouvait de riches marchands chinois, qui furent chassés par le conquérant. Aksou est situé entre Cachegar à l'ouest, Yerkend au sud, Hami à l'est.

On ne connaît, depuis Marc-Pol, qu'un seul voyageur européen qui ait traversé la petite Boukharie; c'est le P. Benoît Goez, jésuite. Son voyage, qui eut pour but d'éclaircir une question de géographie, nous fera connaître l'état de ce pays au commencement du dix-septième siècle.

Marc-Pol avait, dans sa relation, fait mention du puissant empire du Catay; mais comme les Européens n'avaient plus entendu parler de ce pays, et que certaines personnes n'ajoutaient pas beaucoup de foi aux récits du Vénitien, plusieurs savans doutaient que le Catay eût jamais existé. Tandis que l'on était dans le doute à cet égard, on reçut, des missionnaires jésuites établis à Lahor, des informations qui réveillèrent l'attention; ils les tenaient d'un vieux mahométan qui avait passé treize ans à Cambalu (Pékin), comme ambassadeur du roi de Caygor (probablement Cachegar). Ce Musulman leur avait appris que les Catayens étaient une belle nation, qui avait le teint blanc et qui surpassait les Tartares en politesse; il ajoutait qu'ils étaient chrétiens, qu'ils avaient des temples avec des autels, des lampes, des statues et des peintures; qu'ils adoraient le crucifix, respectaient beaucoup leurs prêtres, et les enrichissaient par leurs présens; qu'ils avaient des couvens, des processions et d'autres cérémonies ecclésiastiques. On trouvait dans le pays quelques Juifs et des Mahométans, qui se flattaient de pouvoir convertir à leur religion le roi chrétien du pays.

On conçoit aisément la source de l'erreur du Mahométan qui avait fourni des renseignemens aux jesuites de Lahor. La conformité apparente du culte extérieur du lamisme avec le christianisme avait fait penser à un sectateur de Mahomet que la dernière de ces religions régnait à la Chine.

Les avis des missionnaires de Lahor, qui arrivèrent à Goa en 1588, enflammèrent le zèle du père visiteur des Indes. Il forma le dessein d'envoyer des missionnaires au Catay pour y répandre les instructions nécessaires au maintien de la foi, et se hâta d'instruire de ce plan le pape et le roi d'Espagne. Bientôt le vice-roi des Indes reçut ordre de seconder l'entreprise sous la direction du visiteur, et de fournir à tous les frais.

Benoît Goez était alors à Goa, en qualité d'ambassadeur du grand-mogol Akbar, dont il avait gagné la confiance par son caractère aimable et sa capacité. Le visiteur, jugeant que Goez, par sa connaissance de la langue persane, et des usages des mahométans, était plus propre que tout autre religieux de son ordre à jeter les fondemens de la nouvelle mission, fixa son choix sur lui.

Cependant le père Ricci, qui résidait à Pékin comme missionnaire, écrivit vers le même temps à ses confrères les jésuites que le Catay était le même pays que la Chine; mais comme ses lettres ne s'accordaient pas, sur ce point, avec celles des jésuites de Lahor, le visiteur résolut de poursuivre son dessein, tant pour éclaircir ses doutes que pour ouvrir une voie plus courte à ceux qui voudraient aller en Chine.

Goez se rendit en 1602 à Agra, et instruisit Akbar de son dessein. Ce monarque l'approuva, et lui donna des lettres pour plusieurs petits rois ses amis ou ses tributaires, et y ajouta une somme d'argent. Goez prit le costume arménien, et le nom d'*Abdallah*, auquel il ajouta celui d'*Isaïe*, pour montrer qu'il était chrétien; ce déguisement lui assura la liberté du passage, qu'il n'aurait jamais obtenue, s'il avait été connu pour sujet du roi d'Espagne. Il acheta des marchandises, et alla, comme marchand, joindre à Lahor une caravane qui partait tous les cinq ans pour la Chine. De toutes les personnes qu'on lui avait données pour l'accompagner, il ne garda que deux Grecs; il prit un Arménien nommé Isaac, dont la fidélité fut inébranlable, et se mit en route en 1603, dans le temps du carême. En un mois, on arriva sous les murs d'Attok, qui appartenait à la province de Lahor; quinze jours après, on passa en bateaux une rivière large d'une portée de flèche, le Sindh; on s'y arrêta quinze jours, à cause des brigands qui infestaient les chemins; puis, deux mois de marche conduisirent la caravane à Passaour, où elle prit vingt jours de repos. C'est Peischaouer, ville qui relève aujourd'hui du royaume de Caboul; on fit vingt-cinq journées au pied des montagnes, jusqu'a Ghideli, où les marchands paient un droit. Les voleurs tenaient la caravane dans un état d'alarmes continuelles : malgré la vigilance de l'escorte, ils l'attaquèrent plusieurs fois avec tant de furie, que plusieurs marchands furent blessés, et n'eurent pas moins de peine à sauver leur vie que leurs marchandises. Goez fut obligé de se mettre à couvert dans les bois.

Vingt journées plus loin, on entra dans Cuboul, grande ville, et marché fameux qui est dans les états du Mongol; c'est maintenant la capitale d'un royaume particulier : on s'arrêta huit jours dans cette ville, parce que plusieurs marchands perdirent l'envie d'aller plus loin, et que les autres, se voyant en si petit nombre, balançaient s'ils devaient courir le hasard de poursuivre leur voyage.

Il y avait alors à Caboul une princesse, sœur du roi de Cachegar et mère du roi de Kothan. Elle revenait de la Mecque, où elle était allée en pélerinage. L'argent commençait à lui manquer pour continuer sa route : elle proposa à des marchands de lui en prêter, leur promettant de le leur rendre avec les intérêts quand ils seraient arrivés dans le royaume de son frère, qu'il fallait nécessairement traverser pour arriver à Catay. Goez jugea qu'il ne devait pas laisser perdre l'occasion d'obliger la sœur d'un roi qui pouvait lui rendre service, car il prévoyait que bientôt les passe-ports du grand Mogol ne lui serviraient plus à rien. En conséquence, il lui prêta six cents écus, et refusa de stipuler aucun intérêt dans l'obligation qu'elle lui remit. Charmée de cette générosité, la princesse lui en témoigna sa reconnaissance quand elle fut arrivée chez son fils.

Les Grecs quittèrent Goez à Caboul. La caravane s'étant grossie de plusieurs marchands, il sentit ranimer son courage, et partit avec Isaac. La première ville qu'on trouva fut Giaracar, où il y a du fer en abondance. Jusqu'alors le sceau d'Akbar avait exempté le missionnaire du paiement des droits ; mais sur ces derniers confins de l'empire du Mogol, la signature de l'empereur n'était plus autant respectée. Goez éprouva beaucoup de tracasseries. Dix jours après on arriva à Parouam, dernière ville des états du Mogol. On traversa ensuite de hautes montagnes dans le pays d'Aingharam ; plus loin on trouva le pays de Calcia, dont les habitans ont la barbe et les cheveux blonds comme les Hollandais.

La caravane fut arrêtée un mois entier à Telkhan, petite ville entre Balkh et Badakchan, parce que les chemins n'étaient pas sûrs à cause d'une révolte des Calcians. Elle gagna ensuite Kheman, petite ville de la dépendance du roi de Samarkand, et resta campée sous les murs. Le gouverneur fit dire aux marchands d'entrer dans la ville, parce que les rebelles infestaient les chemins. Mais les marchands répondirent qu'ils voulaient payer les droits et continuer leur route pendant la nuit. Le gouverneur s'y opposa en leur représentant que les révoltés n'avaient pas eu jusqu'alors de chevaux, et que, s'ils prenaient ceux de la caravane, ils auraient plus de facilité pour piller le pays, et nuire à la ville ; qu'il convenait donc mieux aux marchands de se retirer dans ses murs, où ils seraient plus en sûreté, et de se joindre à ses gens pour résister ensemble aux ennemis. Les marchands se rendirent à cet avis ; mais à peine se furent-ils approchés des murs, que, sur la nouvelle de l'approche des Calcians, le gouverneur prit honteusement la fuite avec tous les siens. Les marchands n'eurent, dans ce danger extrême, d'autre ressource que de se faire à la hâte un retranchement de leurs ballots de marchandises et de tout leur bagage, et de se munir de pierres, pour les employer à leur défense, s'ils venaient à manquer de flèches. Les Calcians, les voyant prendre ces précautions, leur firent assurer par des émissaires qu'ils ne devaient rien craindre, leur offrant de les escorter et de les défendre. Mais les marchands, se défiant des propositions de telles gens, résolurent de se réfugier dans les bois, en laissant leur bagage derrière eux. Les Calcians profitèrent de l'occasion pour prendre tout ce qu'ils trouvèrent de leur goût; puis invitèrent les marchands à sortir du bois, et leur permirent de s'en aller avec le reste de leurs balles dans la ville déserte. Goez ne perdit dans cette bagarre qu'un cheval, qu'il recouvra ensuite en l'échangeant contre du drap de coton. La caravane demeura dans Kheman en proie à des alarmes continuelles jusqu'à l'arrivée d'un général boukharien qui par ses menaces força les voleurs à laisser passer les marchands sans obstacle. Toutefois la queue de la caravane fut sans cesse exposée aux insultes des brigands. Un jour, quatre d'entre eux, qui s'étaient mis en embuscade, attaquèrent Goez. Il se tira d'affaire en leur jetant son bonnet à la persane. Tandis qu'ils se le renvoyaient de l'un à l'autre comme un ballon, Goez piqua des deux pour se mettre hors de la portée de leurs flèches, et rejoignit le gros de la caravane.

Après huit jours de marche par des chemins très-difficiles, ils arrivèrent à Tenghi-Badakchan, nom qui signifie *chemin difficile*; en effet le passage est si étroit le long de la rive escarpée d'une grande rivière, que l'on est obligé de passer un à un, Les habitans, aidés d'une troupe de soldats, assaillirent la caravane, et enlevèrent à Goez trois chevaux, qu'il eut ensuite la liberté de racheter. Malgré cet accueil si peu hospitalier, les marchands restèrent dix jours dans cette ville. Les pluies les retinrent ensuite cinq jours en pleine campagne à Ciarcionnar, et, outre cette incommodité, ils furent encore attaqués par les voleurs.

Le reste de la route jusqu'à Yerkend n'offrit qu'une suite de périls et d'incommodités. La caravane eut à traverser des montagnes très-hautes; les monts Ciecialith, entre autres, qui étaient couverts de neige. On ne sortit de leurs défilés qu'au bout de six jours de marche; plusieurs voyageurs furent transis de froid. A Tanghelar, ville du royaume de Cachegar, Isaac tomba du bord d'une grande rivière dans l'eau, et resta six heures sans connaissance. Enfin, par la grâce de Dieu et l'aide de Goez, il revint à lui. La caravane entra dans Yerkend au mois de novembre 1603.

Yerkend, capitale du royaume de Cachegar, est une ville très-fréquentée et très-célèbre, tant par la multitude des marchands qui y abordent, que par la diversité des marchandises qu'ils y apportent. C'est dans cette ville que la caravane de Caboul se sépare, et on en forme une autre pour aller au Catay. Le capitaine préposé à son commandement, achète bien chèrement du roi de Cachegar cet emploi, qui lui donne une autorité absolue sur les marchands. Une année entière s'écoula avant qu'ils fussent rassemblés en assez grand nombre pour entreprendre un voyage si long et si dangereux. D'ailleurs les caravanes ne partent pas tous les ans d'Yerkend ; elles ne se mettent en route que lorsqu'elles sont assurées qu'elles seront admises dans le royaume de Catay.

La marchandise dont on tire le meilleur parti dans ce voyage, est une sorte de pierre luisante, nommée jaspe en Europe. Le grand khan du Catay l'achète à grand prix. Quand il a choisi ce qui lui convient, il permet de vendre le reste aux particuliers, qui ne le paient pas moins cher. On en fait des vases, toutes sortes de petits meubles et de bijoux, sur lesquels ils gravent des fleurs et diverses figures. C'est la célèbre pierre de Kasch, que l'on tirait des rivières du pays de Khotan. Il y en a une autre espèce, mais de moindre prix ; on la tire des montagnes où on la taille en grandes dalles qui ont près de deux aunes de largeur. On est obligé d'amollir la roche avec le feu pour pouvoir l'extraire des carrières. Cette montagne est éloignée de vingt journées d'Yerkend. Ces carrières sont affermées tous les ans à des marchands qui font porter sur le lieu de l'exploitation les provisions nécessaires pour nourrir leurs ouvriers pendant un an.

Goez eut l'honneur de rendre ses devoirs au roi de Cachegar, et en reçut un accueil très-gracieux, parce qu'il lui fit présent d'une montre, d'un miroir et d'autres marchandises d'Europe. Le roi se déclara aussitôt le protecteur de Goez, qui pourtant ne lui parla pas d'abord de son dessein de pénétrer au Catay, et le pria seulement de lui donner un passe-port pour le royaume de Kialis, situé à l'orient d'Yerkend. Le roi lui accorda sa demande, principalement à la sollicitation du fils de la princesse que Goez avait eu occasion d'obliger à Caboul. Grâces à son caractère insinuant, Goez contracta une étroite amitié avec plusieurs personnes de la cour.

Il était depuis six mois à Yerkend lorsqu'il vit arriver Demetrius, un des deux Grecs qui l'avaient quitté à Caboul. Goez et Isaac ressentirent une joie extrême de le revoir; mais cette satisfaction fut de bien courte durée : les marchands avec lesquels Demetrius avait voyagé élurent entre eux, avec la permission du roi, un chef auquel ils donnèrent le titre d'empereur: c'était un usage établi depuis long-temps. On avait certains égards pour ce chef, et on lui faisait un présent. Demetrius, pour éviter la dépense, refusa de rien donner; aussitôt grand bruit parmi les marchands, qui voulaient faire un mauvais parti à Demetrius; car cet empereur a le droit d'envoyer en prison ou d'infliger un châtiment aux mutins. Goez, par sa prudence et par un petit présent, tira Demetrius de ce mauvais pas.

Un accident en amène fréquemment un autre. Quelques jours après, des voleurs s'introduisirent dans la maison de Goez, lièrent Isaac, et, le poignard sur la gorge, l'empêchaient de crier. Heureusement Goez et Demetrius étant accourus au bruit, les brigands prirent la fuite.

Goez, en attendant le départ de la caravane, profita de son loisir pour aller à Khotan réclamer de la mère du khan le remboursement de la somme qu'il lui avait prêtée. Cette ville est à dix journées de route d'Yerkend. Comme le missionnaire ne pût être de retour avant un mois, les Mahométans répandirent le bruit qu'il avait été tué pour avoir refusé d'invoquer le nom du prophète; et sur cette fausse nouvelle ils voulaient s'approprier tous ses biens, parce qu'il était mort *intestat* et sans laisser d'héritier. Isaac et Demetrius eurent beaucoup de peine à défendre les droits de Goez, qui vint lui-même les tirer d'embarras, et mettre un terme à la douleur que leur avait causée la nouvelle de sa mort. Il revenait en bonne santé, après avoir reçu en paiement une forte quantité de jaspe. Pour rendre grâces à Dieu de ce bon succès, il fit distribuer d'abondantes aumônes aux pauvres, ce qu'il continua durant son séjour.

Cependant de nouveaux périls le menacèrent. Un jour qu'il dînait avec des Mahométans, il vit entrer un homme armé, qui, d'un air furieux, lui mit son épée sur la poitrine, en le pressant d'invoquer le nom de Mahomet. Goez répondit froidement et avec une présence d'esprit merveilleuse, que, ce nom n'étant pas connu dans sa religion, l'on n'avait pas coutume de l'invoquer, et que, par cette raison, il ne ferait pas ce qu'on exigeait de lui. L'assemblée prit parti pour lui, et chassa le fanatique hors de la maison. On dit que Goez fut souvent menacé de la mort, s'il n'invoquait Mahomet; mais Dieu le garantit toujours de danger.

Un autre jour, il fut appelé au palais du roi, où ce prince lui demanda, devant ses mollahs, de quelle loi il faisait profession; si c'était de celle de Moïse, de David ou de Mahomet, et de quel côté il se tournait pour faire sa prière. Goez répondit qu'il professait la foi de Jésus, et qu'il se tournait indifféremment de tous côtés en priant, parce que Dieu est présent partout. Cette dernière réponse émut entre les Mahométans une grande dispute; car ils se tournent toujours du côté de la Mecque en priant. Cependant ils conclurent que la pratique de Goez pouvait aussi être bonne.

Le capitaine de la caravane, ayant été nommé, donna dans sa maison un banquet splendide, auquel il invita Goez, et à la fin de la fête il lui proposa de faire avec lui le voyage de Catay. C'était tout ce que le missionnaire désirait, parce que, d'après la connaissance qu'il avait des dispositions des Mahométans, il avait jugé qu'il lui serait plus avantageux d'attendre que l'invitation vînt de leur part. Il affecta donc de se faire presser. Le capitaine, instruit que Goez avait beaucoup de marchandises, supplia le roi de seconder ses instances auprès de ce missionnaire. Goez eut l'air de se laisser vaincre par le prince; mais ce fut à condition qu'il lui accorderait des lettres de protection pour tout le voyage. Les marchands de la caravane de Caboul, fâchés de perdre sa compagnie, travaillèrent à lui inspirer de la défiance contre les Cachegariens, en lui faisant entendre qu'il courait risque de la vie en voyageant avec eux. Cette menace effraya tellement Demetrius, que, pour la seconde fois, il refusa d'aller plus avant, et conjura Goez de retourner sur ses pas; mais le fervent missionnaire était déterminé à braver tous les dangers pour répondre aux espérances de ceux qui lui avaient donné leur confiance.

Chacun fit ses préparatifs pour le voyage. Goez acheta dix chevaux; un pour lui-même, un pour Isaac, et les huit autres pour son bagage. Vers le milieu du mois de novembre 1604, on se mit en route; le voyage fut très-pénible à cause des sables, des cailloux et de l'aridité du pays.

Le gouverneur d'Aksou, âgé seulement de douze ans, était neveu du roi de Cachegar; un homme administrait les affaires publiques durant sa minorité. Ce jeune prince voulut voir Goez, qui lui offrit des sucreries et d'autres choses convenables à son âge; en reconnaissance, il l'invita à un grand bal qu'il donnait ce jour-là; il le pria même d'y danser. Goez ne fit pas difficulté de lui accorder une chose de si peu d'importance.

A Kou-cha, la caravane séjourna un mois,

pour laisser reposer les chevaux, car les pauvres bêtes étaient rendues de fatigue. Les prêtres de Kou-cha firent mine de forcer Goez à observer leur jeûne, afin de tirer de lui quelque présent; et il eut beaucoup de peine à se débarrasser d'eux, car ils voulaient l'entraîner par violence dans leur temple.

Une autre contrariété attendait Goez à Cialis, ville petite, mais bien fortifiée. Le gouverneur, fils naturel du khan de Cachegar, apprenant que le voyageur et son compagnon étaient d'une religion différente de la sienne, lui reprocha son audace d'entrer dans un état mahométan, et le menaça, pour le punir, de lui ôter ses marchandises et la vie. Mais il n'eut pas plus tôt lu les lettres de son père, dont Goez était porteur, qu'il se radoucit. Quelques présens le rendirent encore plus traitable.

La caravane s'arrêta trois mois dans cette ville, par l'obstination du pacha, qui ne voulait partir qu'après que le nombre des marchands aurait grossi, parce que son profit en serait plus considérable. Il n'accordait même à personne la liberté de partir avant lui. Ennuyé de cette prolongation de séjour et de la dépense qui en résultait, Goez obtint du gouverneur, moyennant un présent, la permission de se mettre en route. Il était prêt à quitter Cialis, lorsqu'il y arriva une caravane venant du Catay. Les marchands donnèrent à Goez des nouvelles du P. Ricci et de ses compagnons; ils les avaient vus à Pékin, qui était la même ville que Cambalu.

Goez, instruit par ce récit que le Catay était la Chine, se munit de lettres de protection du gouverneur, et partit avec Isaac et quelques voyageurs. Ils passèrent par Poukhan, Tourfan, Aramouth, Camoul, et arrivèrent à Kia-yu-kouan, fort situé près de la grande muraille de la Chine. Ils furent obligés de s'y arrêter vingt-cinq jours, pour attendre du vice-roi de Chen-si la permission de passer outre.

A So-tcheou, ils entendirent beaucoup parler de Pékin et d'autres villes dont les noms lui étaient connus; ce qui bannit de son esprit toute espèce de doute sur l'identité de la Chine et du Catay.

Tout le pays entre Cialis jusqu'à la frontière de la Chine est infesté par les Mongols. La crainte de rencontrer ces hordes de brigands fait le tourment continuel des marchands. Pendant le jour, ils grimpent sur les lieux élevés pour voir s'il n'y a pas quelque parti qui rôde dans la plaine; et s'ils jugent que l'on peut voyager avec sécurité, ils marchent pendant la nuit, en observant un profond silence. Goez, ayant eu le malheur de tomber de son cheval dans une de ces marches nocturnes, sans que personne s'en aperçût, ses compagnons continuèrent leur route jusqu'à la prochaine halte. Alors, voyant qu'il manquait, Isaac retourna sur ses pas pour le chercher; il eut beaucoup de peine à le retrouver, parce que la nuit était fort noire; enfin il fut guidé par ses gémissemens, le releva à moitié mort, l'encouragea et le ramena à la caravane.

Les voyageurs trouvèrent en plusieurs endroits du désert les cadavres d'un grand nombre de Mahométans qui s'étaient hasardés à voyager seuls. Les Mongols errans ôtent rarement la vie aux habitans du pays, les regardant comme des serviteurs et des bergers qui soignent leurs troupeaux, dans lesquels ils viennent prendre les animaux qui leur conviennent. Les peuples mahométans qui habitent ces côtés ont l'humeur si peu guerrière, qu'il serait facile aux Chinois de les subjuguer, s'ils pensaient à s'étendre par des conquêtes.

En arrivant à So-tcheou, vers la fin de 1605, Goez se trouva riche des fruits de son commerce. Il avait treize chevaux, cinq domestiques, et deux petits esclaves qu'il avait achetés, sans compter son jaspe, qui valait plus de deux mille cinq cents écus d'or. Des Mahométans qu'il rencontra dans cette ville lui ayant confirmé ce qu'il avait appris à Cialis, il prit le parti d'écrire au P. Ricci, pour l'instruire de son arrivée. Mais l'adresse était mise en caractères européens, et les Chinois, qui se chargèrent de la lettre, ne purent la remettre, parce qu'ils ignoraient le nom chinois des jésuites et le quartier de la capitale dans lequel ils demeuraient. L'année suivante, vers Pâques, Goez écrivit une nouvelle lettre, dont il chargea un Mahométan qui avait quitté Pékin sans la permission des magistrats, également nécessaire pour sortir et pour entrer. Il informait Ricci de son voyage et de sa position, le priant de le tirer de sa prison, afin qu'il pût retourner aux Indes par mer.

Les jésuites de Pékin étaient informés depuis long-temps de son voyage; ils l'attendaient chaque année, et n'avaient pas manqué de demander de ses nouvelles à tous les marchands qui étaient arrivés dans la capitale, sous le travestissement d'ambassadeurs. Ils furent donc bien joyeux, lorsqu'au mois de novembre 1605, ils reçurent sa lettre. On s'occupa aussitôt des moyens de le tirer d'où il était, mais on ne put lui envoyer un Européen, parce qu'un étranger n'aurait pu que faire naître de nouveaux obstacles pour un étranger. On jeta donc les yeux sur un jeune Chinois chrétien, nommé Ferdinand, qui n'avait pas encore commencé son noviciat, et on lui donna pour compagnon un nouveau converti, qui connaissait parfaitement le pays et ses usages. On leur recommanda, s'ils ne pouvaient emmener Goez avec la permission des magistrats, de rester auprès de lui, et d'écrire à la maison de Pékin, où l'on examinerait ce qu'il faudrait essayer auprès du gouvernement en faveur de Goez.

Ferdinand, malgré la rigueur de la saison, se mit en route au mois de décembre : son voyage dura quatre mois. Cependant Goez avait été plus tourmenté par les Mahométans que pendant le voyage. La cherté des vivres à Sotcheou l'avait forcé d'y vendre son jaspe. Il n'en tira que la moitié de la valeur. Avec cette somme il paya ses dettes, et pourvut pendant un an à l'entretien de son monde. Cependant la caravane de Cachegar arriva : Goez épuisa le reste de ses ressources par les festins qu'il fut obligé de donner au capitaine. Il fut réduit à emprunter. Il employa une partie de l'argent qu'on lui prêta à l'achat de morceaux de jaspe; car, compris dans le nombre des soixante-douze prétendus ambassadeurs dont la caravane était composée, il n'aurait jamais obtenu la permission de s'acheminer vers Pékin, s'il n'avait pas eu du jaspe.

Ferdinand eut sa part d'afflictions. En passant par Si-ngan-fou, capitale du Chen-si, il fut abandonné par son valet, qui lui emporta la moitié de son argent. Cependant il continua sa route avec beaucoup de peine jusqu'à Sotcheou. Ce fut pour y recevoir le dernier soupir de Goez, qui mourut entre ses bras, le 18 mars 1606. On soupçonna les Mahométans d'avoir hâté sa fin par le poison, surtout lorsque aussitôt après sa mort, on leur vit mettre la main sur tout ce qu'il avait laissé. On regretta surtout un journal qu'il tenait avec beaucoup de soin. Ses ennemis s'empressèrent d'autant plus de s'en emparer, que c'était le moyen de se mettre à l'abri de toutes recherches pour les sommes qu'ils pouvaient devoir à Goez. Ils voulaient aussi faire enterrer Goez à la façon des Mahométans, mais Isaac et Ferdinand s'y opposèrent.

Comme l'usage des marchands est de partager entre eux les biens de ceux qui meurent en route, ils s'emparèrent d'Isaac, comme esclave de Goez, le chargèrent de chaînes, et le menacèrent de la mort, s'il refusait d'invoquer Mahomet. Ferdinand présenta en sa faveur une requête au vice-roi de Khan-tcheou, qui donna ordre au gouverneur de So-tcheou d'examiner cette affaire selon le droit et l'équité. Le gouverneur se conforma d'abord à cette injonction; mais s'étant ensuite laissé corrompre par les Mahométans, il menaça Ferdinand du fouet, et le tint trois jours en prison. Ce traitement fut loin de décourager Ferdinand; mais, n'ayant pas d'argent, il vendit ses habits pour suivre un procès qui dura six mois. Comme il n'entendait pas le persan, et qu'Isaac ne savait ni le portugais ni le latin, ils ne pouvaient se parler, ce qui faisait traîner le procès en longueur. Enfin, à force de persévérance, Ferdinand apprit le persan; il parut devant le juge avec Isaac, et gagna sa cause. Isaac, sorti de prison, se mit en route pour Pékin avec son libérateur. Il déposa entre les mains du P. Ricci tout ce qui restait des effets et des papiers de Goez. Ce fut d'après ces renseignemens et les récits d'Isaac que le P. Ricci écrivit la relation des voyages de Goez. On conçoit qu'elle doit être bien incomplète, et l'on regrette vivement la perte du journal de Goez, qui devait renfermer des matériaux bien précieux pour la géographie, puisque ce missionnaire avait parcouru des pays que, depuis lui, aucun voyageur européen n'a encore visités.

Ce martyr de la science était né en 1562, à St.-Michel, une des Açores. Il passa très-jeune dans les Indes, suivit d'abord la profession des armes, et mena une vie très-dissipée. Dégoûté du monde, il fit profession dans le couvent des jésuites à Goa, en 1588, et se consacra aux missions.

CHAPITRE V.

Tartarie indépendante.

Nous avons vu plus haut que les Tartares ont été subjugués par les kalmouks dans les pays qui sont à l'est des monts Belour : leur nom ne doit donc plus désigner des contrées dans lesquelles ils n'ont dominé que momentanément; mais il convient parfaitement à celle qui est leur berceau, dans laquelle plusieurs de leurs tribus vivent indépendantes, et dont ils sont restés définitivement les maîtres. Elle est vaste, car elle s'étend du 34e au 55e degré de latitude nord, et du 47e au 81e degré de longitude, à l'ouest de Paris. Au nord, elle est séparée des terres de l'empire de Russie par la steppe d'Issim et les rives de l'Iaïk; à l'est, le Cobi et les monts Belour forment sa frontière, du côté de la Kalmoukie et de la petite Boukharie, dépendantes de la Chine; au sud, la chaîne de l'Indou-kouch, et des déserts de sable, lui servent de bornes vers le Caboulistan et la Perse; mais elles ont été franchies par ses voisins. A l'ouest la mer Caspienne donne à la Tartarie une barrière naturelle.

Ce pays, sans y comprendre la steppe d'Issim, dont les Russes réclament la souveraineté, comprend plus de soixante mille lieues carrées de superficie, mais sur cette immense étendue à peine compte-t-on cinq millions d'habitans.

Les principales divisions de la Tartarie indépendante, en allant du sud et de l'est à l'ouest, au nord, sont la grande Boukharie, la Khovaresmie, avec le pays des Troukmènes ou Turcomans et des Araliens; le Taschkent et le Turkestan, enfin le pays des Kirgis et des Karakalpaks. Tous ces peuples sont d'origine tartare, et leurs essaims se sont répandus dans beaucoup de pays de l'ancien monde, où l'on retrouve leurs noms.

La grande Boukharie se nomme aussi pays des Ousbeks, Dsagati occidental, c'est le *Maavarannahar* des Arabes, ou pays au-dessous de l'eau (la mer Caspienne); le *Varaad-djihon* des Orientaux, en général, c'est-à-dire au-dessous du Djihon. C'est la *Transoxiane* des Romains, la *Sogdiane* et la *Bactriane* des Grecs. Les écrivains persans, ainsi qu'on l'a dit plus haut, ont compris les deux Boukharie sous le nom commun de *Touran*.

La grande Boukharie est la meilleure partie de la grande Tartarie. Ses bornes varient avec la puissance des Ousbeks ; elle touche au nord, au Turkestan ; à l'est, à la petite Boukharie ; au sud, au Caboulistan et à la Perse ; à l'ouest, à la Khovaresmie. Elle est située entre le 34ᵉ et le 43ᵉ degré de latitude.

La nature n'a rien refusé à ce beau pays pour le rendre agréable. Le climat est à la vérité froid dans la partie orientale, mais à l'ouest il est chaud et salubre. Les montagnes renferment des mines d'or ; les plaines et les vallées produisent du riz, du froment ; toutes sortes de fruits et de légumes, du vin, du tabac, du chanvre, du lin, du coton, nourrissent de nombreux troupeaux de bœufs et de moutons ; les chevaux et les chameaux aident l'homme dans ses travaux, les vers à soie et les abeilles lui donnent leur tribut. L'Amoudaria (le Djihon des anciens), le Sihon, le Margab, le Thoros et le Sogd, qui l'arrosent, sont des rivières très-poissonneuses. Le bois, qui est si rare dans le pays des Mongols et dans plusieurs parties de la Tartarie, abonde dans quantité de cantons de la Boukharie.

L'agriculture, le soin des troupeaux ; les manufactures d'étoffes de soie et de coton, forment les principales occupations des habitans de la grande Boukharie. Ils font un grand commerce, par caravanes, dans l'Inde, en Chine, en Perse et en Russie. Ils portent dans ces différens pays des chevaux, des moutons, des cuirs de feutre, des tissus, des fruits secs, de la poudre d'or, des pierres précieuses. Une partie des habitans a conservé les habitudes de la vie nomade.

On divise la grande Boukharie en trois grandes provinces ; celle de Bokhara, celle de Sogd, et celle de Balk. Ce pays est gouverné par plusieurs khans particuliers ; mais leur autorité n'est pas absolue ; elle est limitée par l'influence des lois et de la religion. Les habitans nomades ont des chefs qu'ils nomment *mourses* et *starchine*.

La province de Bokhara tire son nom de sa capitale. Cette ville, située à la rive droite ou septentrionale du Sogd, est fort grande ; ses murs sont de terre, mais assez hauts ; elle est divisée en trois parties : dans l'une est le château du khan, qui y fait sa résidence ordinaire ; la seconde comprend les maisons des mirzas, des officiers de la cour, et de tout ce qui appartient à la suite du khan ; la troisième, qui est la plus grande, renferme les habitans, des bourgeois, des marchands et d'autres citoyens. Chaque profession occupe un quartier à part dans cette dernière division. La plupart des maisons sont de terre ; mais on y emploie la pierre pour les mosquées et pour d'autres édifices publics ou particuliers : ils sont bâtis et dorés somptueusement, surtout les bains, que l'on vante beaucoup. Le commerce y est peu actif.

Il est défendu à Bokhara de boire d'autres liqueurs que de l'eau et du lait de jument : ceux qui violent cette loi sont condamnés au fouet dans les places publiques. Il y a des officiers établis pour visiter les maisons; s'ils y trouvent de l'eau-de-vie, du vin, ou toute autre boisson fermentée, ils brisent les vases, ils jettent la liqueur, et punissent le coupable. Un buveur est trahi quelquefois par son haleine, qui l'expose à de sévères châtimens.

Cette rigoureuse loi vient du chef de la religion qui est plus respecté à Bokhara que le khan même : souvent il dépose les khans à son gré.

Le pays de Sogd est situé à l'est de la Boukharie, et au nord de Balk ; il s'étend jusqu'aux frontières de la petite Boukharie.

Il était autrefois rempli de villes florissantes, dont la plupart sont aujourd'hui ruinées ou dans une grande décadence : la principale est Samarkand, qui est située dans une vallée sur la rive méridionale du Sogd.

Il s'en faut beaucoup qu'elle ait conservé son ancienne splendeur; cependant elle est encore très-grande et bien peuplée. Ses fortifications sont de gros boulevards de terre; ses édifices ressemblent beaucoup à ceux de Bokhara, excepté qu'on y voit plusieurs maisons bâties de pierre, parce qu'il se trouve quelques carrières aux environs. Le château qui sert de résidence au khan est un des plus spacieux édifices de la ville; mais aujourd'hui que cette province n'a plus de khan particulier, il tombe insensiblement en ruine.

L'académie des sciences de Samarkand est une des plus célèbres et des plus fréquentées de tous les pays mahométans. La petite rivière qui traverse la ville et qui se jette dans l'Amou, apporterait beaucoup d'avantages aux habitans par les communications qu'elle pourrait leur donner avec les états voisins, s'ils s'occupaient de la rendre navigable; mais, pour faire fleurir le commerce à Samarkand, il lui faudrait un état de choses plus tranquille et plus stable.

On dit que cette ville fabrique le plus beau papier de soie de toute l'Asie; et, dans cette opinion, il est fort recherché des Levantins; on prétend que c'est d'elle que nous tenons cette invention.

La province de Balk est au sud de celle de Sogd, et à l'est de celle de Bokhara. Elle est petite, mais si fertile et si bien cultivée, qu'elle a excité la convoitise de voisins puissans; quelques districts, et même sa capitale, ont été conquis par les Persans et les Afghans; elle abonde particulièrement en soie, dont les habitans font de fort jolies étoffes.

Les Ousbeks de Balk sont les plus civilisés de tous ceux qui habitent la grande Boukharie. Ils doivent apparemment cet avantage au commerce qu'ils ont avec l'Inde et la Perse; si l'on excepte l'activité et le goût du travail, qui sont plus communs parmi eux que parmi les autres Tartares; il n'y a nulle différence pour la religion et les usages.

La ville de Balk est située vers les frontières de la Perse, au sud de Termed, sur la rivière de Déhask, qui, à quarante milles plus loin, au nord-ouest, va se jeter dans l'Amou. Balk était, au commencement du dix-huitième siècle, la plus considérable de toutes les villes qui sont possédées par les Tartares ; elle est, disaient les voyageurs de cette époque, grande, belle et bien peuplée ; la plupart de ses bâtimens sont de pierre et de brique ; ses fortifications consistent en gros boulevards de terre, environnés d'un bon mur.

Le château du khan est un grand édifice à l'orientale, bâti presque entièrement de marbre qu'on tire d'une montagne voisine. Comme les étrangers jouissaient d'une parfaite liberté dans cette ville, quand elle avait son khan particulier, elle était devenue le centre de tout le commerce qui se faisait entre la grande Boukharie et les Indes. Mais a-t-elle conservé cet avantage sous ses maîtres actuels ? C'est ce que nous ne savons pas encore.

Le Tokâristan, à l'est de Balk, a pour capitale Anderal, ville située près d'un défilé par lequel on traverse la chaîne de l'Indou-kouch. On trouve dans les montagnes voisines de riches carrières de lapis-lazuli : c'est l'objet d'un grand commerce avec la Perse et l'Inde.

La partie orientale de la grande Boukharie est très-montagneuse ; c'est là que se trouve Badagchan, ville très-ancienne et très-forte par sa situation ; elle dépendait du khan de Bokhara, qui la faisait servir de prison d'état ; elle n'est pas grande, mais elle est bien bâtie et fort peuplée ; ses habitans s'enrichissent par les mines d'or, d'argent et de rubis, que la nature a placées dans leur voisinage. Ceux qui habitent le pied des montagnes recueillent au printemps une quantité considérable de poudre d'or et d'argent, dans les torrens qui tombent en abondance, lorsque la neige commence à fondre. Cette chaîne de montagnes est le Belour-tag, nom qui en mongol signifie montagnes noires : c'est là que l'Amou prend sa source.

On distingue trois classes principales d'habitans dans la grande Boukharie : 1°. les Boukhariens ou Tadjiks, qui sont les anciens habitans du pays; 2°. les Dsagathays ou les Mongols, qui s'y établirent sous la conduite de Dsagathay, second fils de Gengis-khan; les Tartares Ousbeks, qui sont aujourd'hui en possession du gouvernement, et à qui les autres paient tribut. On y voit aussi des Kirghis, des Karakalpaks, des Arméniens, des Indous, des Persans et des Juifs.

Toutes les villes de la grande et de la petite Boukharie, depuis les frontières du Khovaresm jusqu'à celles du pays des Kalmouks, sont habitées par les Boukhariens. En qualité d'anciens habitans du pays, ils portent ce nom dans toutes les parties de l'est ; mais les Tartares leur donnent communément celui de *Tadjiks;* terme qui signifie à peu près *bourgeois*, dans leur langue. Les Boukhariens se nomment eux-mêmes *Saries.*

Les Boukhariens sont d'une taille ordinaire,

mais bien prise; ils ont le teint fort blanc pour le climat. La plupart ont les yeux grands, noirs et pleins de feu, le nez aquilin, le visage plein, les cheveux noirs et très-beaux, la barbe épaisse; en un mot, ils n'ont rien de la difformité des Kalmouks parmi lesquels ils habitent. Leurs femmes, qui sont généralement grandes et bien faites, ont le teint et les traits d'une égale beauté.

Les deux sexes portent des chemises et des pantalons de calicot; mais les hommes ont par-dessus un cafetan ou une veste de soie ou de calicot piqué, qui leur descend jusqu'au gras de la jambe, avec un bonnet rond de drap à la polonaise, bordé d'une large fourrure : quelques-uns portent le turban comme les Turcs. Ils lient leur cafetan d'une ceinture qui est une espèce de crêpe de soie, et qui leur passe plusieurs fois autour du corps. Lorsqu'ils paraissent hors de leurs maisons, ils sont couverts d'une longue robe de drap, doublée d'une fourrure. Leurs bottines ressemblent à celles des Persans.

Les femmes portent de longues robes de calicot ou de soie, assez amples pour flotter librement : leurs mules ont la forme de celles des femmes du nord de l'Inde; elles se couvrent la tête d'un petit bonnet plat, qui laisse tomber leurs cheveux en tresses par derrière : ces tresses sont ornées de perles et d'autres joyaux.

Les Boukhariens sont de la même secte mahométane que les Turcs, dont ils ne diffèrent que par un petit nombre de cérémonies. Ils mènent une vie très-frugale, se livrent au commerce, exercent des professions mécaniques, et ne suivent jamais le métier des armes : ce qui les fait regarder avec dédain par les autres Tartares, qui les traitent de nation vile et méprisable.

Les Ousbeks, qui possèdent la grande Boukharie, passent généralement pour les plus civilisés de tous les Tartares mahométans. Ils sont vêtus à la persane. Leurs chefs portent sur leur turban une aigrette de plumes de héron.

Le pilau, ou riz bouilli à la manière du Levant, et la chair de cheval, sont leur plus délicieuse nourriture ; ils n'ont pour boisson commune que le koumis et l'arak.

Leur langue est un mélange de turc, de persan et de mongol ; cependant ils entendent fort bien les Persans, et ne s'en font pas moins entendre. Leurs armes sont celles des autres Tartares, c'est-à-dire le sabre, le dard, la lance, et des arcs d'une grandeur extraordinaire, qu'ils manient avec beaucoup de force et d'adresse : ils ont aussi adopté l'usage des armes à feu. Pendant la guerre, une grande partie de leur cavalerie porte des cottes de mailles et un petit bouclier.

Les Tartares de la grande Boukharie se piquent d'être les plus robustes et les plus braves de toute leur nation. Leurs femmes aspirent aussi à la gloire du courage militaire, et vont souvent à la guerre avec leurs maris. La plupart sont fort bien faites ; il s'en trouve même quelques-unes qui passeraient pour des beautés dans tous les pays du monde.

Les chevaux de ces Tartares n'ont pas l'encolure brillante; ils ont la croupe, le poitrail et le ventre mal faits, le cou long et raide, les jambes fort longues, et sont d'une maigreur effrayante; mais ils ne laissent pas d'être fort légers à la course. Leur entretien coûte peu; l'herbe la plus grossière leur suffit dans les occasions pressantes.

Ces peuples ont souvent été en guerre avec les Persans, parce que les plaines du Khorasan favorisaient leurs incursions; mais il ne leur a pas été si facile de pénétrer dans les états du grand-mogol, parce que les hautes montagnes qui les en séparent sont d'un difficile accès pour leur cavalerie.

La grande Boukharie a éprouvé de singulières vicissitudes. Elle fut conquise par les Persans, et ensuite par les Macédoniens. Le gouverneur du pays se rendit indépendant, deux cent cinquante ans avant l'ère chrétienne. Au septième siècle, les Turcs ou Tartares firent la conquête de la grande Boukharie. Un siècle après ils furent vaincus par les Arabes. Les Nieu-tchés, venus du nord-est, et ensuite les Khovaresmiens en 1200, y établirent leur domination; elle ne fut pas de longue durée. Gengis-khan les chassa. Dsagatay, son troisième fils, eut pour sa part la Boukharie. Elle fut enlevée à ses descendans en 1369, par Tamerlan; ceux de ce conquérant y régnèrent jusqu'au commencement du seizième siècle : alors Baber, vaincu par les Ousbeks, alla fonder un empire dans l'Inde; les Ousbeks s'avancèrent graduellement, et finirent par s'emparer de tout le pays.

Nous avons vu plus haut pourquoi l'on avait appelé ce pays grande Boukharie; mais nous n'avons rien dit sur l'origine de ce nom. Il vient du mot mongol *Boukhar*, qui signifie savant. La ville de Bokhara était, à l'époque de la conquête de Gengis-khan, célèbre par la science des docteurs mahométans qui l'habitaient. Sous Tamerlan et plus tard, elle conserva sa renommée à cet égard, de même que d'autres villes du pays, telles que Samarkand, Kekh, Balk, qui étaient le siége des sciences et de l'érudition dans l'Orient. Quiconque dans la haute Asie voulait étudier les langues et les sciences, devait visiter Bokhara, la première des académies. Tout le pays reçut donc, des Mongols grossiers et ignorans qui le conquirent, le nom de pays des savans, et la ville principale fut désignée par la dénomination dont on avait honoré ses habitans. Ce nom s'étendit ensuite à un pays considérable auquel il est douteux que, sous ce rapport, il convienne aucunement.

La Kharismie, que l'on appelle aussi le Khovaresm ou le Kharasm, est située entre la steppe des Kirghis, la mer Caspienne, la Perse, la grande Boukharie, le lac d'Aral et le Turkestan.

Le Kharasm est généralement un pays de plaines, contigu aux steppes de la mer Caspienne et du lac d'Aral; des déserts sablonneux occupent tout ce qui est situé le long de ces lacs et de la frontière de Perse; mais le Kharasm oriental, qui touche à la grande Boukharie, offre plusieurs cantons fertiles.

Le Kharasm oriental a des montagnes qui renferment des mines d'or et d'argent jadis exploitées; mais auxquelles il est, dit-on, aujourd'hui défendu de travailler. On ajoute que l'on y trouve aussi diverses pierres précieuses.

La fertilité de quelques cantons du Kharasm est due aux canaux d'irrigation, que l'on dérive de l'Amou. Cette rivière est le Djihon des Arabes, l'Oxus des Grecs et des Latins; on la désigne aussi par les noms d'*Amou-Daria* et d'*Oulou-Dighoum*. Après avoir pris sa source à l'ouest des monts Belour, elle coule d'abord sous le nom d'*Harrat* ou *Herret* et de *Belour-Seglar*, traverse la grande Boukharie, forme sa limite méridionale du côté de la Perse, entre dans le Kharasm, où, arrivée au pied du Veislouka, elle est saignée par un si grand nombre de canaux, qu'après s'être partagée en deux branches principales, la moins considérable conserve seule un cours continuel jusqu'au lac d'Aral; l'autre, dans ses crues, se répand sur des plaines marécageuses qui la bordent, et reste quelquefois à sec dans plusieurs endroits, suivant les écrivains orientaux. Le bras occidental du Djihon allait autrefois se jeter dans la mer Caspienne; cet ancien canal est bouché par les sables.

Le Khisil, qui contribue aussi à la fertilité du Kharasm, lui sert en quelque sorte de limite du côté du Thurkestan; il se jette dans le lac d'Aral, entre l'Amou au sud et le Syr-Daria au nord. Tout ce qui concerne sa division en plusieurs bras, sa jonction avec d'autres rivières, le cours forcé que les travaux des hommes lui ont fait suivre, est mêlé de beaucoup d'obscurité.

Le lac d'Aral, c'est-à-dire des aigles, est, chez les Orientaux, le lac de Khovaresm et d'Oghous; il porte quelquefois le nom de *mer*. Son étendue est de soixante lieues du nord au sud, et de quarante-cinq de l'est à l'ouest. Ses eaux sont peu salées; les peuples qui vivent sur ses bords en boivent en cas de nécessité. Il renferme plusieurs îles, et nourrit des phoques, et à peu près les mêmes espèces de poissons que la mer Caspienne. Si ces deux grands lacs ont communiqué ensemble comme quelques auteurs l'ont supposé, ce ne fut probablement que par un détroit qui n'avait pas beaucoup de largeur, car ils sont séparés par un pays très-élevé, et même montueux. Les rives de l'Aral sont généralement plates, sablonneuses, garnies de roseaux.

Le Kharasm, dans les parties susceptibles de culture, produit du froment, de l'orge, du sorgo, qui porte en plusieurs endroits le nom de millet de Boukharie, du tchegoura, espèce de riz, des légumes, du vin, de l'huile que l'on tire du sésame, des mûriers, des fruits exquis. Les melons d'eau surtout ont une grande célébrité; on en transporte à Astrakhan, d'où ils sont expédiés jusqu'à Moscou et Saint-Pétersbourg.

Le Kharasm est divisé aujourd'hui en trois états indépendans: celui de Khiva, celui des Troukmènes, et celui de Konrat ou des Araliens.

L'état de Khiva comprend la partie du Kharasm la moins stérile : c'est en général une plaine sablonneuse, arrosée par l'Amou ; sur six cents lieues carrées, il compte à peu près trois cent mille habitans, tous mahométans. La plupart sont des Ousbeks et des Boukhariens, qui se divisent en Sartes et Tadjiks; il s'y trouve aussi des Araliens, des Karakalpaks et des Troukmènes. A la tête du gouvernement est un khan, dont l'autorité est singulièrement restreinte par celle du divan ou conseil d'état, et de l'inak, son président. Le chef des docteurs de la loi ou mollah-bachi jouit aussi d'une grande influence. Les khans sont fréquemment déposés, et le pays, livré à l'anarchie, n'oppose qu'une faible résistance aux voisins qui viennent l'attaquer.

Selon les écrivains orientaux, les habitans de Khiva, nommés aussi Ourghenetch ou Khivintz, d'après leur ancienne capitale et leur capitale actuelle, sont assez civilisés, et montrent plus d'esprit naturel que les autres peuples de la Tartarie ; ils cultivent les lettres et la poésie. Aboul-Ghazi-Khan, auquel nous devons une *Histoire des Tartares* traduite en français, était né à Ourghentz. Les Khivintz cultivent leurs terres avec soin, élèvent des vers à soie, fabriquent des étoffes de soie et de coton, commercent par caravanes avec la grande Boukharie et la Russie.

Khiva, capitale actuelle, est située sur un canal dérivé de l'Amou. Elle a trois mille maisons bâties en terre à la manière du pays, un château fort avec le palais d'été du khan, trente mosquées, et une école des sciences. On y compte dix mille habitans ; les environs sont remplis de vergers, de vignobles, de champs cultivés, et de villages bien peuplés. Khiva est à quinze journées de route au sud d'Orenbourg en Russie. Les caravanes de Khiva apportent dans cette ville du blé, du coton écru, des étoffes de soie et de coton, des robes de chambre brodées en fil d'or, des peaux d'agneaux, et quelquefois des monnaies de la Perse et de l'Indoustan; ou des lingots d'or et d'argent ; elles achètent en Russie des marchandises de fabrique européenne, et chez les Turcomans des chevaux, des bœufs et des moutons. Khiva est aussi un grand marché d'esclaves. Cette ville est désignée dans quelques livres sous le nom de *Khayouk*.

Ourghentz la neuve, nommée aussi Ourgentzi, à onze lieues au nord de Khiva, sur le même canal, a vingt mosquées, quinze cents maisons en terre, et cinq mille habitans ; elle est commerçante. A quelque distance, on rencontre les ruines de l'ancienne Ourghentz, qui fut long-temps la capitale du pays, et dont les écrivains orientaux vantent la splendeur.

C'est à Ourghentz que naquit Aboul-Ghazi-Behader en 1605. Sa vie fut très-orageuse. Il fut proclamé khan du Kharasm en 1644, et abdiqua peu de temps avant sa mort, qui arriva en 1664. Durant cet intervalle, il écrivit son Histoire des Tartares, qui renferme beaucoup de notions curieuses sur ces peuples.

Le nom d'*Ousbeks*, que l'on donne indifféremment aux Tartares du Kharasm et à ceux de la grande Boukharie, leur vient d'Ousbek-khan l'historien, un de leurs princes. Cet usage de prendre le nom d'un prince pour lui témoigner l'affection générale de ses sujets a toujours été en honneur parmi les peuples nomades de l'Asie centrale.

Les Ousbeks tirent leur subsistance en partie de leurs bestiaux, et en pratie de leurs rapines; ils demeurent, pendant l'hiver, dans les villes et les villages qui sont vers le centre du pays. En été, le plus grand nombre campe sur les bords de l'Amou, et dans d'autres lieux où le pâturage est bon pour leurs troupeaux, cherchant sans cesse l'occasion de piller et de ravager. Ils font des incursions continuelles sur les terres de Perse, dont ils sont voisins. Les traités sont un frein qui ne les arrête pas, parce que les esclaves et le butin qu'ils enlèvent dans ces courses font toute leur richesse. Quoiqu'il se trouve d'excellens pâturages vers les bords du Khisil, ils y conduisent rarement leurs bestiaux pendant l'été, parce qu'il n'y a rien à piller de ce côté-là. Les Karakalpaks, qui sont leurs voisins au nord, étant aussi exercés qu'eux dans l'art du pillage, ils y gagneraient peu; d'ailleurs les Tartares mahométans ne se chagrinent pas mutuellement par des incursions, à moins qu'ils ne soient en guerre ouverte. A l'égard des Kalmouks, ou Éleuths, leur usage est de s'éloigner des frontières au commencement de l'été, pour n'être pas exposés aux courses de ces dangereux voisins, et de ne retourner qu'à l'entrée de l'hiver, lorsque les pluies et les neiges rendent les chemins impraticables. Ces Ousbeks se servent d'oiseaux de proie pour la chasse des chevaux sauvages; ils les accoutument à prendre l'animal par la tête ou par le cou : tandis qu'ils le fatiguent sans quitter prise, les chasseurs, qui ne perdent pas de vue leur gibier, le tuent facilement. Leur principale liqueur est le lait de leurs jumens : elle peut les enivrer.

Les Ousbeks mangent à terre, assis les jambes sous le derrière. Ils prennent la même posture en priant. Jamais on ne les voit à cheval sans l'arc et l'épée; ils ne connaissent ni les arts ni les sciences; leur vie se passe dans l'oisiveté; quand ils ne sont pas en campagne pour piller, ils se tiennent assis en grand nombre, au milieu des champs, et s'amusent à discourir.

Nous rapporterons ici un trait remarquable d'un prince de cette partie des Ousbeks qui relève de la Perse. Il s'était révolté contre le célèbre Chah-Thamas, ou Nadir-Chah, et ayant pris une ville par stratagème, il en avait passé la garnison au fil de l'épée. Indigné de cet attentat, Thamas s'avança bientôt avec une armée considérable; il arrive près de Mesched, sur les bords du Kara-sou. Tout à coup on vient l'avertir que le khan est à la porte de sa tente. Din-Mehemet (c'était le nom du Tartare) entre à l'instant et se met à genoux devant Thamas. Dans l'étonnement d'une hardiesse si extraordinaire, Thamas mit sa main droite sur l'épaule du khan, et posa sa gauche sur sa poitrine pour sentir si le cœur ne lui battait pas; mais n'y découvrant aucune émotion, il ne put se défendre d'admirer son intrépidité. Il lui pardonna généreusement; et, l'ayant traité avec beaucoup de magnificence, il le congédia le lendemain, chargé de riches présens, après lui avoir fait l'honneur de le conduire lui-même à quelque distance du camp.

Les Troukmènes ou Turcomans habitent à l'est de Khiva, entre la mer Caspienne et le lac d'Aral, un pays sablonneux, rocailleux et dépourvu d'eau; les monts Manghislak qui le traversent au nord ne sont pas très-hauts; mais ils sont escarpés et coupés de ravins profonds.

Les Troukmènes sont plus basanés, moins grands, mais plus robustes que les autres Tartares. Ce sont des pasteurs grossiers qui n'ont pas renoncé au brigandage. Ils ont de nombreux troupeaux de chameaux et de moutons; la chair de ces derniers est excellente. Ils fabriquent des tissus grossiers avec le poil des chameaux. Ils cultivent un peu de froment, du riz, des melons et des concombres. Ils habitent sous des tentes de feutres; leurs vêtemens, leurs armes, leurs équipages offrent un mélange des usages tartares et persans. Ils n'ont ni princes, ni noblesse; ils élisent les plus anciens de chaque tribu pour chefs; mais ces chefs jouissent de peu d'autorité.

Les Troukmènes ont sur la mer Caspienne les ports de Manghislak et de Balkansk, où les bâtimens de la Russie et de la Perse viennent commercer. Le mouillage est très-sûr dans l'un et dans l'autre, surtout dans le premier. Les Tartares y apportent les productions de tous les pays voisins, et reçoivent celles de l'Europe. La plupart des îles de la baie de Balkan sont occupées par les Troukmènes. Ces îles produisent du riz et du coton; l'une d'entre elles fournit une grande quantité de naphte; on les désigne par le nom commun d'îles Ogourtchi, qui est aussi celui de la côte voisine, et qui signifie pays des concombres.

La nation des Troukmènes a le caractère indépendant et belliqueux. Leur langage est le turc. Elle s'est étendue à l'ouest de la mer Caspienne en Turquie et en Perse. Féth-Ali-Chah, souverain de ce royaume, est issu de la tribu des Turcomans nommés les Kadjars.

Les Araliens occupent les côtes orientales

du lac Aral, au nord de Khiva. Leur pays est arrosé par le Khisil. On les nomme aussi les Konrats, d'après leur principale ville, qui est plutôt leur camp d'hiver. Ils obéissent à deux khans, et doivent un tribut à l'état de Khiva; mais comme ils ne le paient que lorsqu'ils ne lui font pas la guerre, ils l'acquittent rarement. Ils s'occupent de l'agriculture, de la chasse et de la pêche, indépendamment du soin de leurs troupeaux. Ils ont beaucoup de chevaux, de chameaux, de bœufs et de moutons. L'été ils vivent sous des tentes; l'hiver ils habitent des yourtes, dont la réunion forme des espèces de villes ou de camps retranchés. Ils ont parmi eux un grand nombre de Karakalpaks et de Troukmènes; et le total de cette population s'élève à cent mille hommes. Ils ont pour voisins les Kirghis et les Karakalpaks du Tachkent et du Turkestan.

Le Turkestan actuel n'a pas l'étendue que les géographes orientaux donnent au pays qu'ils désignent sous ce nom; c'était un état vaste et florissant, qui s'étendait depuis les montagnes limitrophes de la Perse jusqu'aux steppes des Kirghis. Ce n'est plus aujourd'hui qu'un petit pays arrosé par le Karason, qui est un affluent du Syr. Le sol n'y est pas mauvais, mais il est médiocrement cultivé, quoique les habitans aient des demeures fixes. Leur khan est tributaire de la horde moyenne des Kirghis. Leur ville principale est Turkestan ou Taras sur le Karasou, avec six mille habitans; elle est révérée par les mahométans comme une ville sainte, à cause du tombeau d'un de leurs saints qui se trouve dans une des mosquées de cette ville antique, jadis florissante.

L'état de Taschkent, à l'est du Turkestan, est un peu plus considérable. Le pays est montueux, mais sain, très-fertile, et assez bien cultivé ; il est arrosé par le Syr, l'ancien Sihon et le Khisil. Il s'y fait peu de commerce, qui n'a lieu que par caravanes. Le khan était jadis indépendant ; il n'est à présent que l'humble vassal des Khirgis de la grande horde, ou du khan de Bokhara. Taschkent, capitale de cette contrée mal connue, est située sur le Syr, dans une belle plaine. Cette ville, entourée de murs en terre, ressemble à un grand jardin. On dit qu'elle renferme six mille maisons, que sa population se monte à trente mille âmes, et que l'on y voit des manufactures de soie et de coton, une forge, une fonderie de canons, et un moulin à poudre ; enfin qu'elle est assez commerçante.

Les Karakalpaks occupent en partie les deux pays que nous venons de décrire ; ils s'étendent sur les bords du Syr jusqu'à la mer Caspienne. Leur nom signifie *bonnets noirs* ; ils se donnent à eux-mêmes celui de Mankat et Karakiptchak (bergers noirs). Ils se divisent en deux hordes, d'après leur position géographique, la supérieure et l'inférieure, et celles-ci se subdivisent en oulouss. En 1742, la horde inférieure, forte alors de trente mille Kibitz, rechercha la protection de la Russie contre les Kirghis; mais ceux-ci détruisirent presque entièrement des Tartares comme eux, qui osaient invoquer un secours étranger. Ceux qui échappèrent au carnage retournèrent vers la horde supérieure.

Les chefs des oulouss se donnent pour des descendans de Mahomet, et forment diverses classes de prêtres et de nobles ou khodjas, qui, par leur influence, restreignent le pouvoir des khans. Ils sont mahométans, et connaissent bien les préceptes de leur religion. Leur genre de vie est celui des nomades; les cabanes d'hiver ont un emplacement fixe; celles d'été sont mobiles. Ils mêlent le soin de l'agriculture à celui des troupeaux; n'ayant que peu de chevaux, ils se servent de leurs nombreuses bêtes à cornes pour le trait et la selle. Ils exercent avec succès plusieurs métiers; ils vendent à leurs voisins des couteaux, des sabres, des mousquets, des chaudrons, de la poudre à tirer de leur fabrique.

Le pays des Kirghis est une des plus grandes steppes de l'Asie; il s'étend depuis le versant occidental des montagnes de la Soungarie jusqu'à la mer Caspienne, aux bords de l'Iaïk et aux monts Oural, et occupe une surface de plus de trente-un milles carrés. C'est une contrée sablonneuse, pierreuse, aride, mêlée de dunes et de collines argileuses, coupée de vastes plaines salines, de flaques d'eau saumâtre et de lacs salés; il n'y croît que des arbustes épineux et des plantes amères et salées. Cependant, le long des rivières, dans quelques vallées et sur les collines, on trouve du bois et de bonne eau. Le terrain ne convient pas à l'agriculture; mais cette immense steppe offre aux peuples nomades qui la parcourent une retraite sûre, et, par intervalles, de bons pâturages pour leurs troupeaux. Indépendamment des Kirghis, on y voit aussi errer des Araliens, des Troukmènes, des Mongols et des Kalmouks.

Pendant l'hiver, il règne dans ces steppes un vent de nord impétueux, accompagné de neige, d'un froid excessif et de tourbillons si violens, qu'ils enlèvent en l'air des colonnes de poussière de trente pieds de haut. Cependant la neige ne séjourne que peu de temps sur ces plaines sablonneuses.

Les Kirghis ou Kirghis-Kaïsaks se donnent à eux-mêmes le nom de *Sara-Kaïsaki* (Cosaques des steppes). On ne sait rien de bien certain sur l'origine et sur l'ancienne histoire de ce peuple, qui n'est connu que depuis la conquête de la Sibérie par les Russes. Ils se disent issus des Tartares-Nogais, qui habitaient au sud et à l'ouest de la mer Caspienne; mais Aboul-Ghazi, qui les nomme Kerghis, les fait venir des bords de l'Ikran, dans le voisinage de la grande muraille de la Chine.

Ils ont les traits tartares, le nez écrasé, les yeux petits, mais non pas obliques comme les Mongols. Leur physionomie ouverte parle en leur faveur. Leurs yeux sont vifs, mais n'ont rien de menaçant. On trouve en eux du bon sens, de l'intelligence, et même de la finesse dans l'esprit. Ils aiment les aventures extraordinaires; mais ils aiment encore plus leurs aises. Brigands par état, voluptueux par caractère, se baignant quelquefois dans le sang, et peu portés à le répandre, ils font du mal pour se procurer leur bien-être; ils le font par représailles, ils le font surtout par point d'honneur. On remarque que depuis qu'ils entretiennent des relations plus fréquentes avec les Russes, leurs mœurs s'adoucissent chaque jour.

Comme les Kirghis n'ont point d'écoles, il s'en trouve peu qui sachent écrire leur langue; mais ils la parlent avec pureté. C'est un dialecte du tartare, que les autres peuples tartares entendent parfaitement. Ils vivent dans l'ignorance. Les Tartares lettrés qu'ils enlèvent dans leurs courses deviennent secrétaires de leurs princes.

Les Kirghis n'habitent que des tentes construites à peu près comme celles des Kalmouks. Leurs richesses, leurs ressources consistent dans leurs troupeaux. Un Kirghis d'une fortune médiocre possède rarement moins de trente à cinquante chevaux, quinze à vingt bêtes de gros bétail, cent moutons, vingt à cinquante chèvres, à quoi il faut ajouter au moins un couple de chameaux. On voit des particuliers qui ont dix mille chevaux, trois cents chameaux et dromadaires; trois à quatre mille pièces de gros bétail, vingt mille moutons, et au-delà de mille chèvres.

Leurs dromadaires, qu'ils tondent tous les ans comme les moutons, leur fournissent une grande quantité de poil laineux, que les Russes et les Boukhariens achètent.

Ce n'est que depuis peu de temps qu'ils ont des bêtes à cornes; ils les ont d'abord enlevées aux Kalmouks. Quelquefois ils se servent de leurs bœufs pour montures; quand ils les destinent à cet usage, ils leur percent la cloison du nez comme aux chameaux.

Leurs moutons, comme ceux des Kalmouks, sont à large queue. La salure des steppes, dont ils mangent même la terre grasse et imprégnée de sel, entretient et provoque leur appétit, et donne à leur chair un goût exquis. Le mouton est la nourriture ordinaire des Kirghis. On envoie de leurs agneaux jusqu'à Saint-Pétersbourg, pour la table de la cour.

Les peaux d'agneaux de Kirghis sont fort recherchées, et sont un des objets les plus importans de leur commerce : ce sont les plus belles après celles de la Boukharie. Les peaux de la première qualité sont lustrées et comme damassées; celles de la seconde ont une frisure très-fine.

Quand un Kirghis voit son troupeau se multiplier au-delà de ses espérances, il ne croit pas avoir reçu pour lui seul les bienfaits du ciel; il lui en témoigne sa reconnaissance en les partageant avec les pauvres.

Les Kirghis, en général, vivent dans l'aisance. C'est un des peuples nomades qui connaît le moins la misère. Comme il n'est pas difficile à chaque particulier de se procurer un troupeau suffisant pour sa subsistance, personne ne veut travailler pour les autres, et les riches sont obligés de se faire servir par des esclaves. Ils les traitent fort doucement, fournissent abondamment à leur subsistance, et, ne cessant jamais de voir en eux leurs semblables, ils souffriraient eux-mêmes en leur laissant éprouver le besoin; mais l'esclave qui tente de fuir, ou qui s'engage dans des intrigues amoureuses, s'expose à de rigoureuses punitions, et même à perdre la vie.

Les Kirghis n'ont aucune idée du travail des terres, à cause de la nature du sol de leurs steppes ; et d'ailleurs la moindre fatigue les met en sueur.

Quelques-uns savent fabriquer de la poudre : ils ont aussi quelques mauvais forgerons, mais ils sont obligés d'acheter des Russes presque tous les instrumens en fer. Du poil de leurs chameaux, ils fabriquent des camelots et des cordes pour leur usage ; du lait des femelles, ils font du koumis et du fromage ; ils en préparent aussi un beurre plus gras que celui de vache, et moins huileux que celui de jument.

Amis du luxe et des commodités de la vie, et manquant de manufactures, ils sont obligés de faire un grand commerce d'échanges avec les Russes, les Boukhariens et leurs autres voisins. Le mouton leur tient lieu de monnaie de compte. Il n'y a pas d'année que le commerce avec les Kirghis ne fasse entrer dans la seule ville d'Orembourg cent cinquante mille têtes de moutons, sans compter les chameaux, le gros bétail, et une quantité considérable de peaux d'agneaux, de dépouilles d'animaux sauvages, de cuirs, de poils de chameaux, et de camelot.

Les Kirghis ne se livrent à la chasse et à la pêche que pour leur amusement. Quoiqu'ils fassent usage du fusil, ils n'ont pas encore abandonné l'arc et les flèches. Ils font poursuivre le gibier par des chiens et des oiseaux de proie; ils lui dressent des piéges, ils lui tendent des lacets. Ils prennent des renards communs, des renards des steppes, des blaireaux, des hermines, des sousliks, des chamois, des chacals, des animaux à peau tachetée comme les léopards, des koulans ou ânes sauvages, des saïgas et des argalis.

L'appétit fait le plus grand assaisonnement de leurs mets. Quatre Kirghis, au retour de la chasse, mangent sans peine un de leurs plus gros montons. Ils ont conservé pour la graisse ce goût naturel à tous les peuples nomades de l'Asie, et que n'ont pas même encore perdu les Ottomans. Les Kirghis mangent en hiver toutes sortes de viandes, et même du chameau; mais ce peuple vorace pendant la moitié de l'année devient sobre au retour du printemps; il ne vit plus guère que de fromage et de lait fermenté. Comme ils n'ont de farine que ce qu'ils en achètent des Russes, la plupart n'ont jamais vu de pain ni de gruau.

Tout le monde est admis à partager leurs repas. Leurs meilleures provisions sont celles dont ils font part à leurs hôtes. Leur plus grande politesse est de porter eux-mêmes les morceaux à la bouche de leur convive; et le prince ne se dispense pas de cet usage avec ceux qu'il honore de sa faveur.

Ils font un usage immodéré du tabac; ils le fument, ils le prennent en poudre. Ils ont de petites pipes de la Chine; mais, comme elles leur coûtent fort cher, il y suppléent le plus souvent avec des os de pieds de mouton. La même pipe suffit pour une compagnie nombreuse; elle passe de main en main, de bouche en bouche; ils aspirent la fumée avec tant de force, qu'elle leur sort par les narines. S'ils n'ont pas de pipe, leur industrie sait y suppléer. On choisit un endroit autour duquel toute la compagnie puisse se coucher à son aise; l'un des fumeurs, pour rendre la terre plus compacte et la réduire en une pâte pétrissable, l'arrose de son urine; il y fait un trou perpendiculaire avec le manche de son fouet, et le remplit de tabac, auquel il met le feu. Chacun se couche ventre à terre, s'arme d'une tige creuse, dont il pose un bout sur le tabac, et de l'autre il en aspire la fumée. De cette manière, personne n'est obligé d'attendre son tour, et tous pompent à la fois la vapeur du tabac.

Ils aiment le faste dans leurs habits. Une longue tunique d'un tissu de coton fin leur tient lieu de chemise; ils portent par-dessus une seconde tunique de laine ou de soie de la même forme, et une grande robe à larges manches, qui se rétrécissent par le bas et se terminent par une pointe que l'on relève au-dessus du poignet. Quelques-uns se ceignent d'une large et riche ceinture; les autres n'ont qu'un simple ceinturon de peau, auquel ils attachent leur couteau, leur briquet et leur pipe. Leurs culottes sont longues et amples; leurs bottines ont des talons hauts et étroits; le bout du pied finit par une pointe aiguë. Les riches en font broder les coutures en or.

Ils laissent croître leurs moustaches et un bouquet de barbe au menton. Une calotte piquée couvre leur tête rase; ils mettent par-dessus cette calotte un bonnet de forme conique; la pointe se termine par une houppe, et les côtés sont garnis de deux morceaux d'étoffe qui peuvent couvrir les joues et les oreilles, mais qu'on relève le plus souvent. Les gens aisés ne portent que des robes d'écarlate ou d'étoffe.

Leur habit d'été est ordinairement de peau de chèvre; ils ont l'art de la bien apprêter, de la bien adoucir et de lui donner une teinture d'un brun jaunâtre. A la chasse et en voyage, ils mettent d'énormes pantalons qui leur montent jusqu'au-dessous des bras, et dans lesquels ils renferment tous leurs habits.

Curieux de la parure pour eux-mêmes, ils ne le sont pas moins pour leurs chevaux. Ils les couvrent de riches caparaçons; les selles, où brillent l'or et l'argent, sont du travail le plus recherché, et les brides mêmes sont surchargées d'ornemens.

Les femmes de distinction s'enveloppent la tête d'une ample pièce d'étoffe légère, et lui donnent la forme d'un turban turc; leurs robes sont d'étoffe de soie, de toile peinte, de drap fin, et plus souvent de velours; elles les garnissent de cordonnets, de galons d'or et de riches pelleteries. Les femmes du commun se couvrent habituellement la tête d'un voile; mais les jours de fête elles portent des bonnets ornés de houppes et de grains de corail : ces coiffures sont accompagnées de bandes d'étoffe flottantes sur le dos et les épaules, et chargées des mêmes parures. Les filles restent la tête découverte, et partagent leurs cheveux en un grand nombre de tresses.

Les Kirghis ont un corps de noblesse fort nombreux et divisé en trois classes : les sultans descendent des princes souverains, les beys des guerriers qui ont été promus aux grades élevés, et les khodjis des familles distinguées par leur opulence.

Chaque tribu choisit ses chefs dans le corps de la noblesse; mais elle ne leur accorde aucun revenu, ne suit leurs avis qu'autant qu'ils lui plaisent, et s'en écarte dès qu'elle trouve le moindre intérêt à ne pas s'y soumettre. Enfin les grands ne doivent leur pouvoir qu'à l'ascendant que leur donnent leurs richesses, ou à l'amour qu'ils savent inspirer.

Le khan est le chef suprême ; mais c'est un titre sans puissance : on lui prodigue les marques du respect le plus profond ; mais on lui obéit mal, et quelquefois même on ne se conforme pas du tout à ses ordres, quand ils ne s'accordent pas avec la volonté publique. Il ne trouverait pas un seul combattant qui voulût le suivre, si ses projets guerriers étaient désapprouvés par la nation.

Les Kirghis ont pour lois le Koran, leurs usages et le bon sens de leurs chefs. Ceux-ci sont les juges.

Le meurtrier peut être poursuivi et cherché par les parens du mort. S'ils le trouvent, ils ont le droit de le tuer ; mais s'il a pu se soustraire à leur vengeance pendant un an, il lui est permis d'acheter sa sûreté en leur payant une amende d'un esclave, de cent chevaux et de deux chameaux.

On ne paie que la moitié de cette amende pour le meurtre d'une femme, pour celui d'un esclave, pour dédommager une fille de son honneur ravi.

Si, dans une querelle, un homme a le pouce coupé, l'offenseur doit lui donner cent moutons, et vingt pour le petit doigt. On est puni avec beaucoup de sévérité pour avoir pris un homme par la barbe : c'est la plus grave des insultes.

Le voleur est condamné à rendre dix fois la valeur de ce qu'il a pris. On n'est pas admis à prêter serment dans sa propre cause. Si l'accusé ne peut trouver personne qui veuille jurer pour lui, il est déclaré coupable.

Les lois défendent aux Kirghis le brigandage; mais ils se le permettent, et s'en font gloire. Quelquefois ils se réunissent en troupes, se donnent un chef, vont piller et enlever les caravanes. Ils gardent précieusement ce qu'ils ont pris ; c'est un trophée de leur valeur : ils ne vendent guère que les esclaves mâles et les bestiaux. Quelquefois un homme seul se met en campagne et court les steppes, cherchant les aventures ; mais ce chevalier errant, bien loin d'être un redresseur de torts, ne songe qu'à nuire.

Cependant un étranger qui a su gagner l'amitié d'un Kirghis distingué peut voyager en toute sûreté dans leurs steppes. La compagnie de ce protecteur le défend mieux que la plus nombreuse escorte.

Braves jusqu'à l'audace, les Kirghis ne sont pas guerriers. Jamais ils ne résistent à une défense vigoureuse et soutenue. Quand la guerre se prolonge, l'armée diminue chaque jour; ceux qui s'ennuient se retirent sans demander de congé; la désertion devient générale après une défaite ; on se disperse, et chacun retourne chez soi par le chemin qu'il croit le plus court.

Les Kirghis embrassèrent la religion de Mahomet vers le commencement du dix-septième siècle : ils y sont d'autant plus attachés, qu'ils la connaissent moins. Plusieurs oulouss n'ont

pas de mollahs ; les autres n'en ont que de fort
ignorans. Ils sont toujours choisis parmi les
prisonniers tartares qui savent lire et écrire ;
on n'exige pas d'eux d'autres connaissances. On
les élève au sacerdoce, on respecte leur science;
leur fortune est assurée.

En renonçant au chamanisme, leur ancienne
religion, les Kirghis ont conservé leurs sorciers. Ces imposteurs sont, comme partout ailleurs, astrologues, interprètes des songes, de-
vins, chiromanciens.

Les Kirghis achètent leurs femmes. Les gens
aisés les paient cinquante chevaux, vingt-cinq
vaches, une paire de chameaux et cent moutons : les pauvres donnent beaucoup moins,
et les riches bien davantage. Celui qui a déjà une
femme paie plus cher la seconde, et plus encore la troisième. Les gens du commun n'en ont
qu'une, et il leur serait même difficile de s'en
procurer, s'ils n'en enlevaient pas aux nations
voisines. Les riches en ont souvent quatre, et
un plus grand nombre de concubines. Ils aiment surtout les femmes kalmoukes, parce
qu'elles sont, plus que les autres, excellentes
femmes de ménage, et qu'elles conservent plus
long-temps les apparences de la jeunesse. Fières
de cette préférence, ces femmes se vantent de
n'avoir pas été achetées et échangées contre de
vils bestiaux, mais d'avoir été conquises au
péril de la vie de leurs époux. Celles qui con-
sentent à embrasser la mahométisme, passent
souvent dans les bras des premiers de la na-

tion. Mais autant on recherche les femmes kalmoukes, autant on méprise les captives persanes; elles tombent ordinairement en partage aux esclaves.

Chaque épouse a sa tente particulière; elle est chargée de l'éducation de ses enfans. La stérilité est pour elle le plus grand des malheurs; l'épouse stérile devient en quelque sorte l'esclave de ses rivales fécondes.

Les femmes des Kirghis sont soigneuses, douces, compatissantes. Elles favorisent souvent l'évasion des esclaves, s'exposant au danger d'être punies de cet acte d'humanité inspiré quelquefois par l'amour.

Les maladies les plus communes chez les Kirghis, sont les rhumes, la gale, les éruptions cutanées, différentes sortes de fièvres. Les ventouses sont leurs remèdes les plus ordinaires; ils appliquent aussi le feu sur les parties malades. La petite-vérole a quelquefois pénétré dans leurs steppes, mais sans y exercer de grands ravages; car elle leur inspire tant de crainte, qu'ils abandonnent les malades seuls au milieu des déserts.

Ils mêlent dans leurs funérailles les cérémonies du mahométisme et celles du chamanisme. On coupe en morceaux la meilleure robe du mort, et l'on distribue ces reliques à ses amis. On enterre quelquefois une lance avec le défunt, et même tous ses ustensiles. Souvent les riches demandent à être déposés près des tombes de leurs saints, de leurs princes ou de leurs parens. Si le lieu est trop éloigné, on enterre les chairs et les entrailles du mort dans la steppe où il est expiré, et l'on porte ses ossemens dans l'endroit qu'il a indiqué pour sa sépulture.

Les fosses sont peu profondes. On les recouvre d'un tas de pierres, qui sert de monument pour la postérité. Si le défunt était un homme de considération, l'on rend trois fois hommage à sa mémoire dans l'année de son décès. Sa veuve et ses enfans viennent chaque fois pleurer sur sa tombe; ses amis y arrivent vêtus de leurs plus riches habits; ils font l'éloge du défunt, et la fête funèbre se termine par un repas d'où la tristesse est bannie.

Chaque oulouss célèbre tous les ans une fête en l'honneur des morts. On s'assemble dans le lieu marqué pour les sépultures; on y fait le sacrifice de quelques chevaux; les chairs sont offertes aux morts et mangées par les vivans. En passant près du tombeau d'un parent ou d'un ami, on s'arrête, on arrache quelques poils de la crinière de son cheval, et on les dépose sur le monument.

Les Kirghis sont partagés en trois hordes : la grande, la moyenne, et la petite. La grande horde erre au sud-est du lac Aral dans les steppes bornées par le Sarason, arrosées par le Syr et contiguës au pays des Kalmouks : elle va jusque dans le Turkestan. Elle compte trente mille guerriers qui sont soumis à un khan jadis vassal de la Chine, mais aujourd'hui reconnaissant la souveraineté de l'empereur de Russie. Ces Kirghis ont des espèces de bourgades et de villages, se livrent à l'agriculture et au jardinage.

La moyenne et la petite horde, composées chacune de trente mille familles, vivent depuis 1731 sous la protection de la Russie. La première élit un khan; la Russie le confirme. Cette horde campe au nord du lac Aral, jusqu'aux rives du Sarason dans le sud-est. Elle va souvent au-delà des monts Alghydim-Chalo, dans la steppe d'Issim. La petite horde est gouvernée par un sultan qui ne reconnaît que faiblement l'autorité du khan de la horde moyenne. Elle occupe l'espace compris entre l'Iaïk, le lac Aral et les environs d'Orenbourg.

Ces deux hordes laissent toujours en otage à Orenbourg quelques fils de leurs princes et des jeunes gens du plus haut rang; mais rien ne peut rassurer contre leurs brigandages. Les Kirghis enlèvent quelquefois les hommes et les bestiaux jusque sur le territoire de la Russie, et attaquent dans leurs steppes les caravanes qui viennent commercer avec les Russes. Ce sont des voisins très-incommodes, qui changent par caprice d'amis, de protecteurs et d'ennemis. Bien loin de payer aucun tribut à la Russie, leurs chefs obtiennent des présens de cette puissance.

Les Russes comprennent sur leurs cartes

toute la steppe d'Issim ; mais les redoutes qu'ils ont construites sur ses limites, à l'est, au nord et à l'ouest, depuis Omsk en Sibérie jusqu'à l'embouchure de l'Iaïk dans la mer Caspienne, peuvent à peine assurer leurs frontières contre les déprédations des Kirghis.

LIVRE SIXIÈME.

SIBÉRIE.

CHAPITRE PREMIER.

Voyage de Gmelin en Sibérie.

Autrefois les géographes étendaient le nom de *Sibérie* jusqu'aux parties de la Russie européenne situées à l'est du Volga. Aujourd'hui ce nom, plus restreint dans sa signification, comprend néanmoins toute la partie boréale de l'Asie. La chaîne des monts Oural la sépare de la Russie d'Europe, et forme sa limite à l'ouest; elle est bornée au nord par la mer Glaciale, à l'est par l'Océan oriental et le détroit de Behring, qui la détache de l'Amérique septentrionale; au sud, par les chaînes des monts Altaï, Sayaniens et Daouriens, qui marquent la frontière de l'empire chinois; au sud-ouest, par les monts Altgydin et Chalo, au-delà desquels est la Tartarie indépendante. Cette contrée immense a plus de 1200 lieues de longueur, de l'est à l'ouest, et entre 600 et 700 de largeur, du nord au sud; elle est comprise entre les 55e. et 75e. degrés de latitude septentrionale.

Nous suivrons, pour la décrire, trois voyageurs modernes d'un ordre très-distingué. Gmelin, médecin allemand et professeur de botanique; de Lille de La Croyère, et Muller, tous trois membres de l'académie de Pétersbourg, et versés dans les sciences naturelles; tous trois envoyés, en 1733, par l'impératrice Anne-Ivanovna, pour parcourir la Sibérie et reconnaître le Kamtschatka.

Mais laissons parler nos voyageurs, en ne conservant que les détails les plus importans de leur relation, écrite en allemand, et traduite en extrait dans l'*Histoire générale des Voyages*.

« La première ville remarquable dans la Sibérie est Catherinembourg: cette ville, fondée en 1723 par Pierre Ier., et achevée en 1726, sous l'impératrice Catherine, dont elle porte le nom, est de la province de Tobolsk; mais elle a sa juridiction particulière. On peut la regarder comme le point de réunion de toutes les fonderies et forges de Sibérie, qui appartiennent au collége suprême des mines; car ce collége y réside, et c'est de là qu'il dirige tous les ouvrages de Sibérie. Toutes les maisons qui la composent ont été bâties aux dépens de la cour; aussi sont-elles habitées par des officiers impériaux ou par des maîtres et des ouvriers attachés à l'exploitation des mines. La ville est régulière et les maisons sont presque toutes bâties à l'allemande : il y a des fortifications que le voisinage des Baschkires rend très-nécessaires. L'Iser passe au milieu de la ville, et ses eaux suffisent à tous les besoins des fonderies. L'église de Catherinembourg est de bois; mais on a jeté les fondemens d'une église en pierre. Il y a dans cette ville un basar bâti en bois; mais on n'y trouve guère que des marchandises du pays : il y a aussi un bureau de péage dépendant de la régence de Tobolsk; les marchandises des commerçans qui y passent dans le temps de la foire d'Irbit, y sont visitées. La durée de cette foire est le seul temps où il soit permis aux marchands de passer par Catherinembourg. On retirerait même volontiers cette permission, parce qu'on n'est pas toujours assuré de la vérité des passe-ports, et qu'il est aisé de frauder le péage en passant à côté; mais, comme les marchands seraient obligés de faire un trop grand détour, si on leur défendait cette route, on préfère le bien public, et l'on apporte seulement toute l'attention possible pour empêcher la fraude.

» Pour s'instruire à fond dans la matière des mines, forges, fonderies, etc., il suffit de voir cette ville. Les ouvrages y sont bien faits, et les ouvriers travaillent avec autant d'application que d'habileté; aussi la police y est-elle admirable. On empêche, sans violence, ces ouvriers de s'enivrer; et voici comment. Il est défendu par toute la ville de vendre de l'eau-de-vie dans d'autres temps que les dimanches après midi. De plus, pour ne pas profaner ce jour, on ne permet d'en vendre qu'une certaine mesure, et l'on tient exactement la main à l'exécution d'un règlement si sage. Les ouvriers d'ailleurs n'ont pas à se plaindre, ils ne manquent de rien : ils touchent leur paie régulièrement tous les quatre mois, et les vivres sont à très-bon marché. Lorsque quelqu'un d'eux tombe malade, il est très-bien soigné, dans un hôpital bâti exprès pour eux et dirigé par un bon chirurgien-major. On y apporte même les malades des mines et fonderies des environs.

» Dans la nuit du 31 décembre, continue Gmelin, nous fûmes régalés d'un spectacle russe, où nous ne trouvâmes pas le mot pour rire : notre appartement se remplit tout à coup de masques. Un homme vêtu de blanc conduisait la troupe : il était armé d'une faux qu'il aiguisait de temps en temps, et c'était la Mort qu'il représentait ; un autre faisait le personnage du Diable. Il y avait des musiciens et une grande suite d'hommes et de femmes. La Mort et le Diable, qui étaient les principaux acteurs de la pièce, disaient que tous ces gens-là leur appartenaient, et voulaient nous emmener aussi. Nous nous debarrassâmes d'eux en leur donnant pour boire.

» Au commencement de janvier, M. Muller et moi nous allâmes visiter les mines de cuivre de Polevai, situées à cinquante-deux verstes (1) de Catherinembourg. Nous entrâmes dans la

(1) Quatre verstes font une lieue de France.

mine de cuivre qui est dans l'enceinte des ouvrages élevés contre les incursions des Baschkires ; nous descendîmes par un escalier bien construit ; et pour y pénétrer, nous n'essuyâmes pas à beaucoup près les difficultés qu'il faut surmonter dans les mines d'Allemagne. Le rocher n'est pas indomptable : cependant il faut, pour le briser, de la poudre à canon. La mine ne s'y trouve pas par couches : elle est distribuée par rognons, et donne l'un portant l'autre trois livres de cuivre par quintal. La terre qui la tient est noirâtre et un peu alumineuse. Comme la mine n'est pas profonde, on a rarement besoin de pousser les galeries au-delà de cent brasses de profondeur ; aussi n'est-on pas beaucoup incommodé des eaux, qui d'ailleurs sont chassées par des pompes que la rivière de Poleva fait agir.

» De la mine nous allâmes aux fonderies, où l'on voit tous les fourneaux nécessaires pour préparer le minerai et en retirer le cuivre ; dans le même endroit sont les forges avec les marteaux. Tous ces ouvrages sont mis en mouvement par la Poleva, qu'un batardeau fait enfler.

» Il ne se passa rien de remarquable à Tobolsk avant le 17 février. Le carnaval, nommé en Russie *la semaine du beurre*, qui commença ce jour-là, mit en mouvement toute la ville. Les gens les plus distingués se rendaient continuellement des visites, et le peuple faisait mille extravagances : on ne voyait et l'on n'entendait jour et nuit dans les rues que des courses et des cris ; la foule des passans et des traîneaux y causait à chaque instant des embarras. Une nuit, passant devant un cabaret, je vis beaucoup de monde assis sur un tas immense de neige, qu'on avait élevé exprès. On y chantait et l'on y buvait sans relâche ; la provision finie, on renvoyait au cabaret. On invitait tous les passans à boire, et personne ne songeait au froid qu'il faisait. Les femmes se divertissaient à courir les rues, et elles étaient souvent jusqu'à huit dans un traîneau.

» A Pechler, j'entrai dans une maison de Tartares. Ceux du district de Tobolsk ne sont nullement comparables aux Tartares du Casan pour la politesse et la propreté. Ces derniers ont ordinairement une chambre particulière pour leurs femmes. Ceux de Tobolsk n'ont qu'une seule chambre, dans laquelle toute la famille vit pêle-mêle, avec les bœufs, les vaches, les veaux, les moutons. Cette malpropreté provient vraisemblablement de leur pauvreté : c'est par la même raison qu'ils ont rarement plus d'une femme, et qu'ils ne boivent que de l'eau.

» Autant la ville avait été tumultueuse dans la semaine du beurre, autant elle paraissait tranquille dans les fêtes qui la suivent. On voyait tout le monde en prière. La dévotion éclata surtout dans une cérémonie qui se fit le 3 mars à la cathédrale, et qui fut célébrée par l'archevêque du lieu. Elle commença par une espèce de béatification de tous les czars morts en odeur de sainteté, et de leurs familles, des plus vertueux patriarches, et de plusieurs autres personnages, du nombre desquels fut Yermak, qui avait conquis la Sibérie : ensuite on prononça solennellement le grand ban de l'Église contre tous les infidèles, hérétiques et schismatiques, c'est-à-dire contre les mahométans, les luthériens, les calvinistes et les catholiques romains, supposés auteurs du schisme qui sépare les deux églises. Pendant tout le carême on n'entendit point de musique, il n'y eut aucune sorte de divertissement, ni fiançailles. Si nous n'eussions eu des Tartares à observer, nous aurions été réduits à la plus grande inaction.

» Le 15 mars, nous eûmes avis qu'il se faisait une noce tartare au village de Sabanaka; nous fûmes curieux de la voir, et nous nous rendîmes sur les lieux. On compte de Tobolsk à Sabanaka sept vieux verstes, qui en font environ douze nouveaux. Nous allâmes droit à la maison des nouveaux mariés; nous fûmes conduits, avec d'autres étrangers qui avaient eu la même curiosité que nous, dans une chambre particulière où l'on avait rangé des chaises pour nous recevoir. Nous y trouvâmes les bancs larges et bas que nous avions vus jusqu'à présent dans toutes les chambres tartares ; ils étaient couverts de tapis. La table avait aussi son tapis; ou y avait servi un gâteau et des fruits secs. En arrivant dans la chambre, on nous présenta de l'eau-de-vie à la manière russe, et ensuite du thé. On nous prévint qu'on avait rassemblé à Tobolsk quelques chevaux qui viendraient en course pour disputer les prix. C'est un ancien usage dans toutes les noces tartares de donner le spectacle de ces courses avant de commencer la noce. Or, afin qu'il se trouve toujours des cavaliers et des chevaux pour les courses, il y a des prix proposés, tant de la part du marié que du côté de la mariée, et le plus considérable est adjugé à celui qui atteint le premier but. Le prix donné par le marié était une pièce de kamka rouge, une peau de renard, une pièce de cham vert, une pièce de tschandar (ces deux dernières étoffes sont de coton, et tirées de la Kalmoukie), et une peau rousse de cheval. De la part de la mariée, il y avait une pièce de daréi, étoffe de Boukharie, rayée rouge et blanche, moitié soie et moitié coton ; une peau de loutre, une pièce de kitaïka rouge, et une peau rousse de cheval ; ce qui faisait en tout dix prix destinés pour les dix meilleurs coureurs. Ces prix étaient attachés à de longues perches, et étalés devant la maison des mariés.

» Vers les 11 heures, on vit arriver trois cavaliers. C'étaient de jeunes garçons russes, qui remportèrent les trois premiers prix. Quelque temps après, il en arriva plusieurs autres, qui étaient presque tous de jeunes Tartares ou de jeunes Russes. Les prix furent donnés aux dix premiers ; mais nous apprîmes qu'on les distribuait quelquefois avec un peu de partialité, et qu'ici particulièrement il y avait eu de la faveur. A peu de distance de ces prix il y avait deux tables, sur chacune desquelles était un instrument de musique tartare, consistant en un vieux pot couvert d'un cuir bien tendu, sur lequel on frappait comme sur un tambour. Cette musique n'était pas merveilleuse : cependant il y avait une si grande foule de Tartares empressés de l'entendre qu'on avait de la peine à en approcher.

» Après la distribution des prix, nous passâmes dans la chambre du marié, qui était dans la cour de la maison où demeurait la future. Cette chambre était remplie de gens qui se divertissaient à boire. Deux musiciens tartares étaient de la fête : l'un avait un simple roseau percé de trous, avec lequel il rendait différens sons; l'embouchure de cette espèce de flûte était entièrement cachée dans sa bouche : l'autre râclait un violon ordinaire. Ils nous jouèrent quelques morceaux qui n'étaient pas absolument mauvais : nous fûmes surtout attentifs à la chanson ou romance d'Yermak, qu'ils nous assurèrent avoir été faite dans le temps que ce guerrier conquit la Sibérie, et que leurs ancêtres furent soumis à la domination russe.

» De là nous repassâmes dans la première chambre, d'où nous vîmes le marié, conduit par ses paranymphes et par ses parens, faire trois fois le tour de la cour. Lorsqu'il passa la première fois devant la chambre de la mariée, on jeta des fenêtres de celle-ci des morceaux d'étoffe que le peuple s'empressa de ramasser. Le marié avait une longue veste rouge, avec des boutonnières d'or. Son bonnet était brodé en or, et de la même couleur. De la cour il se rendit dans une chambre, où l'agouns (prêtre égal en dignité à un évêque), deux abouss, ou abiss, et deux hommes qui représentaient les pères du marié et de la mariée, étaient assis sur un banc. Il y avait dans cet endroit une grande foule de spectateurs accourus pour voir la cérémonie. Les deux paranymphes entrèrent dans la chambre avant le marié, et demandèrent à l'agouns si la cérémonie se ferait. Après sa réponse, qui fut affirmative, le marié entra : les paranymphes lui demandèrent *si lui N. N. pourrait obtenir N. N. pour femme.* Là-dessus, l'abiss envoya chez la mariée pour avoir la réponse. Son consentement étant arrivé, et les pères et mères des futurs conjoints ayant aussi donné le leur, l'agouns récita au marié les lois du mariage, dont la principale était qu'il ne prendrait jamais d'autre femme sans le consentement de celle qu'on allait lui donner. A toutes ces formalités, le marié gardait un profond silence; mais les paranymphes promirent qu'il ferait tout ce qu'on exigerait de lui. L'agouns, pour lors, donna sa bénédiction, et il finit la cérémonie par un éclat de rire, qui fut imité par plusieurs des assistans. Pendant tout ce temps les parens et les amis du marié apportaient des pains de sucre pour présens de noce. Après la bénédiction nuptiale, on cassa ces pains en plusieurs morceaux : on sépara les gros des petits, et on les mit séparément sur des assiettes. Les plus gros furent distribués au clergé, et les autres aux assistans; nous eûmes chacun environ deux onces de sucre. On quitta cette chambre pour s'aller mettre à table, et nous fûmes servis dans l'endroit où l'on nous avait reçus d'abord. Le repas était composé de riz, de pois, de bœuf et de mouton. A une heure après midi, nous nous retirâmes, et nous revînmes à Tobolsk. Nous sûmes depuis que la noce avait duré trois jours, pendant lesquels on n'avait cessé de boire et de manger.

» Nous ne vîmes rien de remarquable à Tobolsk, jusqu'au 14 avril, jour que finit le carême. Les cérémonies de Pâques, usitées chez les Russes parmi le peuple, sont ici les mêmes. Le 15, nous eûmes à peu près le même spectacle qu'on nous avait donné à Catherinembourg, si ce n'est qu'il se fit en plein jour. Ce fut la représentation d'une pieuse farce, toute semblable à nos anciens mystères, et distribuée en trois actes.

» Il y eut ce même jour à Tobolsk une autre solennité dont M. Muller fut témoin. A une verste de la ville, il était entré dans une maison située sur une éminence, et qui paraissait ne contenir qu'une seule chambre. Il y descendit par quelques marches basses, et il y trouva beaucoup de cercueils remplis de corps morts, et qu'on pouvait aisément ouvrir. Ce sont des cadavres de gens qui sont morts de mort violente, ou sans sacremens, et qui ne peuvent pas être enterrés avec ceux qui les ont reçus, ou dont la mort a été naturelle. Près de ces bières, il y avait un grand concours de monde, soit parens des morts, soit inconnus, qui venaient prendre congé des défunts : « Car, » disent-ils, quoique nous ne soyons pas » parens, les morts peuvent dire un mot en » notre faveur. » Ce n'est pas qu'ils croient que ceux qui ne sont pas morts dans les règles ne puissent pas être sauvés : ces morts, selon les dévots de Tobolsk, ne restent pas au-delà d'un an dans cet état; et quelques-uns même n'ont pas si long-temps à attendre. Suivant cette opinion, tout ce qui meurt dans l'année, entre les deux jeudis antérieurs à celui qui précède les fêtes de la Pentecôte, reste sans être inhumé jusqu'à ce dernier jeudi; et est gardé dans ce magasin de morts. S'il arrive que quelqu'un meure le jeudi même, il faut qu'il attende une année entière sans être enterré : si au contraire il ne meurt qu'un seul jour avant, il l'est dès le lendemain. Ce jeudi est appelé *toulpa* en langue russe; mais la plupart le nomment *sedmik*, parce que, depuis le jeudi-saint jusqu'à celui-ci, il y a sept semaines. Ce même jour, l'archevêque de Tobolsk fait une procession solennelle avec son clergé jusqu'à cette maison ; et, après avoir récité quelques prières, il absout les morts des péchés dont ils se sont rendus coupables par leurs négligences, ou qu'ils n'ont pu expier à cause de leur mort subite.

» La semaine de Pâques se passa gaiement en visites respectives. La populace la célébra par beaucoup de divertissemens à sa mode; mais ces extravagances n'approchaient pas à beaucoup près de celles qui se firent dans la semaine du beurre. C'est là principalement le temps des débauches avec les femmes, qui cependant ne sont pas rares tout le reste de l'année en cette ville. Je n'ai vu dans aucun lieu du monde autant de gens sans nez qu'à Tobolsk. Le froid ne peut pas en être la cause, puisqu'il n'y fait pas plus froid qu'à Pétersbourg, où ces accidens sont beaucoup plus rares. Il est donc assez vraisemblable qu'ici la perte du nez est un des fruits ordinaires de maladies qui sont très-communes dans cette ville. On le conçoit d'autant plus aisément, que, pour toute la garnison, il n'y a qu'un seul chirurgien, et qu'il n'est pas obligé d'administrer gratuitement ses remèdes aux habitans; d'où il arrive que les pauvres restent sans secours pour ces maladies, qui doivent être plus funestes dans les climats où le froid rend la transpiration difficile.

» Tobolsk, capitale de la Sibérie, est située sur l'Irtich, par 58 degrés 12 minutes de latitude. Elle est divisée en ville haute et en ville basse. La ville haute est sur la rive orientale de l'Irtich; la basse occupe le terrain qui est entre la montagne et la rivière. Elles ont l'une et l'autre un circuit considérable; mais toutes les maisons sont bâties de bois. Dans la ville haute, qu'on appelle proprement *la ville*, est la forteresse, qui forme presqu'un carré parfait, et qui a été construite par le gouverneur Gagarin. Elle renferme un bazar bâti de pierre, la chancellerie de la régence et le palais archiépiscopal. Près de la forteresse est la maison du gouverneur. Outre le bazar, il y a dans la haute ville encore un marché pour les denrées et pour toutes sortes de menues marchandises.

» La ville haute a cinq églises, dont deux construites de pierres, enclavées dans la forteresse, et trois bâties de bois, outre un couvent. La ville basse a sept paroisses, et un couvent bâti en pierre.

» La ville haute a l'avantage de ne point être sujette aux inondations; mais elle a une grande incommodité, en ce qu'il y faut faire monter toute l'eau dont elle a besoin. L'archevêque seul a un puits profond de trente brasses, qu'il a fait creuser à grands frais, mais dont l'eau n'est à l'usage de personne hors de son palais. La ville basse a l'avantage d'être proche de l'eau, mais elle est sujette à des inondations.

» On nous dit à Tobolsk que cette ville essuie tous les dix ans une inondation qui la met sous l'eau. En effet, l'année précédente (1733), non-seulement la ville, mais tous les lieux bas des environs, jusqu'à Tioumen, étaient inondés.

» Je n'ai pas trouvé d'endroit où l'on voie

autant de vaches qu'on en rencontre à Tobolsk. Elles courent les rues, même en hiver ; de quelque côté que l'on tourne, on voit des vaches, mais bien plus encore en été et dans le printemps.

» La ville de Tobolsk est fort peuplée, et les Tartares font près du quart des habitans. Les autres sont presque tous des Russes, ou exilés pour leurs crimes, ou enfans d'exilés. Comme ici tout est à si grand marché, qu'un homme d'une condition médiocre peut vivre avec un modique revenu de dix roubles par an, la paresse y est excessive. Quoiqu'il y ait des ouvriers de tous métiers, il est très-difficile d'obtenir quelque chose de ces gens-là ; on n'y parvient guère qu'en usant de contrainte et d'autorité, ou en les faisant travailler sous bonne garde. Quand ils ont gagné quelque chose, ils ne cessent de boire jusqu'à ce que, n'ayant plus rien, ils soient forcés par la faim à revenir au travail. Le bas prix du pain cause en partie ce désordre, et fait que les ouvriers ne pensent pas à épargner ; deux heures de travail leur donnent de quoi vivre une semaine et satisfaire leur paresse.

» Du gouverneur de Tobolsk dépendent tous les vayvodes de Sibérie ; il ne peut pas cependant les destituer, ni les choisir lui-même ; mais il est obligé de les recevoir tels qu'on les lui envoie de la chancellerie de Sibérie, qui réside à Moscou. Il reçoit, ainsi que les sous-gouverneurs et les autres officiers de la chancellerie, des appointemens de sa majesté impériale. Il y a deux secrétaires à la chancellerie de ce gouvernement qui sont perpétuels, quoiqu'on change les gouverneurs. Ces secrétaires, par cette raison, sont fort considérés; les grands et les petits recherchent leur protection, et ils gouvernent presque despotiquement toute la ville.

» Le gouverneur célèbre toutes les fêtes de la cour : il fait inviter ces jours-là tous ceux qui sont au service de l'impératrice, et même tous les négocians de la ville. Tout ce qu'il y avait à Tobolsk de personnes destinées pour le voyage de Kamtschatka reçut de pareilles invitations. Nous étions toujours placés à la même table avec l'archevêque, les archimandrites, quelques autres ecclésiastiques d'un ordre inférieur, et les officiers de la garnison. Le dîner était servi à la manière russe; on y buvait beaucoup de vin du Rhin et de vin muscat. Ordinairement après le dîner, hors le temps du carême, on dansait jusqu'à sept ou huit heures du soir; d'autres fumaient, jouaient au trictrac, ou s'amusaient à d'autres jeux.

» Ces repas, quelque multipliés qu'ils soient, ne sont rien moins que ruineux, car aucun des négocians ne quitte la table sans laisser un demi-rouble ou un rouble, et c'est à qui fera mieux les choses.

» Les Tartares établis dans cette ville descendent en partie de ceux qui l'habitaient avant la conquête de la Sibérie, et en partie des Boukhariens, qui s'y sont introduits peu à peu avec la permission des czars, dont ils ont obtenu certains priviléges. Ils sont en général fort tranquilles, et vivent du commerce; mais point de métiers parmi eux : ils regardent l'ivrognerie comme un vice honteux et déshonorant. Ceux d'entre eux qui boivent de l'eau-de-vie sont fort décriés dans la nation. Je n'eus point d'occasion de voir leurs cérémonies religieuses. Ils sont tous mahométans, et peuvent avoir autant de femmes qu'ils veulent; mais, comme ils demeurent avec des chrétiens, ils en prennent rarement plus d'une.

» Les Tartares font leurs prières au lever et au coucher du soleil, ainsi que chaque fois qu'ils mangent. Je demandai un jour à un Tartare qui faisait son action de grâces après le repas pourquoi, à la fin de ses prières, il passait la main sur sa bouche. Il me répondit par cette autre question : *Pourquoi joignez-vous les mains en priant?*

» Les Tartares ne changent pas aisément de religion : on en a cependant baptisé quelques-uns; mais ces prosélytes sont fort méprisés dans leur nation. Ceux qui s'appellent *les vrais croyans* leur reprochent qu'ils ne changent de religion que par goût pour l'ivrognerie, ou pour se retirer de l'esclavage Cette dernière raison paraît la plus vraisemblable.

» Le temps de notre départ approchait; nous avions fait préparer deux doschtschennikes, où l'on avait réuni toutes les commodités possibles. Un doschtschennike est un bâtiment qu'on peut regarder comme une grande barque couverte : lorsqu'il est destiné à remonter les rivières, il a un gouvernail; mais ceux qui les descendent ont, au lieu de gouvernail, une grande et longue poutre devant et derrière, comme les bâtimens du Volga. Dans chacun de ces bâtimens il y avait vingt-deux manœuvriers, tous Tartares : chacun était en outre muni de deux canons et d'un canonnier. Nous nous embarquâmes, et nous remontâmes l'Irtich.

» Au delà de l'embouchure du Tara, qui se jette dans l'Irtich, nous avions à la rive orientale la steppe ou le désert des Tartares Barabins; et à l'occidentale, celui des Cosaques. Ainsi nous fîmes faire bonne garde : nous n'avions rien à craindre des premiers, qui sont soumis à l'empire russe; mais le désert des Cosaques est très-dangereux; car du bord de l'Irtich on peut arriver en trois jours jusqu'à la Casakhiahorda, horde de Cosaques ainsi nommée par les Russes, qui court de temps en temps ce désert, et qui s'est rendue redoutable. Ces Cosaques tuent ordinairement tous les hommes qu'ils rencontrent, et emmènent les femmes. Ils traitent les Tartares un peu plus doucement que les Russes; ils les font marcher avec eux quelques pas, puis les dépouillent, les maltraitent, et les laissent aller : autrefois ils se contentaient d'emmener les Russes en captivité; j'en ai vu plusieurs qui en étaient sortis, et qui ne se lassent point de parler des cruautés qu'on leur avait fait souffrir.

» Jusque-là notre navigation sur l'Irtich, à la lenteur près, et malgré les inconvéniens dont je viens de parler, ne pouvait être plus heureuse. Nous n'avions qu'à nous louer des manœuvriers que nous avions pris à Tobolsk. C'étaient tous gens tranquilles, officieux, pleins de bonne volonté. Nous étions touchés de voir ces pauvres gens travailler sans un moment de relâche, sans un instant de repos la nuit, et pourtant sans le moindre murmure. L'accident qui arriva à notre bâtiment nous fit encore mieux connaître toute la bonté de ces Tartares : nous avions dans notre bâtiment une provision considérable de cochon fumé ; on sait que cette viande est en horreur aux Tartares, et qu'ils n'osent seulement pas la toucher : cependant notre navire ayant fait eau, comme il fallait que le bâtiment fût promptement déchargé, nous les vîmes, avec des mains tremblantes, aider à porter cette viande à terre. Une autre fois un cochon de lait étant tombé dans l'eau, un de nos Tartares s'y jeta sur-le-champ, nagea après l'animal et le rapporta. Nous avons aussi vu des marques de l'amitié qu'ils ont les uns pour les autres : il était souvent arrivé que trois ou quatre Tartares étaient obligés, soit en nageant, soit en marchant dans l'eau, de prendre les devans pour sonder la profondeur et empêcher nos bâtimens d'échouer sur les bancs de sable. Un jour, un de ces travailleurs qui, contre l'ordinaire des Tartares, ne savait pas bien nager, fut embarrassé dans un endroit profond, et près de se noyer ; ses camarades le voyant en danger, trois ou quatre d'entre eux se jetèrent à l'eau et le sauvèrent. Nous ne nous sommes jamais aperçus qu'ils nous aient volé la moindre chose. Leur probité est connue partout ; aussi n'exige-t-on d'eux aucun serment ; ils n'en connaissent pas même l'usage : mais, lorsqu'ils ont frappé dans la main, en promettant quelque chose, on peut être plus sûr de leur foi que de tous les sermens de la plupart des chrétiens. Ils sont de plus très-religieux ; je ne les ai jamais vus manger sans avoir fait leur prière à Dieu avant et après le repas. Ils ne levaient jamais la voile sans demander à Dieu, par des exclamations en leur langue, sa bénédiction pour notre voyage.

» Ces Tartares sont presque tous maigres, secs, fort bruns, et ont les cheveux noirs : ils sont grands mangeurs, et quand ils ont des provisions, ils mangent quatre fois le jour : leur mets ordinaire est de l'orge qu'ils font un peu griller, et qu'ils appellent *kourmatsch* ; ils la mangent ainsi presque crue, ou, quand ils veulent se régaler, ils la font griller encore une fois avec un peu de beurre. De toutes les viandes, celle qu'ils aiment le mieux est la chair de poulain. Ils furent obligés avec nous de se contenter de ce que nous pouvions leur donner ; mais ils n'étaient point délicats. Je les ai souvent vus mettre sur le feu des morceaux de viande toute pourie qu'ils mangeaient de très-bon appétit.

» Nous n'eûmes dans tout ce voyage par eau qu'une seule incommodité à laquelle il ne fut pas possible de trouver le moindre remède ; c'étaient les cousins, dont il y a des quantités prodigieuses dans tous les endroits où nous passâmes. Ils s'attachent à toutes les parties du corps qui sont découvertes ; ils pénètrent avec leur trompe jusque dans la peau, en sucent le sang jusqu'à ce qu'ils en soient rassasiés, et s'envolent ensuite. Si on les laisse faire, ils couvrent entièrement la peau, et causent des douleurs insupportables. On m'a même assuré qu'à Ilimsk, ils tourmentent quelquefois si cruellement les vaches, qu'elles en tombent mortes. Le cousin des bords de l'Irtich est d'une espèce très-délicate ; on ne peut guère le toucher sans l'écraser ; et si on l'écrase sur la peau, il y laisse son aiguillon, ce qui rend la douleur encore plus sensible. Sa piqûre fait enfler la peau aux uns, et à d'autres ne fait que des taches rouges, telles qu'en font naître les orties. Le moyen usité dans le pays pour s'en garantir est de porter une sorte de bonnet fait en forme de tamis, qui couvre toute la tête, et qui n'ôte pas entièrement la liberté de la vue. On met autour des lits des rideaux d'une toile claire de Russie. Nous employâmes ces deux moyens, mais nous trouvâmes de l'inconvénient à l'un comme à l'autre. Le premier causait une chaleur incommode qui se faisait sentir à la tête, et devenait bientôt insupportable. L'autre moyen nous parut d'abord sans effet : nos lits étaient assiégés de cousins, et nous ne pouvions pendant la nuit fermer l'œil. Lorsqu'il pleuvait un peu, ou que le temps étaient couvert, les cousins redoublaient de fureur; on ne se garantissait les mains et les jambes qu'en mettant des bas et des gants de peau. Les cousins sont en bien plus grande quantité sur les bords de l'eau que sur les bâtimens, et quelque chose qu'on fasse, on en est toujours couvert. Je risquai un jour d'aller sur le rivage ; je ne puis exprimer tout ce que je souffris : mes mains et mon visage furent aussitôt remplis de petites pustules qui me causaient une démangeaison continuelle : je regagnai vite le bâtiment, et je me soulageai bientôt en me lavant avec du vinaigre. Nous nous aperçûmes à la fin que les cousins qui nous tourmentaient la nuit ne venaient pas à travers les rideaux, mais qu'ils montaient d'en bas entre les rideaux et le lit. Il était aisé de leur ôter ce passage : nous arrêtâmes les rideaux dans le lit, et nous n'étions plus interrompus dans notre sommeil. Pour pouvoir tenir pendant le jour dans nos cabanes, il fallait y faire une fumée continuelle. Le mal était moindre quand il faisait du vent ; il ne fallait alors qu'ouvrir les fenêtres. Les cousins ne supportent pas le vent, et comme il y en avait toujours un peu sur le pont, ils étaient dispersés. Quand il faisait froid, il n'y avait plus de cousins ; ils restaient dans les bâtimens, attachés aux murs et comme morts ; mais la moindre chaleur les faisait revivre.

» A deux journées d'Yamouscheva, nous cessâmes notre navigation, et nous montâmes à cheval avec une petite suite : notre chemin traversait directement la steppe, qui est partout fort unie.

» Nous eûmes beaucoup à souffrir jusqu'à Yamouscheva ; la chaleur était devenue si forte, que nous pensâmes périr ; il faisait à la vérité du vent, mais il était aussi chaud que s'il fût sorti d'une fournaise ardente. Nous n'avions pas dormi depuis près de trente-six heures ; le sable et la poussière nous ôtaient la vue, et nous arrivâmes très-fatigués, à une heure après midi, à Yamouscheva. Là nous sentîmes encore à notre arrivée la chaleur si vivement, que nous désespérions de pouvoir la supporter davantage. Tout ce qu'on nous servait à table, quand nous prenions nos repas, était plein de sable que le vent y portait. La chambre n'avait point de fenêtres, il n'y avait que des ouvertues pratiquées dans la muraille, et c'était par là que le vent nous charriait ce sable incommode. Il me prit envie de me baigner, et je m'en trouvai bien ; je me sentis tout à la fois rafraîchi et délassé. En rentrant à notre logis, j'entendis le tambour de la forteresse qui donnait le signal du feu. Nous apprîmes qu'il était dans la steppe, et qu'il y faisait du ravage. Le vent chassait la flamme avec violence vers la forteresse. Nous montâmes aux ouvrages des fortifications, et nous vîmes, en plusieurs endroits du désert, des feux qui répandaient une grande lumière.

L'officier qui commandait dans la forteresse n'était pas fort à son aise, car le feu le plus proche n'était pas éloigné de lui de plus de cinq verstes. Toutes les femmes du lieu furent commandées pour porter chacune, en cas d'accident, une mesure d'eau dans la maison, et quelques hommes furent occupés à creuser des fossés pour empêcher la communication du feu de ce côté-là. Ces précautions furent inutiles : Le feu s'éteignit en quelque façon de lui-même. La steppe ressemble à une terre labourée où il n'y que du chaume; l'herbe aride y brûle très-vite. Tous ce qui se trouve combustible brûle de suite, et de proche en proche ; mais dans ces steppes, outre les routes fort battues et les lacs, il y a au printemps quantité d'endroits marécageux, et en été beaucoup d'endroits secs où il ne croît point du tout d'herbe. Ainsi, dans tous ces endroits le feu s'arrête de lui-même sans pouvoir aller plus loin, et s'éteint faute d'aliment. Les incendies des steppes ne sont point rares : nous en avons vu plusieurs, et les habitans des environs assurent qu'on en voit presque tous les ans. On indique deux causes de ces incendies : la première vient des voyageurs, qui font du feu dans les endroits où ils s'arrêtent pour faire manger leurs chevaux, et qui, en s'en allant, n'ont pas soin de l'éteindre. L'autre cause vient des fréquens orages, et s'attribue au feu du ciel ; mais elle a lieu bien plus rarement.

» Le lendemain de notre arrivée à Yamouscheva, nous nous rendîmes, avec peu de suite, au fameux lac salé, dont la forteresse a pris son nom, et qui est éloigné de six verstes à l'est. Ce lac est une merveille de la nature ; il a neuf verstes de circonférence, et est presque rond ; ses bords sont couverts de sel, et le fond est tout rempli de cristaux salins. L'eau en est extrêmement salée ; et quand le soleil y donne, tout le lac paraît rouge comme une belle aurore. Le sel qu'il produit est blanc comme la neige, et se forme tout en cristaux cubiques : il y en a une quantité si prodigieuse, qu'en très-peu de temps on pourrait en charger beaucoup de vaisseaux, et que dans les endroits où l'on en a pris une certaine quantité, on en retrouve de nouveau cinq ou six jours après. Les provinces de Tobolsk et d'Yeniséik en sont abondamment fournies, et ce lac suffirait encore à la fourniture de cinquante provinces semblables. La couronne s'en est réservé le commerce, comme celui de toutes les autres salines. A peu de distance de ce lac, sur une colline assez élevée, est un corps-de-garde de dix hommes, qui sont postés là pour prendre garde que personne, excepté ceux qui sont autorisés par la couronne, n'emporte du sel. Ce sel, au reste, est d'une qualité supérieure ; rien n'approche de sa blancheur, et l'on n'en trouve nulle part qui sale aussi bien les viandes. »

Nos voyageurs continuent leur route sur les bords de l'Irtich, tandis que leurs bâtimens, chargés de provisions, les suivent sur la rivière.

« Le 23 août, nous allâmes à Kolyvankagora. C'est au pied de cette montagne qu'on a construit, en 1728, la première fonderie avec un ostrog : on n'en voit plus que les ruines, parce qu'elle a été abandonnée pour être transportée l'année suivante dans un lieu plus convenable, où elle est aujourd'hui.

» En 1725, quelques paysans fugitifs, étant venus s'établir sur l'Obi, apportèrent à un particulier russe, nommé *Dimidoff*, plusieurs échantillons de mines de cuivre qu'ils avaient trouvés dans ces cantons en chassant. Dimidoff, ayant obtenu du collège des mines la permission de faire fouiller et de bâtir des fonderies, fit de nouvelles recherches, et construisit la Savoda ou fonderie de Kolyvankagora ; elle est située dans les montagnes, et a pour défense un fortin de quatre bastions, entouré d'un rempart de terre et d'un fossé. C'est la résidence des officiers et des ouvriers qui travaillent aux mines. La plupart de ceux-ci sont des paysans de différens cantons, qui viennent ici pour gagner la capitation qu'ils sont tenus de payer à la couronne; c'est pourquoi, après avoir gagné cet argent, ils s'en retournent presque tous chez eux; ce qui ralentit beaucoup le travail des mines. L'entrepreneur, pour y remédier, a établi quelques villages ; mais ils fournissent à peine quarante ou cinquante hommes, lorsqu'il en faudrait au moins huit cents. Il y a pour la sûreté du lieu cent hommes à cheval.

» Le 2 septembre, nous arrivâmes sur les bords de l'Obi; nous nous y embarquâmes, sur un gros bâtiment, avec nos bagages nos instrumens et nos ustensiles. L'Obi, l'un des plus grands fleuves de la Sibérie, a sa source dans le pays des Mongols ; il est formé de deux grandes rivières, nommées *Bija* et *Katouna* : il ne prend le nom d'*Obi* qu'à leur confluent qui se fait à Bisk. C'est depuis cette forteresse que les bords de l'Obi sont habités, et ses rivages sont bordés de quantité de slobodes. Bisk est une forteresse de frontière contre les Kalmouks : on voyage avec tant de sûreté dans ce pays-là, qu'on n'a pas besoin d'escorte.

» Il faut remarquer en passant que la plupart des villages de Sibérie tirent leur nom des paysans qui les ont bâtis : très-peu portent le nom du ruisseau sur lequel ils sont situés. A Oulibert, nous étions logés chez le fondateur même du village. Nous lui demandâmes son nom; il s'appelait *Kolesnikoff*, mot russe, qui signifie en général un faiseur de roues, et qui désignait particulièrement un faiseur de roues à moulin : en sorte que ce paysan portait le nom de son métier. Cet homme était assez bon railleur; il s'aperçut bientôt que nous étions étonnés que son village ne s'appelât point de son nom *Kolesnikoff*. « Les habitans, nous dit-il, sont des coquins » trop glorieux pour me faire cet honneur de » mon vivant. »

» Le 11, après avoir passé le Tom sur des

radeaux, nous arrivâmes le soir à Kousnetzk, où nous employâmes notre séjour à satisfaire notre curiosité sur les Tartares du pays.

» Le 16, nous allâmes à trois verstes de la ville, dans un village habité par des Éleuths. Leur religion n'a point de forme certaine, et il paraît qu'ils ne savent guère eux-mêmes ce qu'ils croient : ils rendent pourtant un culte à Dieu, mais bien simple; ils se tournent tous les matins vers le soleil levant, et prononcent cette courte prière : « Ne me tue pas. »

» Nous avions appris que plusieurs Tartares, établis sur les rivières de Kondoma et de Mrasa, savaient extraire le fer du minerai par la fonte, et que même on n'avait dans ce lieu d'autre fer que celui qui venait des Tartares. Cela nous donna l'envie de voir leurs fonderies, qui n'étaient pas fort éloignées. Nous choisîmes la plus prochaine qu'on nous avait indiquée dans le village de Gadœva, et nous envoyâmes quelqu'un les avertir de notre arrivée, afin qu'ils tinssent tout prêt.

» Nous partîmes dès le matin, et, après avoir traversé plusieurs villages russes et tartares, et passé deux fois la Kondoma, nous trouvâmes sur le bord de cette rivière le village de Gadœva. Notre premier soin fut de chercher une fonderie de fer ; mais nous ne remarquions aucun bâtiment d'une apparence différente des autres. On nous conduisit enfin dans une yourte ou maison, et dès l'entrée nous vîmes le fourneau de fonte : nous conçûmes même à sa

3...

structure que, pour un pareil fourneau, on n'avait pas eu besoin de construire une yourte particulière, et qu'elles pouvaient toutes également être propres à cet usage. Les travaux de la fonte n'empêchaient pas même les ouvriers d'habiter la même yourte. Le fourneau était à l'endroit où l'on fait ordinairement la cuisine, et la terre y était un peu creusée. Le creux, qui, dans toutes les yourtes tartares, sert pour la cuisine, faisait une des principales parties du fourneau. Un chapiteau d'argile ou de terre-glaise, de forme conique, d'environ un pied de diamètre, qui allait en se rétrécissant par en haut, composait, avec un trou creusé dans la terre, tout le fourneau. Deux Tartares font ici toute la besogne : l'un apporte alternativement du charbon et du minerai pilé, dont il remplit le fourneau; l'autre a soin du feu, et fait agir deux soufflets appliqués au fourneau. A mesure que les charbons s'affaiblissent, on fournit de nouvelle matière et de nouveaux charbons; ce qui continue jusqu'à ce qu'il y ait dans le fourneau environ trois livres de minerai; ils n'en peuvent pas fondre davantage à la fois. Des trois livres de minerai, ils en tirent deux de fer, qui paraît encore fort impur, mais qui cependant est fort bon. En une heure et demie nous avions tout vu.

» Pendant qu'on s'occupait à fondre, nous fîmes chercher le khan du lieu pour nous faire voir ses sortiléges, ce qu'ils appellent *faire le kamlat*. Il se fit apporter son tambour magique, qui avait la forme d'un tamis, ou plutôt d'un tambour de basque ; il battait dessus avec une seule baguette. Le khan, tantôt marmottait quelques mots tartares, et tantôt grognait comme un ours ; il courait de côté et d'autre, puis s'asseyait, faisait d'épouvantables grimaces et d'horribles contorsions de corps, tournant les yeux, les fermant, et gesticulant comme un insensé. Ce jeu ayant duré un quart d'heure, un homme lui ôta le tambour, et le sortilége finit. Nous demandâmes ce que tout cela signifiait ; il répondit que, pour consulter le diable, il fallait s'y prendre de cette manière : que ce pendant tout ce qu'il avait fait n'était que pour satisfaire notre curiosité, et qu'il n'avait pas encore parlé au diable. Par d'autres questions nous apprîmes que les Tartares ont recours au khan lorsqu'ils ont perdu quelque chose, ou lorsqu'ils veulent avoir des nouvelles de leurs amis absens. Alors le khan se sert d'un paquet de quarante-neuf morceaux de bois gros comme des allumettes ; il en met cinq à part et joue avec les autres, les jetant à droite et à gauche avec beaucoup de grimaces et de contorsions, puis il donne la réponse comme il peut. Le khan fait accroire à ces bonnes gens que par ces conjurations il évoque le diable qui vient toujours du côté de l'occident et en forme d'ours, et il lui révèle ce qu'il doit répondre. Il leur fait entendre qu'il est quelquefois maltraité cruellement par le diable, et tourmenté jusque dans le sommeil. Pour mieux les convaincre de son intelligence avec le diable, il fait semblant de s'éveiller en sursaut, en criant comme un possédé. Nous lui demandâmes pourquoi il ne s'adressait pas plutôt à Dieu, qui est la source de tout bien. Il répondit que ni lui ni les autres Tartares ne savaient rien de Dieu, sinon qu'il faisait du bien à ceux mêmes qui ne l'en priaient pas ; que par conséquent ils n'avaient pas besoin de l'adorer : qu'au contraire ils étaient obligés de rendre un culte au diable, afin qu'il ne leur fît point de mal, parce qu'il ne songeait continuellement qu'à en faire. Ces Tartares, sur ces beaux principes, font des offrandes au diable, et brassent souvent de gros tonneaux de bière qu'ils jettent en l'air, ou contre les murs, pour que le diable s'en accommode. Quand ils sont près de mourir, toute leur inquiétude et leur frayeur, c'est que leur âme ne soit la proie du diable. Le khan est alors appelé pour battre le tambour, et pour faire leurs conventions avec le diable, en le flattant beaucoup ; ils ne savent pas ce que c'est que leur âme, ni où elle va ; ils s'en embarrassent même fort peu, pourvu qu'elle ne tombe point entre les mains du diable. Ils enterrent leurs morts, ou les brûlent, ou les attachent à un arbre pour servir de proie aux oiseaux.

» Ils fabriquent eux-mêmes avec le fer dont on vient de parler les instrumens de labour dont ils se servent. Ces instrumens consistent en un seul outil qui a la forme d'un demi-cercle fort tranchant, et dont le manche fait avec le fer un angle droit. Ils travaillent avec cet outil dans les champs comme on travaille dans nos jardins avec la houe, et n'entament, en labourant, la terre qu'à la profondeur de quelques pouces. Pour faire leur farine, ils broient le grain entre deux pierres.

» M. Muller fit tout ce qu'il put pour obtenir d'eux le tambour magique. Le khan en marqua beaucoup de tristesse ; et comme on répondait à toutes les défaites qu'il cherchait pour ne s'en pas dessaisir, tout le village nous pria de ne pas insister davantage, parce qu'étant privés de ce tambour, ils seraient tous perdus, ainsi que leur khan. Ces belles raisons ne servirent qu'à nous faire insister encore davantage, et le tambour nous fut remis. Le khan, par une ruse tartare, pour fasciner les yeux de ses gens, et leur diminuer le regret de cette perte, avait ôté quelques ferremens de l'intérieur du tambour.

» Kousnetzk est dans un pays autrefois habité par les Tartares, qui, se trouvant trop resserrés du côté de la Russie, se sont retirés peu à peu vers la frontière des Kalmouks. Cette ville est située sur la rive orientale du Tom : elle se divise en trois parties, qui sont la haute, la moyenne et la basse ville. Les deux premières sont situées sur la partie la plus haute de la rive; la ville basse est dans une plaine qui s'étend de l'autre côté : c'est la plus peuplée des trois. Dans la ville haute, il y a une citadelle de bois qui a une chapelle. La ville moyenne est décorée d'un ostrog, qui contient la maison du vayvode et la chancellerie. Le nombre des maisons, dans les trois villes, peut aller environ à cinq cents.

» Les habitans sont paresseux; on a de la peine à trouver des ouvriers pour de l'argent. Le Tom est assez poisonneux; cependant on ne voit point de poisson dans les marchés; on n'y connaît point non plus le fruit : on n'y trouve que de la viande et du pain. Chacun cultive ici le blé dont il a besoin pour son pain; c'est la seule occupation qu'aient les habitans. Leurs terres à blé sont toutes sur les montagnes, et non dans les vallées; la raison qu'ils en donnent, c'est qu'il fait beaucoup plus froid dans les vallées que sur les hauteurs. On n'y connaît plus aucune espèce de gibier; des habitans nous assurèrent que, quand on construisit cette ville, le canton fourmillait de zibelines, d'écureuils, de martres, de cerfs, de biches, d'élans et d'autres animaux; mais qu'ils l'ont abandonné depuis, et qu'ils se sont retirés dans un pays inhabité, comme l'était celui-ci avant la fondation de Kousnetzk. La plupart des villes de Sibérie sont assez commerçantes; mais celle-ci ne l'est nullement.

» Le jour de notre départ fixé, M. Muller prit la route par terre avec notre interprète et un interprète tartare; moi je partis par eau sur le Tom avec le reste de la troupe et un interprète tartare. Malgré les obstacles de la navigation, le froid qui augmentait nous fit redoubler d'activité pour arriver à Tomsk le lendemain. J'y trouvai M. Muller qui y était arrivé dès le premier octobre.

» Les fondemens de cette ville ont été jetés sous le règne du czar Féodor Ivanovitz, vingt ans avant la construction de celle de Kousnetzk. Ce n'était d'abord qu'une forteresse pour contenir les peuples du voisinage; mais ayant été soumis peu à peu, ils s'y sont rassemblés et ont formé une ville qui renferme dans son enceinte plus de deux mille maisons; elle est, après Tobolsk, la plus considérable de la Sibérie; l'Ouschaika la traverse, et se décharge au nord dans le Tom. On la divise en haute et basse ville. On y trouve les marchandises au même prix qu'à Pétersbourg, et tout ce qu'on peut désirer en fourrures non préparées.

» La situation de cette ville la rend plus propre au commerce qu'aucune autre du pays. On y arrive commodément pendant l'été par l'Irtich, l'Obi et le Tom. Par terre, la route d'Yeniseik et de toutes les villes de Sibérie, situées plus à l'est et au nord, passe par Tomsk. Non-seulement il arrive tous les ans une ou deux caravanes de la Kalmoukie, mais encore toutes celles qui vont de la Chine en Russie, et de la Russie à la Chine, prennent leur route par leur ville; elle a de plus son commerce intérieur, dont les affaires sont sous la direction d'un magistrat particulier.

» Les vieux croyans ou non-conformistes

(*staravierzis*) sont en grand nombre dans cette ville, et l'on prétend que toute la Sibérie en est remplie. Ils sont tellement attachés aux anciens usages, que, depuis la publication de la défense de porter des barbes, ils aiment mieux payer à la chancellerie cinquante roubles chaque année que de se faire raser. Un homme de notre troupe alla un jour se baigner chez un de ces staravierzis ou roskolschtschikes; aussitôt qu'il fut sorti, le vieux croyant cassa tous les vases dont il s'était servi, ou qu'il avait seulement touchés.

» Leur indolence est telle, que, les bestiaux ayant été attaqués l'année dernière d'une maladie épidémique si considérable, qu'il ne resta que dix vaches et à peine le tiers des chevaux, aucun habitant ne chercha à y apporter du remède, fondés sur ce que leurs ancêtres n'en avaient point employé en pareil cas.

» Pendant notre séjour à Tomsk, nous fîmes connaissance avec un Cosaque assez intelligent, qui avait du goût pour les sciences. Nous fûmes d'autant plus charmés de cette découverte, que nous avions ordre d'établir des correspondances partout où nous le pourrions. Ainsi nous demandâmes à la chancellerie qu'on laissât à cet homme la liberté de faire des observations météorologiques. Nous l'instruisîmes et nous lui laissâmes les instrumens nécessaires, comme nous avions déjà fait à Casan, à Tobolsk et à Yamouscheva. Le dessein de l'académie des sciences était d'obtenir par là des observations sur la température de la Sibérie, afin de pouvoir calculer à peu près l'élévation du terrain de ce pays au-dessus du niveau de la mer.

» Lorsque l'archevêque de Tomsk arriva dans ces cantons, il fit chercher tous les habitans qu'on pouvait trouver : quelques-uns venaient de bonne volonté; mais le plus grand nombre fut amené par les dragons qu'il avait avec lui. Comme tous ces Tartares demeurent le long du Tschouloum, rien n'était plus commode pour le baptême : car ceux qui ne voulaient pas se faire baptiser étaient poussés de force dans la rivière; lorsqu'ils en sortaient, on leur pendait une croix au cou; et dès-lors ils étaient censés baptisés. Pour que ces gens pussent persévérer dans la nouvelle religion, on construisit, dès l'année suivante, une église, à laquelle on attacha un pope russe; mais ces Tartares n'ont pas la moindre connaissance de la religion chrétienne. Ils croient que l'essentiel consiste à faire le signe de la croix, à aller à l'église, à faire baptiser leurs enfans, à ne prendre qu'une femme, à faire abstinence de ce qu'ils mangeaient autrefois, comme du cheval et de l'écureuil, et à observer le carême des Russes. Au reste, on ne peut en exiger d'eux davantage, parce que les popes russes, qui devraient les instruire, ignorent leur langue, et ne peuvent s'en faire entendre.

» La petite-vérole faisait alors beaucoup de

ravage dans le pays. Cette maladie n'y est point habituelle : dix années se passent quelquefois sans qu'on en soit incommodé; mais, quand elle commence, elle dure deux ou trois ans sans interruption.

» La ville d'Yeniséïk est située sur la rive gauche ou occidentale de l'Yeniséi, qui, en cet endroit, a une verste et demie de largeur. Ce fleuve a sa source dans le pays des Mongols; et après un cours d'environ trois mille verstes, il se décharge dans la mer Glaciale. La ville est plus moderne que Kousnetzk : on n'y bâtit d'abord qu'un ostrog, comme dans la plupart des villes de Sibérie; mais l'avantage de sa situation a contribué à son agrandissement : elle est beaucoup plus longue que large, et a environ six verstes de circonférence. Les bâtimens publics sont la cathédrale, la maison du vayvode, la vieille et la nouvelle chancellerie, un arsenal et quelques petites cabanes : le tout est enfermé dans un ostrog, qui reste encore du premier établissement, mais qui est presque tombé en ruine. La ville contient sept cents maisons de particuliers, trois paroisses, deux couvens, dont un de moines, et l'autre de religieuses, un magasin à poudre et un autre de munitions de bouche; ces deux magasins sont entourés d'un ostrog particulier. Dans le couvent des moines réside l'archimandrite du lieu. Les habitans sont la plupart des marchands qui pourraient faire un bon commerce; mais l'ivrognerie, la fainéantise et la débauche, corrompent tout.

» Ce que les voyageurs avancent du froid qu'on ressent en Sibérie n'est point exagéré: car à la mi-décembre il fut si violent, que l'air même paraissait gelé. Le brouillard ne laissait pas monter la fumée des cheminées. Les moineaux et autres oiseaux tombaient de l'air comme morts, et mouraient en effet, si on ne les portait sur-le-champ dans un endroit chaud. Les fenêtres, en dedans de la chambre, en vingt-quatre heures étaient couvertes de glaces de trois lignes d'épaisseur. Dans le jour, quelque court qu'il fût, il y avait continuellement des parhélies, et dans la nuit des parasélènes ou des couronnes autour de la lune. Le mercure descendit, par la violence du froid, à 120 degrés de Fahrenheit (40°), et plus bas par conséquent qu'on l'eût observé jusqu'alors dans la nature.

» Il y a dans le territoire d'Yeniséik deux sortes d'Ostiakes, ceux de Narim et d'Yeniséi; ensuite les Tongouses, qui demeurent sur le Tongouska et sur le Tschoun; et enfin les Tartares d'Assan, qui habitent les bords de l'Oussolka et de l'Ona. Les Ostiakes et les Tartares d'Assan vivent dans la plus grande misère; les premiers sont tous baptisés. Il ne restait plus qu'environ une douzaine de ces Tartares, dont à peine deux ou trois savaient leur langue. C'était autrefois une tribu très-considérable. Jusqu'à présent on n'a pu parvenir d'aucune façon à convertir les Tongouses à la religion chrétienne. Ils sont assez riches en bestiaux.

» Krasnoyarsk est plus moderne qu'Yéniséik ; c'est de Moscou qu'on est venu la bâtir. Elle est sur la rive gauche de l'Yeniséi ; à son extrémité coule le Kastcha, dont une embouchure est au-dessous de la ville.

» Les habitans sont, pour la plus grande partie, des Slouschivies, qu'on y avait établis par la nécessité de garantir ces cantons des incursions des Kirghis, qui venaient ravager les environs ; mais depuis quelques années ils se sont retirés vers le pays des Kalmouks. Depuis ce temps, les Slouschivies ont fait des courses sans aucun risque dans les environs du pays. Ils ont trouvé à travers les steppes un chemin assez droit depuis Krasnoyark jusqu'à Yakoutsk et Tomsk, qui est très-commode pour voyager, surtout en été, puisque les eaux et les fourrages s'y trouvent en abondance.

» Les Slouschivies mènent ici une vie fort agréable ; ils sont riches en chevaux et en bestiaux, qui ne leur coûtent pas beaucoup à nourrir. Ils les laissent paître sur les steppes ; car en hiver même on voit peu de neige ; et quand il y en a, les bestiaux fouillent dans la terre, et en tirent toujours assez de racines et de plantes flétries pour ne pas mourir de faim. Il est vrai qu'en Russie un cheval tire plus que trois des leurs, et qu'une vache y donne vingt fois plus de lait que celles de ces cantons. On cultive ici du blé, et la terre est si fertile, qu'il suffit de la remuer légèrement pour y semer pendant cinq ou six années consécutives sans le moindre engrais. Quand elle est épuisée, on en choisit une autre, qui n'exige pas plus de soins, ce qui convient fort à la paresse des habitans.

» Les antiquités qu'on trouve ici ont été tirées des anciens tombeaux, qui sont en grand nombre près d'Abakansk et de Sayansk. On y a autrefois déterré beaucoup d'or, preuve de l'ancienne richesse des Tartares dans le temps de leur puissance. J'ai vu chez le vayvode d'aujourd'hui une grande soucoupe et un petit pot, l'un et l'autre d'argent doré. Il y avait sur la soucoupe des figures ciselées qui ressemblaient à des griffons. On trouve encore assez souvent des couteaux en cuivre, de petits marteaux de différentes formes, des garnitures d'harnois de chevaux, du bronze ou du métal de cloches, et de l'argent faux de la Chine.

» A Kanskoï-ostrog, nous fimes chercher quelques Tartares du canton. Il sont en général assez pauvres : les hommes, aussi-bien que les femmes, sont tout nus sous leurs robes, et n'ont jamais porté de chemise. Ceux d'entre eux qui sont baptisés se distinguent des autres à cet égard ; mais ils sont en très-petit nombre ; ils ont tous l'air fort malpropre, parce qu'ils ne se lavent jamais ; et quand on leur demande la raison de cette négligence, ils répondent que leurs pères ne se sont jamais lavés non plus qu'eux, et qu'ils n'ont pas laissé que de bien vivre. Quand ils veulent se reposer ou dormir, ils se couchent dans leur yourte autour du foyer, dans une posture singulière : ils se rangent deux à deux, de façon qu'ils se touchent par le dos, et que leurs jambes sont passées les unes dans les autres. Ainsi, quand un dormeur se retourne d'un autre côté, l'autre se retourne en même temps du côté opposé, pour se trouver toujours adossé et entrelacé de la même manière; ce qui se fait très-prestement de part et d'autre. Ces mêmes Tartares, au lieu de pain, mangent aussi des ognons ou d'autres espèces de plantes, et dédaignent l'agriculture. Leur exercice continuel est la chasse des zibelines, qu'ils font de différentes façons. Quand l'animal ne sait plus de quel côté tourner, il monte sur un arbre fort haut, et les Tartares y mettent aussitôt le feu. L'animal, que la fumée incommode, saute en bas de l'arbre, se prend dans un filet tendu alentour, et est tué.

» Aux environs de l'ostrog de Balakhanskoï habite un grand nombre de Bouraetes, qui négligent la culture des terres, et ne vivent que du commerce de leurs bestiaux. Leurs bœufs sont fort estimés. Contre l'usage général, les Bratskis de ce canton exercent un art dans lequel ils ne réussissent pas mal. Ils savent si bien incruster dans le fer l'argent et l'étain, qu'on prendrait ce travail pour de l'ouvrage damasquiné. La plupart des harnois des chevaux, des ceinturons et des ustensiles qui en sont susceptibles, sont ornés de ces incrustations.

» Dès les premiers jours de notre arrivée à Irkoutsk, nous résolûmes d'aller à Selinghinskoï par les chemins d'hiver, et de là de pousser plus loin par les chemins d'été. Mais, comme on nous avait représenté ce voyage, tel que nous l'avions projeté, si pénible et si difficile, qu'on ne pouvait le faire qu'à cheval, nous ne jugeâmes point à propos de nous embarrasser de beaucoup de bagages, et nous en laissâmes une partie. Nous avions en tout trente-sept voitures, et il est d'usage en Russie de fournir autant de chevaux de poste. Conformément à cette règle, la chancellerie d'Irkoutsk ordonna de nous amener seulement trente-sept chevaux, sans considérer que la première poste où nous devions en changer était à plus de deux cents verstes. Le sous-gouverneur ne voulut jamais écouter nos représentations. Nous déclarâmes à la chancellerie que nous étions résolus de rester à Irkoutsk une année entière à ses risques et dépens, si elle ne donnait pas ses ordres pour nous faire fournir un plus grand nombre de chevaux. On parut d'abord s'en effrayer peu; mais dès le lendemain nous apprîmes que les ordres étaient donnés pour nous satisfaire. Ainsi tout se trouvant prêt pour notre voyage, et nos instrumens étant chargés, nous fîmes partir toute notre suite, et deux jours après, nous arrivâmes à Nikolskaya-Sastava. Ce qu'on nomme en Sibérie *Sastava* est un endroit où se lève un droit de péage; le bureau de ce lieu reçoit le péage de toutes les marchandises qui viennent de la frontière de la Chine, et qui ne peuvent guère prendre une autre route. Comme ces marchandises sont nombreuses, la place de receveur est très-lucrative, et il ne faut guère plus d'un an pour s'enrichir. C'est le gouverneur qui dispose de cet emploi, et ceux qui veulent l'obtenir l'achètent à force de présens. Le pot-de-vin ordinaire est de trois cents roubles. On nous raconta que cette place s'étant trouvée depuis peu vacante, il s'était présenté trois compétiteurs, dont chacun comptait emporter la place; qu'elle avait été promise en effet à chacun d'eux séparément; qu'enfin ayant obtenu tous trois l'agrément du gouverneur, ils avaient payé chacun les trois cents roubles, et s'en étaient fort bien trouvés.

» Arrivés à cette station, nous nous trouvâmes sur le lac Baïkal, dont les glaces étaient encore très-fortes, et pouvaient porter nos traîneaux sans danger. Nous le traversâmes obliquement jusqu'à son bord méridional.

» C'est comme un article de foi chez les peuples de cette contrée de donner le nom de *mer* au Baïkal, et de ne point l'appeler un *lac*. Cette mer est déshonorée, selon eux, lorsqu'on la rabaisse à la simple dénomination de *lac*, et c'est un outrage dont elle ne manque point de se venger. Ils croient que cette mer a quelque chose de divin, et par cette raison ils la nomment de toute ancienneté *Sviatoye-more*, c'est-à-dire *mer sacrée*.

» Le lac Baïkal s'étend fort loin en longueur de l'ouest à l'est. Sur toutes les cartes que nous avions vues jusqu'alors, ses limites à l'orient n'étaient pas marquées, parce que vraisemblablement personne n'avait encore été jusque-là. On estime communément que sa longueur est de cinq cents verstes. Sa largeur du nord au sud en ligne droite n'est guère que de vingt-cinq à trente verstes, et dans quelques endroits, elle n'en excède pas quinze. Il est environné de hautes montagnes, sur lesquelles cependant, lorsque nous passâmes, il y avait très-peu de neige. Une autre particularité de ce lac, c'est qu'il ne se prend que vers Noël, et qu'il ne dégèle qu'au commencement de mai. De là nous marchâmes quelque temps sur un bras du Selinga, où nous avions pour perspective une chaîne de montagnes, et nous vînmes le même jour au soir à Kanskoï-ostrog, situé sur le ruisseau de Kabana.

» Ici nous commençâmes à nous apercevoir de la disette ou de la cherté des vivres, qu'on a plus de peine à se procurer que dans tout ce que nous avions déjà parcouru de la Sibérie. Quoiqu'il y ait des terres labourées et de bons pâturages, les gens du pays sont dans l'habitude de ne vouloir rien vendre qu'à un prix exorbitant. On nous demanda cinquante copeks pour un poulet. Nous voulions acheter un veau; il n'y eut pas moyen d'en avoir : on nous dit que, si l'on se défaisait du veau, la vache ne donnerait plus de lait : c'est le langage que les paysans tiennent dans toute la Sibérie. Si le veau vient à mourir ou à être vendu, voici ce qu'on fait pour tromper la vache : on empaille la peau d'un veau, et quand on veut avoir du lait de la mère, on lui montre cette effigie; elle en donne alors, et non autrement.

» Partis de là, nous vîmes deux chaînes de montagnes entre lesquelles il fallut passer, et que le Selinga traverse. Nous fîmes encore, pendant deux ou trois jours, une marche assez pénible, partie à travers des montagnes, partie sur le Selinga, partie dans des steppes arides, la difficulté d'avoir des chevaux renaissant à chaque station par la mauvaise volonté des gens du pays.

» Arrivés à Selinghinskoi, nous fîmes nos dispositions pour le voyage que nous voulions entreprendre à la frontière de la Chine, telle qu'elle fut réglée en 1727 par le commissaire impérial, le comte Sava Vladislavitz Ragousinski. Cette frontière était autrefois reculée jusqu'à la rive du Boura, qui est environ à huit verstes au sud : c'était au-delà de cette rivière que les Chinois recevaient les ambassadeurs de Russie. Or, il est certain que cette frontière était beaucoup plus avantageuse aux Russes que la nouvelle, qui est arbitraire et tirée par la steppe à travers des montagnes où l'on ne voit d'autres limites que des pierres appelées *mayakes*, et marquées de quelques chiffres. Deux slobodes l'une russe, l'autre chinoise, sont établies sur cette frontière, dans le terrain le plus aride, puisque c'est une misérable steppe qui ne produit rien ; de sorte qu'on n'y trouve point de quoi nourrir ni abreuver les chevaux. Aussi tout y est d'une cherté extraordinaire.

» Les slobodes sont bâties depuis 1727. La slobode russe est au nord, et l'autre au midi : elles ne sont qu'à six cents pieds l'une de l'autre. Entre les deux postes, mais plus près de la slobode chinoise, on voit deux colonnes de bois hautes d'environ une brasse et demie ; sur celle qui est en-deçà on lit en caractères russes, *slobode du commerce de la frontière russe*; sur l'autre, qui n'en est éloignée que d'une brasse, on voit quelques caractères chinois.

» Entre les deux slobodes, dans les montagnes, il y a des gardes posées pour empêcher de part et d'autre que personne ne viole les frontières.

» Quant au commerce qui se fait ici, les marchands russes y ont du drap, de la toile, des cuirs de Russie, de la vaisselle d'étain, et toutes sortes de pelleteries qu'ils vendent en cachette. Les Chinois, que les Russes appellent *naïmantchins*, marchands, y apportent différentes soieries, telles que des damas de toute espèce, des satins de toute qualité, des gazes, des crêpes, une sorte d'étoffe de soie sur laquelle sont collés des fils d'or à l'usage des ecclésiastiques et des comédiens ; des cotonnades de diverses sortes, des toiles, du velours, du tabac de la Chine, de la porcelaine, du thé, du sucre en poudre, du sucre candi, du gingembre confit, des écorces d'oranges confites, de l'anis étoilé, des pipes à fumer, des fleurs artificielles de papier et de soie, des aiguilles à trous ronds, des poupées d'étoffe de soie et de porcelaine, des peignes de bois, toutes sortes de babioles pour les Bratskis et les Tongouses; du zounzoïng, que nous nommons *ginsing*; des livres chinois imprimés sur étoffe de soie, et d'autres garnis d'ivoire; des ceinturons de soie, des rasoirs, des perles, de l'eau-de-vie, de la farine, du froment, du poivre, des couteaux et des fourchettes; des habits chinois, des éventails, etc.

» Voilà les marchandises qui forment le commerce de cette frontière, et l'on voit que les marchandises chinoises excèdent de beaucoup celles des Russes. L'intelligence de ceux-ci cède encore à la sagacité des Chinois; car les derniers, sachant que les marchands russes, qui font le voyage de la frontière, ne cherchent qu'à se débarrasser de leurs marchandises pour pouvoir s'en retourner promptement, attendent qu'ils commencent à s'ennuyer, et les amènent, par leur lenteur, à se défaire de leurs marchandises aux prix qu'ils ont résolu d'y mettre. Je voulus obtenir des Chinois quelques-uns de leurs médicamens; mais je n'ai jamais pu m'en procurer. On ne peut pas non plus, quelques questions qu'on leur fasse, tirer d'eux les moindres lumières sur leur pays.

Les Chinois qui viennent à Kiakta, nom de la slobode, sont de la plus vile condition : ils ne connaissent que leur commerce ; du reste, ce sont des paysans grossiers. Ils ont à leur tête une espèce de facteur envoyé du collége des affaires étrangéres de Pékin ; il est changé tous les deux ans. Il discute non-seulement toutes les contestations des Chinois, mais encore celles qui surviennent entre eux et les marchands russes ; et, dans le dernier cas, il agit de concert avec le commissaire de Russie.

» La ville de Selinghinsk, bâtie en 1666, est située sur la rive occidentale du Selinga ; ce ne fut d'abord qu'un simple ostrog, selon l'usage du pays. Environ vingt ans après, on construisit la forteresse qui subsiste encore, et ce lieu lui doit son accroissement. La ville s'étend le long de la rivière, et a environ deux verstes de longueur ; mais elle est étroite. La manière de vivre des habitans diffère peu de celle des Bratskis. Ils mangent tranquillement ce qu'ils trouvent, et prennent surtout beaucoup de thé. Trop paresseux pour ramasser un peu de fourrage qui nourrisse leurs bestiaux, ils les laissent courir l'hiver et l'été, pour chercher à paître où ils peuvent. Il y a dans la ville quelques boutiques, mais où l'on ne trouve presque rien ; ils aiment mieux rester couchés derrière leurs poêles pendant cinquante-une semaines que de se donner la moindre peine pour gagner quelque chose. Enfin, la cinquante-deuxième, ils vont à Kiakta, et ce qu'ils y gagnent leur suffit pour vivre pendant l'année entière.

» La ville d'Irkoutsk, bâtie vers l'an 1661, est, après Tobolsk et Tomsk, une des plus grandes villes de la Sibérie. Elle est située sur la rive orientale de l'Angara, dans une belle plaine, vis-à-vis de l'embouchure de l'Iskoutsk, d'où elle tire son nom. Il y a plus de neuf cents maisons assez bien construites, et dont le plus grand nombre contient, outre la chambre du poêle et celle du bain, une chambre sans fumée, où se tient la famille; mais toutes ces maisons sont de bois. Le comte Sava Vladislavitz a fait entourer cette ville, comme les autres de ce district, de palissades en carré, excepté du côté de la rivière, qui est fortifié par la nature.

» La ville d'Irkoutsk a un gouverneur auquel toute la province est soumise. De lui dépendent les vayvodes de Selinghinsk, de Nertschinsk, d'Ilimsk, d'Yakoutsk, et les commandans d'Okhotzk et du Kamtschatka. Ses revenus sont beaucoup plus considérables que ceux du gouverneur de Tobolsk, et les émolumens annuels qu'il se procure, indépendamment des gages ordinaires de son office, ne vont guère à moins de trente mille roubles. Il se fait craindre des vayvodes qui lui sont soumis; et ne craint pas qu'on lui fasse des affaires, attendu le grand éloignement de ses chefs.

» Irkoutsk a un évêque qui ne siége pas,

mais dont la résidence est dans un couvent bâti à cinq verstes de distance au côté occidental de l'Angara. On devait lui bâtir incessamment une maison dans la ville. C'est de cet évêque que dépendent toutes les fondations ecclésiastiques qui sont dans la province d'Irkoutsk, et tout le clergé séculier et régulier.

» La police est assez bien observée dans cette ville. Toutes les grandes rues ont des gardes de nuit. Les officiers de la police font la patrouille pendant la nuit ; ils arrêtent tous ceux qui commettent quelques désordres dans les rues, et visitent de temps en temps les maisons suspectes. Cependant il arrive souvent que les cabarets sont, pendant la nuit, pleins de monde, contre les ordonnances expresses publiées par toute la Russie.

» Les environs d'Irkoutsk sont agréables, quoique montagneux. Il y a surtout de belles prairies du côté occidental de l'Angara. On ne cultive point de blé dans le district de cette ville : tout celui qui s'y consomme est amené des plaines de l'Angara, des slobodes situées sur la rivière d'Irkoustsk, et sur la Komda, et du territoire d'Ilimsk. Le gibier n'y manque pas ; on trouve des élans, des cerfs, des sangliers et autres bêtes fauves. En volaille et volatille, il y a des poules et des coqs, des coqs de bruyère, des perdrix, des francolins, des gelinottes, etc. L'Angara n'est pas fort poissonneux ; mais le lac Baïkal y supplée abondamment. A l'égard des marchandises étrangères, celles de la Chine n'y sont pas beaucoup plus chères qu'à kiakta, et toutes en général y sont quelquefois, surtout au printemps, dès que les eaux sont dégelées, à presque aussi bon compte qu'à Moscou et à Pétersbourg. Le commerce de la Chine attire ici des marchands de toutes les villes de la Russie; ils y viennent au commencement ou au milieu de l'hiver, et commercent pendant toute cette saison avec les Chinois. Si dans cet espace de temps ils n'ont pu tout vendre, comme ils sont obligés de s'en retourner aussitôt que les rivières sont navigables, ils se défont promptement de leurs marchandises, et les donnent quelquefois à meilleur compte qu'on ne les trouve à Moscou et à Pétersbourg. Ce qui les presse encore de vendre, c'est qu'à leur retour en Russie ils ont besoin d'argent pour payer les péages et les mariniers qui conduisent leurs bateaux. Ainsi, dans la nécessité de faire de l'argent à quelque prix que ce soit, les marchandises qu'ils n'ont pas vendues aux Chinois, ils les laissent ordinairement à des commissionnaires de cette ville, qui les débitent comme ils peuvent en boutique. Quelques-uns d'entre eux cependant vont jusqu'à Yakoutsk avec les marchandises qu'ils ont prises en échange des Chinois, et cherchent à les y placer. De cette façon, un marchand russe fait quelquefois un très-long voyage avant de retourner chez lui; il part au printemps de Moscou, arrive dans l'été à la foire de Makari, et, au commencement de l'année suivante à celle d'Irbit. Dans la première, il cherche à troquer quelques-unes de ses marchandises contre d'autres dont il puisse tirer un meilleur parti à Irbit. Là, au contraire, il porte ses vues sur le commerce de la Chine. Quand il lui reste une espèce de marchandise qu'il ne peut pas débiter avantageusement à Irbit, il cherche à s'en débarrasser pendant l'hiver à Tobolsk. Il part de cette ville au printemps, parcourt toute la Sibérie, et arrive en automne à Irkoutsk, ou bien, si les glaces ne lui permettent pas d'aller si loin, il ne manque pas de s'y rendre au commencement de l'hiver. Il va pour lors à Kiakta, et le printemps à Yakoutsk; de là il tâche, en s'en retournant, de s'avancer de six à sept cents verstes pendant que les eaux sont encore ouvertes, et il pousse en traîneau droit à Kiakta, où il travaille à se défaire de ses marchandises d'Yakoutsk; il revient au printemps à Irkoutsk, et arrive en automne à Tobolsk. L'hiver et l'été suivans il visite les foires d'Irbit et de Makari. Enfin, après quatre ans et demi de courses, il reprend la route de Moscou : or, pour peu qu'il entende le commerce, ou qu'il soit aidé de quelque bonheur, il doit dans cet espace de temps gagner pour le moins trois cents pour cent.

» La ville d'Ilimsk est située sur le rivage septentrional de l'Ilim, large en cet endroit de 200 à 250 pieds, dans une vallée formée par de hautes montagnes qui s'étendent de l'est à l'ouest, et si étroite, qu'en y comprenant la rivière, elle n'a pas cent brasses de largeur : sa longueur est à peu près d'une verste.

» Toutes les maisons des habitans sont très-misérables ; il ne faut pas s'en étonner, c'est le pays de la paresse : on n'y fait presque autre chose que boire et dormir. Toute l'occupation des habitans se borne à tendre des piéges aux petits animaux, à creuser des fosses pour attraper les gros, et à jeter du sublimé aux renards ; ils sont trop paresseux pour aller eux-mêmes à la chasse. Quelques-uns vivent d'un petit troupeau que leurs pères leur ont laissé, et se gardent bien de cultiver eux-mêmes la terre ; ils louent pour cela des Russes qui sont exilés dans ce canton, et quelquefois des Tongouses, qu'ils frustrent ordinairement de leur salaire.

» Les Tongouses, pendant l'hiver, ne vivent que de leur chasse, et c'est pour cela qu'ils changent si souvent d'habitation. Les rennes leur servent alors de bêtes de somme ou d'attelage pour tirer un léger traîneau. Ils leur mettent sur le dos une espèce de selle formée avec deux petites planches étroites, longues d'un pied et demi ; ils y attachent leurs ustensiles, ou font monter dessus les enfans et les femmes malades. On ne peut pas beaucoup charger les rennes, mais ils vont fort vite. Leur bride consiste en une sangle qui passe sur le cou de l'animal ; quelque profonde que soit la neige, il passe par-dessus sans jamais enfoncer :

ce qui provient en partie de ce que le renne, en marchant, élargit considérablement la sole de ses pieds, en partie de ce qu'il tient cette sole élevée par-devant et ne touche point la neige à plat. Si les rennes ne suffisent pas pour porter tous les ustensiles, le Tongouse s'attelle lui-même au traîneau. Dès qu'ils sont arrivés à l'endroit où ils ont résolu de se fixer pour quelque temps, après avoir dressé l'yourte, ils chassent aussitôt dans les environs en courant sur leurs larges patins. Lorsqu'ils ne trouvent plus de gibier, ils passent avec leur famille dans un autre canton, et ils continuent cette façon de vivre pendant tout l'hiver. Le meilleur temps pour la chasse est depuis le commencement de l'année jusque vers le mois de mars, parce qu'alors il tombe peu de neige, et que les traces des animaux y restent plus long-temps. En été et en automne, ils se nourrissent presque uniquement de poisson, et dressent alors pour cet effet leurs yourtes sur le bord des rivières.

» Les Tongouses se construisent des barques fort étroites à proportion de leur longueur, et dont les deux bouts finissent en pointe ; leurs plus grosses barques ont à peine seize pieds de longueur, et une *arschine* dans leur plus grande largeur, qui est le milieu ; les petites barques sont longues d'environ cinq pieds, et ont six *verschoks* (1) de largeur. Elles

(1) Un verschok est la seizième partie d'une arschine ; l'arschine est une mesure de trois pieds de France.

sont faites d'écorce de bouleau cousue; et pour qu'elles ne prennent point l'eau, les coutures et tous les endroits où se trouvent des fentes et des ouvertures, sont enduits d'une sorte de goudron : elles sont de plus bordées par en haut avec le bois dont on fait des cercles de tonneaux : d'autres cercles sont encore appliqués dans toute la largeur de la barque, et coupés par de semblables cercles qui la traversent en longueur, en sorte que par leur position ils renforcent la barque. Leurs plus grands bâtimens tiennent quatre hommes assis, et les plus petites barques n'en tiennent qu'un. Les Tongouses remontent et descendent les rivières dans ces barques avec une rapidité étonnante : quand une rivière fait un grand détour, ou qu'ils ont envie de passer dans une rivière voisine, ils mettent la barque sur leurs épaules, et la portent par terre jusqu'à ce que la fantaisie leur reprenne de se rembarquer. Autant la barque porte d'hommes, autant elle a de rames. Ces rames sont larges aux deux bouts; car on rame et on gouverne en même temps, et par conséquent on est obligé de les faire aller continuellement tantôt d'un côté, tantôt de l'autre.

» Les Tongouses d'Ilimsk sont presque tous pauvres; le plus grand nombre n'a pas plus de six rennes, et ceux qui en ont cinquante sont regardés comme très-riches, parce que ces animaux forment toutes leurs richesses. Leur habillement est simple; ils portent en tout temps sur leur peau une pelisse de peau de renne, dont le poil est tourné en dehors, et qui descend un peu plus bas que les genoux : cette pelisse se ferme par-devant avec des courroies. Les femmes en ont de semblables, mais la fourrure est tournée en dedans. Quand elles veulent se parer, elles portent de plus une soubreveste de peau de daim, le poil tourné en dehors, qui ne descend que jusqu'aux hanches et est ouverte sur la poitrine.

» Leur religion permet la polygamie ; mais leur pauvreté les empêche d'avoir plus d'une femme à la fois. Ils ont des idoles de bois, et leur adressent soir et matin des prières pour en obtenir une chasse ou une pêche abondante ; c'est à quoi se bornent presque tous leurs vœux. Ils sacrifient au Diable le premier animal qu'ils ont tué à la chasse, et sur le lieu même ; ce qu'ils font de cette manière : ils dévorent la viande, gardent la peau pour leur usage, et n'exposent que les os tout secs sur un poteau pour la part du Diable ; c'est du moins n'être pas trop dupe, et traiter le Démon comme il le mérite. Si la chasse est heureuse, les chasseurs, de retour à l'yourte, en font des remercîmens à l'idole, la caressent beaucoup et lui font goûter du sang des animaux qu'ils ont tués. Si la chasse, au contraire, n'a pas bien réussi, ils s'en prennent à l'idole, et la jettent de dépit d'un coin de l'yourte à l'autre. Quelquefois on la met en pénitence, et l'on est un certain temps sans lui rendre aucune sorte de culte, sans lui marquer aucun respect ; ou, quand on est bien piqué contre elle, on la porte à l'eau pour la noyer.

» Les Tongouses ont une façon particulière de prendre les muscs et les daims. Quand les petits de ces animaux sont égarés, ils ont un cri particulier pour appeler leurs mères : cette découverte, faite par les Tongouses, leur donne la facilité de prendre ces animaux, ce qu'ils font toujours dans l'été. Ils plient un morceau d'écorce de bouleau avec lequel ils imitent le cri des jeunes muscs et des petits daims, et les mères accourant à ces cris, ils les tuent sans peine à coups de flèches.

« On voit rarement des pierres figurées dans la Sibérie ; je ne sais si c'est parce qu'on n'a pas assez fouillé les montagnes, ou si en effet il n'y en a point. Je lis dans l'excellent ouvrage de Witzen sur la Tartarie, qu'on rencontre sur la Toura quelques glossopètres ; mais je n'en ai jamais entendu parler dans toute la Sibérie. il est vrai que, quand nous y arrivâmes, et surtout au commencement, les habitans eurent grand soin de nous cacher tout ce qu'ils croyaient pouvoir exciter notre curiosité ; mais nous trouvions de temps en temps quelques officiers qui se faisaient un plaisir de nous instruire de tout ; et les entretiens familiers que nous avons eus depuis avec les nationaux de toute espèce nous ont mis au fait de bien des choses, ou plutôt ne nous ont laissé presque rien ignorer de vraiment curieux. Excepté des pétoncles, dont la matière intérieure était sélénitique, et qui étaient blanchâtres en dehors, je n'ai rien vu de remarquable en ce genre dans la Sibérie qu'une grosse corne d'ammon qui me fut donnée à Yeniséik par un colonel de Cosaques ; il me dit qu'elle avait été trouvée par un Cosaque du pays, sur la rive droite de l'Yéniséi, dans une montagne.

» La manière dont se fait la chasse des zibelines a quelques circonstances singulières. Il se forme ordinairement une société de dix à douze chasseurs qui partagent entre eux toutes les zibelines qu'ils prennent : avant de partir pour la chasse, ils font vœu d'offrir à l'église une certaine portion de leur butin : ils choisissent entre eux un chef à qui toute la compagnie est tenue d'obéir ; ce chef est appelé *peredovschick*, c'est-à-dire conducteur, et ils lui portent un si grand respect, qu'ils s'imposent eux-mêmes les lois les plus sévères pour ne point s'écarter de ses ordres. Quand quelqu'un manque à l'obéissance qu'il doit au conducteur, celui-ci le réprimande de paroles : il est même en droit de lui donner des coups de bâton, et ce châtiment se nomme, ainsi que la simple réprimande, une *leçon* ou *tschenie*. Outre cette leçon, le réfractaire perd encore toutes les zibelines qu'il a prises. Il lui est défendu d'être assis en cercle avec les autres chasseurs pendant leurs repas ; il est obligé de se tenir debout, et de faire tout ce que les autres lui commandent. Il faut qu'il allume le poêle de la chambre noire, qu'il la tienne propre, qu'il coupe du bois, et fasse enfin tout le ménage. Cette punition dure jusqu'à ce que toute la société lui ait accordé son pardon, qu'il demande continuellement et debout, tandis que les autres mangent assis.

» Dès qu'on a pris une zibeline, il faut la serrer sur-le-champ sans la regarder ; car ils s'imaginent que de parler bien ou mal de la zibeline, qu'on a prise, c'est la gâter. Un ancien chasseur poussait si loin cette superstition, qu'il disait qu'une des principales causes qui faisaient manquer la chasse des zibelines, c'était d'avoir envoyé quelques-uns de ces animaux vivans à Moscou, parce que tout le monde les avait admirés comme des animaux rares ; ce qui n'était point du goût des zibelines. Une autre raison de leur disette, c'était, selon lui, que le monde était devenu beaucoup plus mauvais, et qu'il y avait souvent dans leurs sociétés des chasseurs qui cachaient leurs prises, ce que les zibelines ne pouvaient encore souffrir.

» Les habitans du district de Kirenga et des bords du Léna, hommes et animaux, comme les bœufs, les vaches, sont sujets aux goîtres. On croit ici communément que les goîtres sont héréditaires ; et que les enfans naissent avec ces sortes d'excroissances, ou du moins en apportent le germe ; mais ce sentiment n'est pas général : il n'est pas adopté surtout par ceux qui ont des goîtres et qui cherchent à se marier.

» A l'occasion de quelques déserteurs de notre troupe, qu'avait effrayés l'expédition au Kamtschatka, et qui nous abandonnèrent, j'appris une superstition des Sibériens que j'ignorais. Lorsqu'on ouvrit le sac de voyage d'un de ces déserteurs que l'on avait arrêtés, on y trouva entre autre choses un petit paquet rempli de terre. Je demandai ce que c'était : on me dit que les voyageurs qui passaient de leur pays dans un autre étaient dans l'usage d'emporter de la terre ou du sable de leur sol natal, et que partout où ils se trouvaient, ils en mêlaient un peu dans l'eau qu'il buvaient sous un ciel étranger; que cette précaution les préservait de toutes sortes de maladies, et que son principal effet était de les garantir de celles du pays. En même temps on m'assura que cette superstition ne venait pas originairement de Sibérie, mais qu'elle était établie depuis un temps immémorial parmi les Russes mêmes.

» Sur les bords du Vitim, j'eus envie de visiter, dès le jour même de mon arrivée, les mines de mica qui étaient dans le voisinage, et tous mes compagnons ayant la même curiosité que moi, nous nous mîmes en route : nous ne vîmes pourtant point de mines, mais seulement quelques ouvertures faites dans un rocher qui s'élevait sur les bords du ruisseau, et où l'on ne travaillait que depuis trois semaines. Le mica se trouve dans une pierre grise, mêlée de quartz jaune pâle. Il ne s'étend pas par veines; il est dispersé par blocs de différens diamètres et plats, quelquefois entiers, et quelquefois fendus par des veines qui les traversent.

» Ce n'est qu'à l'an 1705 qu'on peut rapporter les premières recherches du mica faites sur les bords du Vitim; comme il fut trouvé d'une qualité supérieure, les mines les plus célèbres, exploitées jusqu'alors sur d'autres rivières furent entièrement négligées. Cependant l'exploitation des meilleures mines du Vitim ne dure pas long-temps, soit que la génération du mica ait besoin de l'effet de l'air, et qu'il s'en trouve peu dans la profondeur de la mine, soit qu'il devienne trop pénible à des gens qui n'ont que des marteaux, des ciseaux, et d'autres ferremens pour rompre le roc, de pénétrer plus avant. Le mica le plus estimé est celui qui est transparent comme de l'eau claire; celui qui tire sur le verdâtre n'a pas, à beaucoup près, la même valeur. On considère aussi principalement la grandeur des blocs : on en a trouvé de considérables, et qui avaient près de deux aunes en carré; mais celles-ci sont très-rares. Les blocs de trois quarts ou d'une aune sont déjà très-chers, et se paient sur le lieu un ou deux roubles la livre. Le plus commun est d'un quart d'aune; il coûte huit à dix roubles le poud (36 livres). La préparation du talc consiste à le fendre par lames, avec un couteau mince à deux tranchans; en faisant glisser le fer entre les lames, le talc se fend comme on veut. On s'en sert dans toute la Sibérie, au lieu de vitres, pour les fenêtres et les lanternes. Il n'est point de verre plus clair et plus net que le bon mica. Dans les villages de la Russie, et même dans un grand nombre de petites villes, on l'emploie au même usage. La marine russe en fait une grande consommation; tous les vitrages des vaisseaux sont de mica, parce qu'outre sa transparence, il n'est pas cassant, et qu'il résiste aux plus fortes détonnations du canon. Cependant il est sujet à s'altérer : quand il est long-temps exposé à l'air, il s'y forme peu à peu des taches qui le rendent opaque, ou bien la poussière s'y attache, et il est assez difficile d'en ôter l'impression de la fumée sans altérer sa substance.

» Les Yakoutes supposent deux êtres souverains, l'un cause de tout bien, et l'autre du mal. Chacun de ces êtres a sa famille. Plusieurs diables, selon eux, ont femmes et enfans. Tel ordre de diable fait du mal aux bestiaux, tel autre aux hommes faits, tel autre aux enfans, etc. Certains démons habitent les nuées, et d'autres fort avant dans la terre. Il en est de même de leurs dieux : les uns ont soin des bestiaux, les autres procurent une bonne chasse, d'autres protègent les hommes, etc., mais ils résident tous fort haut dans les airs.

» Un endroit du Léna, fort célèbre par une suite de montagnes placées sur la rive gauche du fleuve, qui forment comme des espèces de colonnes élevées dans des directions différentes, attire l'attention de tous les voyageurs. On l'appelle *Stolbi*. Je fis arrêter notre bâtiment à deux verstes au-dessous de l'endroit où commence cette colonnade de montagnes, tant pour les voir de près que pour examiner la mine de fer qu'on y exploitait depuis un an pour la compagnie de Kamtschatka. Ces montagnes colonniformes font un spectacle aussi singulier que curieux. Depuis leur pied jusqu'à leur sommet, de grandes pièces de rochers s'élèvent les unes en forme de colonnes rondes, d'autres comme des cheminées carrées, d'autres encore comme de grands murs de pierre, de la hauteur de 50 à 75 pieds : on s'imaginerait voir les ruines d'une grande ville. Plus on en est éloigné, plus le coup d'œil est beau, parce que les blocs de rochers, placés les uns derrière les autres, prennent toutes sortes de formes, selon le point de vue d'où on les regarde. Les arbres qui se trouvent entre leurs intervalles augmentent encore la beauté du coup d'œil. Ces montagnes occupent une étendue de trente-cinq verstes ; elles diminuent par gradation, et se perdent enfin tout-à-fait. La pierre dont les colonnes sont formées est en partie de grès et de toutes sortes de couleurs, et en partie d'un marbre rouge agréablement varié. Enfin, à une certaine distance, ces montagnes pyramidales ou colonniformes, représentent exactement tout ce qui compose la perspective des villes, tours, clochers, péristyles et autres édifices. Entre les rochers, ainsi figurés en colonnes, on trouve épars un bon minerai de fer, et l'on voit au pied de la montagne, où commence la perspective, deux cabanes construites avec des broussailles en forme d'yourte, où les ouvriers se retirent la nuit et les jours de fête. Je me rendis à cette montagne, dont la hauteur est d'environ trois quarts de verste, et j'y trouvai les ouvriers travaillant : je n'avais encore vu nulle part exploiter si lestement une mine.

» Le minerai est presque toujours mêlé avec une terre ferrugineuse, jaune ou rouge, et on l'exploite simplement avec des pelles. Huit à dix ouvriers sont en état de ramasser quatre à cinq cents pouds de minerai dans un jour. On le jette dans une caisse de bois, et quand elle est pleine, on la couvre de plusieurs gros morceaux de bois, et l'on y met le feu. Quand le tout est brûlé, le minerai se trouve suffisamment rôti, et l'on en remplit des sacs de cuir. Chacun de ces sacs a une sangle, par laquelle un homme l'attache à son dos, et il descend ainsi la montagne en courant avec une vitesse étonnante : un long bâton qui pend à la sangle, lui sert à se retenir lorsqu'il rencontre un endroit glissant. La descente de la montagne est une affaire de quatre minutes ; aussi chaque porteur la monte-t-il et la descend-il huit à dix fois par jour.

» Notre troupe académique se réunit à Y.-koutsk, en septembre. L'hiver avançait. Le 19 septembre 1736, le Léna commença à charrier de la glace, et elle augmenta tellement de jour en jour, jusqu'au 28 du même mois, que le fleuve en fut entièrement couvert le lendemain : on le passait partout en traîneaux. La glace devint si épaisse en peu de jours, que l'on pouvait en tirer des morceaux considérables pour l'usage des habitans, car on fait ici de la glace unie un usage dont on n'a point d'idée ailleurs; elle sert à calfeutrer les maisons. Pour peu que les fenêtres d'un logis ne ferment pas comme il faut, elles ne sauraient suffisamment garantir les chambres du froid extérieur. Les caves mêmes dans lesquelles on garde la boisson, comme bière, hydromel, vin, etc., ne peuvent pas être à l'abri du grand froid par les moyens ordinaires, telles que de bonnes portes, du fumier de cheval, etc. C'est la rigueur du froid même qui fournit le moyen le plus sûr d'empêcher qu'il ne pénètre dans les habitations. On coupe de la glace bien nette, et dans laquelle il n'y ait point d'ordure : on en taille des morceaux de la juste grandeur des fenêtres et des ouvertures, et on les y applique par-dehors, comme on fait ailleurs de doubles châssis de verre. Pour qu'ils tiennent, on ne fait qu'y verser de l'eau, qui, en se gelant, les attache fortement aux ouvertures. Ces vitraux de glace n'ôtent pas beaucoup de lumière : lorsqu'il y a du soleil, on voit aussi clair qu'à travers des châssis de verre; et quelque vent qu'il fasse au-dehors, le froid n'entre jamais dans les chambres. Les gens aisés, dont les maisons ont des fenêtres, appliquent les vitraux de glace par-dedans, et par là ne souffrent point du tout des froides émanations de la glace. La boisson ne se gèle pas non plus dans les caves, quand leurs ouvertures ou soupiraux sont garnis de ces sortes de châssis. Ceux même qui n'ont point d'autres vitraux que ces fenêtres de glace s'en trouvent fort bien, pourvu qu'ils aient l'attention de ne pas trop rester dans les chambres après que le poêle est fermé : cependant les nationaux ne prennent guère cette précaution.

» La ville d'Yakoutsk est située dans une plaine, sur la rive gauche du Léna, qui se jette à deux cents lieues plus loin dans la mer Glaciale. L'hiver y est ordinairement très-rude; mais les forêts qui sont au-dessus et au-dessous de la ville fournissent suffisamment de bois.

» Quant à la végétation des grains, le climat n'y paraît pas propre. Il est vrai que le couvent de la basse ville a ensemencé autrefois quelques terrains d'orge, qui, dans certaines années, a mûri; mais, comme elle manquait dans d'autres temps, cette culture est abandonnée. Je n'ai point entendu dire que, outre l'orge, aucun autre grain soit parvenu à sa pleine maturité; mais c'est la qualité du climat plutôt que celle du sol qui s'oppose au succès des grains, car le terrain est noir et gras; il s'y trouve même de temps en temps des champs garnis de bouleaux clair-semés, ce qu'on regarde en Sibérie comme la marque d'une bonne terre labourable. Après tout, que peut produire la terre, quelque bonne qu'elle soit, lorsqu'elle manque de chaleur? Et quelle chaleur peut-elle avoir quand, à la fin de juin, elle est encore gelée à la profondeur de trois pieds, ou même plus?

» Quoique dans les environs d'Yakoutsk il y ait encore quelques montagnes, on n'y trouve que peu ou point de sources, et c'est vraisemblablement parce que la terre est gelée à une certaine profondeur.

» Le séjour de toutes les personnes réunies à Yakoutsk, pour le voyage du Kamtschatka, rendait cette ville fort active, et nous n'y fûmes point désœuvrés : la brièveté des jours dans un climat rigoureux, sous la latitude de 62 degrés 2 secondes, n'encourageait pas beaucoup au travail. Il faisait à peine jour à neuf heures du matin. Quand il s'élevait un certain vent qui faisait tomber une poussière de neige, on ne pouvait rester sans lumière aux plus belles heures de la journée, et par un temps serein on voyait déjà les étoiles avant deux heures après-midi. La plupart des habitans profitent de ce temps oiseux pour dormir : à peine sont-ils levés pour manger qu'ils se recouchent encore, et quand le jour est tout-à-fait sombre, souvent ils ne se réveillent point. Nous étions bien prévenus du danger qu'il y avait à s'abandonner au sommeil, et du risque que l'on courait de gagner le scorbut : nous nous arrangeâmes en conséquence, et nous partagions notre temps entre le travail et la dissipation, sans en donner beaucoup au sommeil. Je m'amusais beaucoup d'une sorte de marmottes très-communes dans le pays, et que les Russes nomment *yevraschka*. Ce joli petit animal se trouve dans les champs aux environs d'Yakoutsk, et jusque dans les caves et dans les greniers, aussi-bien dans ceux qui sont creusés sous terre que dans ceux qui sont au haut des maisons; car il est bon de remarquer que, dans tout le district d'Yakoutsk, il y a autant de greniers à blé sous terre qu'au-dessus, parce que, dans les premiers, les grains sont à l'abri de l'humidité et des insectes. Tout ce qui est sous la surface de la terre, à la profondeur de deux pieds, y gelant presqu'en toute saison, ni l'humidité ni les insectes n'y pénètrent guère. Les marmottes des champs restent dans des souterrains qu'elles se creusent, et dorment pendant tout l'hiver; mais celles qui sont friandes de blé et de légumes sont en mouvement l'hiver et l'été pour rechercher partout leur nourriture. Lorsqu'on prend cet animal et qu'on l'irrite, il mord très-fort, et rend un son clair comme la marmotte ordinaire. Quand on lui donne à manger, il se tient assis sur les pates de derrière, et mange avec celles de devant. Ces animaux s'accouplent dans les mois d'avril et de mai, et font depuis cinq jusqu'à huit petits. On trouve en différens endroits de la Sibérie de véritables marmottes, mais qui diffèrent, selon les lieux, tant de grosseur que de couleur. Les Russes et les Tartares les nomment *sourokj*.

» L'hiver de cette année fut très-doux relativement au climat ; cependant on éprouva de temps en temps des froids excessifs. J'en pensai porter de tristes marques un jour que je courus en traîneau pendant l'espace d'une demi-lieue avec quelques personnes. Nous sortions d'auprès d'un poêle bien chaud, nous étions bien garnis de pelisses ; nous n'avions mis que six minutes à faire le trajet : nous trouvâmes en arrivant une chambre bien chaude, et nous avions tous le nez gelé.

» Un homme qui a fait beaucoup d'observations de physique, principalement sur le baromètre, m'écrivit un jour que le mercure du lieu était gelé. Je me rendis chez lui sur-le-champ pour voir cette merveille qui me paraissait incroyable. Sa maison était plus éloignée de la mienne que celle où j'avais pensé laisser mon nez ; cependant le froid ne me fit pas tant d'impression : ce qui d'abord me fit douter de la congélation qu'on m'annonçait. A mon arrivée, je vis en effet que le mercure n'était pas réuni, mais divisé en plusieurs petits cylindres qui paraissaient compactes, et je remarquai entre les globules du vif-argent de petites parcelles de glace. Il me vint aussitôt à l'esprit que, le mercure ayant été lavé avec du vinaigre et du sel, comme on fait ordinairement pour le nettoyer, ces gouttes glacées pouvaient provenir de ce qu'il n'avait pas été bien essuyé. Le maître du baromètre m'avoua que le mercure avait été lavé avec du vinaigre, mais que, pour cette circonstance, s'il avait été bien ou mal essuyé, il n'en savait rien. Sur mon observation, le mercure fut ôté du baromètre, et si bien essuyé, qu'étant remis dans son tube par un froid bien plus considérable, on n'y vit plus la plus petite parcelle de glace. Depuis, pendant la continuation du froid et pendant toute la durée d'un autre, beaucoup plus vif, qui survint ensuite, on exposa du mercure à l'air dans des vases plats, bien ouverts et tournés au nord, mais on ne s'aperçut jamais qu'il s'y formât la moindre glace. Je suis donc bien éloigné d'alléguer cette prétendue congélation du mercure comme une preuve de la rigueur du froid qu'il fait dans ces climats. De plus, les habitans m'assurèrent que le plus grand froid de cet hiver n'approchait pas de celui qu'ils avaient essuyé dans certaines années : on raconte même qu'il y eut un hiver où le froid fut à un tel degré, qu'un vayvode, en allant de sa maison à la chancellerie, qui n'en était éloignée que d'une centaine de pieds, quoiqu'il fût enveloppé dans une longue pelisse, et qu'il eût un capuchon fourré qui lui couvrait toute la tête, eut les mains, les pieds et le nez gelés, et qu'on eut beaucoup de peine à le rétablir de cet accident. Pendant l'hiver que nous passâmes à Yakoutsk, le thermomètre marquait quelquefois 240 degrés au-dessous de zéro, selon la division de M. de Lisle : ce qui faisait environ 72 degrés de même au-dessous de zéro, selon le thermomètre de Fahreneit. On juge bien que, sous un pareil ciel, les hommes sont souvent sujets à avoir des membres gelés : voici les indices du mal et les remèdes qu'on y apporte. Un membre qui vient d'être gelé n'a plus aucun sentiment, il n'y reste aucune trace de rougeur, et il est plus blanc qu'aucun autre endroit du corps. Pour rétablir la partie gelée, on conseille ordinairement de la frotter bien fort avec de la neige. Lorsqu'on commence à s'apercevoir que quelque sentiment y revient, on continue le frottement; mais au lieu de neige, on use d'eau froide. Quand la congélation n'a pas duré bien long-temps, et n'est arrivée qu'en passant d'une maison à une autre, le remède le plus prompt est de bien frotter le membre avec un morceau de laine. Ce moyen est en usage à Yakoutsk, et je l'ai moi-même éprouvé avec assez de succès ; mais, quand le membre a été gelé pendant un temps considérable, les frottemens avec la neige, avec l'eau froide et avec la laine, ne servent à rien. Il faut, dans ce cas, plonger d'abord le membre gelé dans la neige, ensuite dans l'eau froide, et l'y tenir très-long-temps, après quoi l'on en vient au frottement. Les Yakoutes, dont les Russes ont adopté la méthode, couvrent les membres gelés de fiente de vache, ou de terre glaise, ou de ces deux choses mêlées ensemble en même temps. On prétend que ce remède dissipe peu à peu l'inflammation du membre gelé, et lui rend la vie : il est encore regardé comme un bon préservatif. La plupart des Yakoutes, lorsqu'ils sont obligés de faire un voyage un peu long par un grand froid, enduisent de cette espèce d'onguent toutes les parties dont on craint la congélation ; et tous assurent que, s'ils n'en sont pas entièrement garantis, cet enduit fait du moins que l'effet de la gelée n'est pas si prompt. Je ne répéterai point les fables que le Suédois Strahlenberg a débitées sur leur compte ; mais je puis assurer, pour l'avoir vu, que les Yakoutes ont des mortiers fait de fumier de vache, consolidés par la glace, dans lesquels ils pilent du poisson sec, des racines, des baies, du poivre et du sel.

» La manière de vivre des Yakoutes ne diffère pas beaucoup de celle des autres nations de Sibérie, mais ils ont un usage dont il n'y a peut-être point d'exemple chez aucun autre peuple du monde : lorsqu'une femme yakoute est accouchée d'un enfant, la première personne qui entre dans l'yourte donne le nom au nouveau-né ; le père s'empare du placenta, le fait cuire, et s'en régale avec ses parens ou ses amis.

» Quoique nous fussions las de voir des sorciers et des sortiléges, on nous parla d'une jeune sorcière dont on racontait des prodiges, et M. Muller la fit venir ; elle avoua d'abord qu'elle était sorcière, et nous dit qu'elle avait porté son art au point qu'elle était en état, avec le secours du Démon, de se plonger un couteau dans le corps sans en être blessée le moins du monde. Le jour et l'heure pris pour ce grand spectacle, elle se rendit exactement à l'yourte où l'on devait se rassembler. Après tous les préliminaires de la diablerie, qui furent longs; après nous avoir fait entendre par le seul organe de sa voix les cris de différens animaux, elle se mit à converser familièrement avec les démons qu'elle seule voyait : nous l'attendions au coup de couteau ; on lui en donna un fort tranchant, et elle parut réellement se l'être plongé dans le corps de manière que la lame sortait de l'autre côté : elle opérait si adroitement le prestige, que tout le monde y fut trompé. Je portai dans le moment la main à l'endroit où elle s'était frappée, pour sentir si le couteau était effectivement dans le corps; mais, sans se déconcerter, elle me dit sur-le-champ que le Diable ne voulait pas lui obéir cette fois, et qu'il fallait remettre la partie. La folie était commencée, il fallait bien aller jusqu'au bout : nous lui donnâmes rendez-vous pour le lendemain au soir. Quoiqu'elle eût avoué tout haut que le le couteau n'était pas entré dans son corps, tous les Yakoutes crurent le contraire ; ils s'imaginaient que les diables lui avaient ordonné de cacher la vérité du fait par rapport à nous autres infidèles. Le lendemain, à l'heure marquée, la cérémonie recommença, et le coup de couteau fut mieux asséné que la veille; elle se le plongea réellement dans le ventre, et le retira plein de sang. Je tâtai la plaie, je l'en vis

retirer un morceau de chair qu'elle se coupa, fit griller sur le charbon, et mangea. On peut juger quelles furent cette fois la surprise et l'admiration des Yakoutes. La sorcière n'était nullement émue, et semblait n'avoir rien fait d'extraordinaire ; elle se rendit à la maison de M. Muller, où elle était hébergée, mit sur la plaie un emplâtre de résine de mélèse avec de l'écorce de bouleau, et se banda le corps avec des chiffons. Mais ce qu'il y eut de plus singulier, c'est une espèce de procès verbal qu'on lui fit signer, et par lequel elle déclarait
« qu'elle ne s'était jamais enfoncé de couteau
» dans le corps avant d'avoir travaillé devant
» nous ; que son intention même d'abord n'était
» point d'aller jusque-là ; qu'elle s'était seule-
» ment proposé de nous tromper, aussi-bien
» que les Yakoutes, en faisant glisser adroite-
» ment le couteau entre la peau et la robe ;
» que les Yakoutes n'avaient jamais douté de
» la vérité du prestige, mais que nous l'avions
» trop bien observée ; qu'au reste elle avait
» entendu dire à gens du métier que, quand
» on se donnerait effectivement un coup de
» couteau, on n'en mourrait pas, pourvu que
» l'on mangeât un petit morceau de sa propre
» graisse ; qu'elle s'en était souvenue la veille,
» et qu'elle s'était armée de courage pour ne
» pas décréditer son art devant nous ; que
» maintenant qu'on l'engageait amiablement
» à dire la vérité, elle ne pouvait cacher que
» jusqu'alors elle avait trompé les Yakoutes

» pour mettre son art en réputation. » Sa plaie, qu'elle ne pansa que deux fois, fut entièrement guérie le sixième jour, et vraisemblablement sa jeunesse contribua beaucoup à cette prompte guérison. »

On vient de lire que la jeune sorcière signa sa déclaration ; c'est ce qui mérite d'être expliqué. Les Yakoutes n'ont point d'écriture particulière, et ne se servent non plus de celle d'aucune autre nation ; chacun se choisit un caractère dont il se sert au besoin, lorsqu'il s'agit d'attester par écrit quelque chose : l'interprète, qui signe en même temps, certifie que ce caractère est celui du Yakoute qui parle dans l'acte, et que son intention a été fidèlement conçue dans cet écrit : ces caractères ne sont pas réguliers ; ce sont toutes sortes de figures arbitraires.

C'est à Yakoutsk que nos voyageurs devaient trouver toutes les commodités nécessaires pour se transporter au Kamtschatka ; mais malgré les ordres du sénat de Pétersbourg, qui apparemment avait peu de puissance dans un tel éloignement, la chancellerie d'Yakoutsk ne leur fournit ni bâtimens ni équipages pour pouvoir se rendre à Okhotsk; d'où l'on s'embarque sur la mer du Kamtschatka; ils résolurent donc de prendre la route de Pétersbourg.

« Considérant qu'il y avait déjà quatre années que nous étions partis de Pétersbourg, tandis qu'on nous avait fait espérer que notre voyage ne durerait en tout que cinq ans ; nous comprimes que, quand tout réussirait à notre gré, quand nous trouverions toutes les facilités possibles pour passer au Kamtschatka, il y aurait déjà cinq ans d'écoulés, et qu'il fallait compter encore au moins deux ans pour le retour, outre le temps de notre séjour dans cette presqu'île. Nous n'avions d'ailleurs nullement envie d'habiter éternellement les contrées sauvages de la Sibérie. M. Muller et moi nous primes les arrangemens nécessaires pour notre départ de Yakoutsk. »

A l'occasion d'un exilé nommé *Glasimoff*, qui avait établi à Tayouoskaia une fabrique d'eau-de-vie, Gmelin remarque que ces sortes de gens font quelquefois fortune dans leur exil. La plupart sont des gens ruinés et accablés de dettes à la charge de la couronne. Quand on les relègue en Sibérie, on ne leur défend pas d'employer toute leur industrie pour pouvoir subsister; et quiconque a quelque sentiment d'honneur trouve encore plus d'occasions en Sibérie qu'en Russie de vivre honnêtement et de rétablir ses affaires; en sorte que, pour quelques-uns, surtout pour ceux qui ont l'amour du travail, cette contrée devient une terre de promission; mais il paraît que cette remarque ne peut regarder que les hommes de commerce.

Quand Gmelin passa à Oust-koutzkoi-ostrog, les habitans lui apprirent comme une nouveauté que les geais avaient hiverné chez eux. Cependant ces oiseaux, quoique ennemis du froid, se risquent jusqu'au delà du 59º. degré de latitude septentrionale ; et si l'on n'en voit point, ni à une certaine hauteur du Léna, ni dans le district de Mangaséa, ni dans toute l'étendue comprise entre Oust-koutzk jusqu'à l'Océan oriental, près d'Okhotsk, ni le long de la mer Glaciale, jusqu'au delà du cap de Tschoukttchi, on en retrouve au Kamtschatka : ce qui permet de douter que ce soit toujours le degré de froid qui les écarte, ou la température de l'air qui les invite à séjourner dans un canton plutôt que dans un autre.

« Au passage des cataractes d'Angara, les Cosaques qui nous conduisaient trouvèrent une plante qu'ils prirent pour la pulmonaire, et qui lui ressemblait en effet, tant par les feuilles que par les fleurs. Ils en mêlèrent les feuilles et la racine avec d'autres herbes qu'ils faisaient cuire pour les manger, et se trouvèrent tellement ivres ou étourdis, qu'ils ne savaient plus ce qu'ils faisaient : c'était de la jusquiame. Lorsqu'on en a fait infuser les feuilles ou la racine coupée par petits morceaux dans de la bière, ou qu'on les a laissés fermenter avec cette liqueur, un seul verre de cette boisson est capable de rendre un homme absolument fou ; il parle continuellement sans savoir ce qu'il dit ; il est privé de tous ses sens, ou du moins ses sens sont si troublés, que tout change de nature à ses yeux, qui semblent être devenus microscopiques. Il prendra, par exemple, une paille pour une poutre énorme, une goutte d'eau pour une rivière, et ainsi du reste. Partout où il marche, il s'imagine rencontrer des obstacles insurmontables ; il se forme à chaque instant les plus terribles représentations d'une mort inévitable et prochaine. Les habitans du canton se servent souvent de cette plante pour se jouer des tours les uns aux autres, et les négocians russes en emportent, parce que c'est, à ce qu'ils prétendent, un remède souverain contre les hémorrhoïdes fluentes.

» Les glaces de la mer fondent presque toujours dans le même temps que l'Yéniséi dégèle à son embouchure ; ce qui arrive communément vers le 12 juin. La mer est bientôt nettoyée, lorsqu'il souffle des vents de terre qui chassent les glaces. Une circonstance remarquable, c'est que, même après que les vents de terre n'ont pas cessé de souffler pendant quinze jours, on retrouve encore de la glace sur le bord de la mer, quand les vents de nord et de nord-ouest ont soufflé seulement pendant vingt-quatre heures, sans même être violens : ce qui semble indiquer que l'origine de cette glace ne peut être fort éloignée, et que le froid doit provenir ou d'une grande île ou d'un continent, et de la mer Glaciale. Cette dernière conjecture paraît confirmée par les navigations que les Russes ont poussées à plusieurs reprises jusqu'au 78e. degré de latitude septentrionale, point d'où les vaisseaux ne pouvaient pas pénétrer plus loin à cause des glaces.

» Si la mer dégèle tard, elle gèle de bonne heure. Vers la fin du mois d'août, on n'est plus sûr un seul jour de ne pas trouver la mer glacée. Il ne faut, avec le calme, qu'un froid médiocre pour qu'elle soit couverte de glace dans un quart d'heure; mais quand elle est gelée de si bonne heure, il n'est pas sûr non plus, pendant tout l'automne, qu'elle reste ainsi jusqu'à l'hiver. Quoi qu'il en soit, il est certain que la mer ne gèle jamais plus tard que le premier octobre, et qu'ordinairement elle gèle plus tôt.

» Il pleut rarement dans le printemps à Yéniseik; et pendant l'été, le ciel y est presque toujours serein. Le tonnerre y est aussi fort rare, et l'on ne connaît point du tout les éclairs. En automne, il y a des brouillards continuels, et les murs des maisons et des cabanes distillent sans cesse dans l'intérieur l'humidité dont ils sont imprégnés; en hiver, il y a de fréquentes tempêtes.

» Depuis le commencement d'octobre jusque vers la fin de décembre, on voit beaucoup d'aurores boréales, mais qui sont de deux espèces. Dans l'une, il paraît entre le nord-ouest et l'ouest un arc lumineux, d'où s'élèvent à une hauteur médiocre quantité de colonnes lumineuses ; ces colonnes s'étendent vers différens points du ciel, qui est tout noir au-dessous de l'arc, quoiqu'on aperçoive quelquefois les étoiles au travers de cette noirceur. Dans l'autre espèce, il paraît d'abord au nord et au nord-est quelques colonnes lumineuses qui s'agrandissent peu à peu, et occupent un grand espace du ciel; ces colonnes s'élancent avec beaucoup de rapidité, et couvrent enfin tout le ciel jusqu'au zénith, où les rayons viennent se réunir. C'est comme un vaste pavillon brillant d'or, de rubis, et de saphirs, déployé dans toute l'étendue du ciel. On ne saurait imaginer un plus beau spectacle; mais quand on voit pour la première fois cette aurore boréale, on ne peut la regarder sans effroi, parce qu'elle est accompagnée d'un bruit semblable à celui d'un grand feu d'artifice. Les animaux mêmes en sont, dit-on, effrayés. Les chasseurs qui sont à la quête des renards blancs et bleus, dans les cantons voisins de la mer Glaciale, sont souvent surpris par ces aurores boréales. Leurs chiens en sont épouvantés, refusent d'aller plus loin, et restent couchés à terre en tremblant, jusqu'à ce que le bruit ait cessé; cependant ces effrayans météores sont ordinairement suivis d'un temps fort serein. »

On n'avait depuis long-temps aucune nouvelle de M. de La Croyère : les trois professeurs, depuis leur séparation, avaient presque toujours suivi des directions opposées qui les éloignaient de plus en plus les uns des autres. On reçut enfin de lui une lettre qui marquait « que, vers la fin d'août 1737, il était parti par eau d'Yakoutsk, et qu'il avait eu le bonheur d'atteindre Simovie, situé à plus de douze cents verstes au-dessous d'Yakoutsk. Il semblait, disait-il, que le ciel et la terre fussent conjurés contre lui, qu'ils eussent suscité tous les élémens pour le traverser de toutes les façons imaginables dans les entreprises qu'il avait formées pour l'accroissement des sciences, au mépris même de sa vie. Le ciel avait été presque continuellement couvert de nuages, et le grand froid avait gâté tous ses instrumens météorologiques ; en sorte qu'il ne lui restait plus aucun de ses meilleurs thermomètres, les ayant tous emportés avec lui, pour n'en pas manquer dans des lieux où il comptait pouvoir surprendre le froid presque à sa véritable source. Il ajoutait que, voulant savoir jusqu'à quelle profondeur la terre était gelée dans ce rigoureux climat, il s'était servi de la houe ; mais que la terre, pour éluder ses recherches, avait pris la dureté du marbre ; qu'elle ne s'était laissé pénétrer en aucun endroit, et que les plus forts instrumens de fer s'étaient brisés sous les efforts redoublés des plus robustes travailleurs ; qu'il n'avait pas, en août, trouvé l'eau plus docile qu'au commencement de février. Ayant fait creuser la glace jusqu'à l'eau courante, pour voir si l'eau dans ces cantons, sans perdre sa fluidité, était susceptible d'un plus fort degré de froid que dans les pays où le point de congélation est à 150 degrés, selon la division de Delisle, son frère, et à 32 degrés, suivant la division de Fahrenheit, il avait suspendu par ce trou le seul thermomètre qui lui restait, et que dix ou douze minutes après, tout au plus, le thermomètre était engagé dans trois pouces dix lignes de glace, et si fortement pris, qu'avec toutes les précautions qu'il mit en usage pour le détacher de ce ciment glacial, il n'avait pu le retirer que par pièces; que le froid alors était si vif, qu'il ne pouvait tenir sa main l'espace de dix minutes au grand air sans risquer de l'avoir gelée; que pendant tout le temps qu'il avait séjourné dans ce canton-là, les vents avaient soufflé du nord-ouest et du nord-nord-est; qu'on ne voyait ni ciel ni terre lorsque le vent venait tout à coup à changer de direction, et qu'il amenait souvent une si forte poussière de neige, qu'en la voyant, on aurait dit que tout l'air était converti en neige; que le feu même, dont on pouvait espérer au moins plus de service, lui avait quelquefois refusé les secours qu'il en attendait, ayant eu souvent les doigts gelés près d'un grand feu; qu'enfin l'air, dans ces climats glacés, avait été si mauvais pendant son séjour, qu'environ la moitié des habitans, quoique indigènes, avaient péri par des maladies épidémiques.

En 1722, Pierre-le-Grand ordonna à tous ceux qui pourraient trouver quelque part des dents de mammouth, de s'attacher à les ramasser, ainsi que tous les autres ossemens de cet animal, de les conserver le mieux qu'il serait possible, et de les envoyer à Pétersbourg. Ces ordres furent publiés dans toutes les villes de la Sibérie, et principalement a

Yakoutsk. En conséquence, il se fit de tous côtés beaucoup de recherches, qui procurèrent au cabinet impérial de Pétersbourg des têtes, des dents et des ossemens, tant du prétendu mammouth que d'autres animaux inconnus.

Gmelin conjecture que les prétendus os de mammouth, qu'il croit fabuleux, sont de véritables os d'éléphans; mais il ajoute qu'on trouve encore en Sibérie des os d'un autre animal qui est une espèce particulière de bœuf, inconnue ailleurs, et qu'on les confond souvent avec les premiers. Au reste, ces os d'éléphans se trouvent non-seulement dans toutes les contrées de la Sibérie, et surtout dans les parties méridionales, comme dans les cantons supérieurs de l'Irtich, du Tom et du Léna, mais encore en plusieurs endroits de la Russie, et même de l'Allemagne, où ils sont connus sous le nom d'*ivoire fossile*. Ces sortes d'os, qu'en certains pays on prend pour des cornes, et en d'autres pour des dents, se sont, dit-il, amollis dans les climats un peu chauds, et changés en ivoire fossile; mais dans les contrées où la terre est continuellement gelée, comme dans les cantons inférieurs des fleuves qui se rendent dans la mer glaciale ou sur les bords des lacs d'eau douce qui ne sont pas fort éloignés de cette mer, ces mêmes os sont souvent si frais, qu'Isbrandz Ides, et depuis, Muller, de qui d'autres ont copié cette fable, disent qu'on en trouve d'ensanglantés; et comme en matière de fiction les hommes amis du merveilleux ne restent jamais en chemin, pour rendre raison du sang que l'on croyait voir sur ces os, on a prétendu que le mammouth de la Sibérie vivait sous terre, qu'il y mourait même quelquefois, et se trouvait tout inhumé. Muller décrit ainsi le mammouth : « Cet animal a, dit-il, quatre ou cinq aunes de hauteur, et environ trois brasses de longueur; sa couleur est grisâtre, sa tête fort longue et son front très-large. Il lui sort des deux côtés, au-dessus des yeux, des cornes qu'il remue et croise à son gré. Il a la faculté de s'étendre considérablement en marchant, et de se rétrécir en plus petit volume. Ses pates ressemblent par leur grosseur à des pates d'ours. » Isbrandz Ides est assez sincère pour avouer que, de tous ceux qu'il a questionnés sur cet animal, il n'a jamais trouvé personne qui lui ait dit avoir vu un mammouth vivant. Quant aux os fossiles qui ressemblent à ceux de l'éléphant, on ne saurait douter qu'ils ne soient réellement des dépouilles de cet animal. Si l'on n'hésite point à reconnaître pour de vrais monumens de l'antiquité toutes ces médailles que l'on déterre de temps en temps, pourquoi refuserait-on de croire à tous ces os d'éléphans ? Ces os, pour adopter ici l'expression de Fontenelle, sont des médaillons bien plus anciens, et plus certains peut-être encore que toutes les médailles grecques et romaines. Ces monumens répandus par toute la terre sont les plus fortes preuves d'une grande révolution que le globe a subie autrefois.

Les éléphans, continue Gmelin, pour éviter leur destruction, se sont aparemment dispersés de toutes parts. Quelques-uns ont pu, après leur mort, avoir été transportés fort loin par les seules inondations ; ceux qui, dans leur fuite, se sont trop écartés vers le nord, ont succombé nécessairement à la rigueur du climat; d'autres, sans avoir été si loin, ont été noyés dans les eaux, ou sont péris de lassitude. Des révolutions qui peuvent être arrivées sans aucun miracle, et par une suite des seules lois naturelles, nous ouvrent au moins une voie pour l'explication d'un grand nombre de phénomènes dont on ne peut autrement rendre aucune raison probable; mais on ne doit pas se figurer que tout puisse s'expliquer par-là. Les Woodward et les Scheuchzer, en voulant tout rapporter au déluge universel, et ceux qui supposent sans preuves des inondations particulières ont également passé le but. L'Italien Moro prétend que toutes les révolutions de la terre sont provenues de l'éruption des volcans, ou des fortes secousses qu'elle a essuyées. Théophraste, Pline, Agricola, Libanius, et quelques autres naturalistes ont prétendu que l'ivoire fossile croissait dans la terre. Ce sentiment, selon Scheid, est aussi absurde, aussi contraire à la nature et à toutes ses lois connues que si l'on soutenait que les animaux végètent et sortent de la terre comme des champignons. Mais la question n'est pas ici de savoir comment ces os sont venus dans la terre ; le fait est qu'ils y sont, et que ce sont des os d'éléphans. La grosseur de ces os varie. Gmelin rapporte qu'il y a des dents d'éléphans qui ont jusqu'à dix pieds de longueur, et qui pèsent cent, cent quarante et cent quarante-huit livres. Le squelette long de trente-six aunes, qui selon Strahlenberg, avait été vu par le peintre russe Remesoff, sur le lac Techana, ne pouvait être, selon lui, que celui d'un éléphant (1). La conservation de ces ossemens, dans les cantons voisins de la mer Glaciale, n'est pas plus surprenante que ce que La Peyrère rapporte du Groënland, que les morts, après trente ans, y sont aussi blancs et aussi frais que s'ils étaient morts depuis un instant. C'est à l'incorruptibilité causée par le froid excessif qu'il faut attribuer la raison pour laquelle il n'y a point de différence entre les ouvrages d'ivoire et ceux que l'on fait des cornes ou dents fossiles de Sibérie. Il est vrai qu'il s'en trouve de jaunâtres, ou qui jaunissent par la suite ; d'autres qui sont brunes comme les noix de cocos, et d'autres qui sont d'un bleu tirant sur le noir. Les dents qui n'ont pas été suffisamment frappées de la glace, qui leur fait comme une espèce de vernis, ou qui ont resté pendant quelque temps expo-

(1) Cette assertion n'est-elle pas un peu hasardée ? Les proportions connues des plus gros éléphans ne nous permettent pas de croire qu'il puisse y en avoir de trente-six aunes. Ne pourrait-ce pas être un autre animal ? N'y a-t-il pas des races éteintes ? Et avant tout, est-il certain qu'on ait vu un squelette de trente-six aunes ?

sées à l'effet de l'air, sont sujettes à s'altérer aussi, et même à prendre d'autres couleurs, suivant la nature de l'humidité qui s'est jointe à l'action de l'air. Il serait donc à souhaiter, selon Gmelin, que l'on connût toutes les espèces d'animaux dont on trouve des ossemens en Sibérie, avec autant de certitude que l'on reconnaît l'animal à qui appartiennent les prétendus os de mammouth. A l'égard de ceux qui paraissent indiquer un animal du genre des bœufs, cet animal ne serait-il point par hasard le bœuf musqué, que l'on trouve dans l'Amérique septentrionale ? Ces animaux sont plus petits que les bœufs d'Europe; mais ils ont une laine admirable.

Les recherches ordonnées par Pierre Ier. procurèrent beaucoup de curiosités de ce genre. Un Slouschivie d'Yakoutsk trouva dans la terre, aux environs de l'Indighirsk, une corne torse provenant du narvhal. Ces cornes, reconnues depuis pour des dents, étaient anciennement fort estimées avant qu'on eût découvert que c'est la dépouille d'un animal marin. La corne, ou plutôt la dent du narvhal, a été prise long-temps pour la corne de la licorne, animal fabuleux ou dénaturé, soit par l'ignorance des hommes, soit par une équivoque de nom, telle qu'il s'en est trouvé dans toutes les anciennes langues. On faisait autrefois dans la médecine un cas singulier de cette corne; on croyait qu'elle résistait à tous les poisons, quels qu'ils fussent, et qu'elle guérissait infailliblement les maladies contagieuses.

Eh! qui n'en serait presque convaincu en lisant les seuls témoignages des médecins d'Augsbourg, qu'a ramassés Wormius dans son Traité de la Licorne?

En 1741, on trouva près d'Anadirskoiostrog, dans une terre marécageuse, une de ces dents qui pesait onze livres, et qui fut envoyée à Irkoutsk. La question est de savoir si cette dent était venue là de la même façon que les os d'éléphans épars dans la Sibérie. Gmelin pense que l'Anadir, l'un des fleuves du pays qui se rendent dans la mer Glaciale, peut, avec le reflux, avoir apporté quelques-unes de ces dents, que l'animal, quoique étranger dans cette mer, y aura laissées. Ce qui favorise cette opinion, c'est qu'on trouve plusieurs vestiges qui font conjecturer que la mer Glaciale s'est étendue autrefois bien plus loin au sud qu'elle ne l'est à présent. Il n'est donc pas étonnant qu'on trouve des restes d'animaux marins loin de la mer, et fort avant dans les terres.

Les morses sont fort communs vers la pointe de Schalaghinskoï, chez les Tchouktchis, qui garnissent de leurs plus grosses dents le dessous des traîneaux, et qui des dents moyennes font des couteaux, des haches et d'autres ustensiles. Il faut bien qu'il s'en trouve une grande quantité depuis cet endroit jusqu'à l'Anadir, puisque toutes les dents de morses dont on fait commerce à Yakoutsk, viennent d'Anadirskoi. Il y a de ces mêmes animaux à la baie d'Hudson, dans l'île Phélipeaux, dont les dents, d'une aune de longueur, sont aussi grosses que le bras, et donnent d'aussi bon ivoire que la dent d'éléphant. Les dents de morses se vendent au poids en Sibérie. La pointe et la croûte extérieure, tout autour, sont si blanches et si dures, qu'elles surpassent même l'ivoire par leur blancheur et leur dureté. C'est de ces deux parties qu'on fait ordinairement en Russie les jeux d'échecs. En France, en Angleterre, en Allemagne, on en fait des dents postiches. La partie marbrée de ces dents qui s'étend depuis la racine jusque près de la pointe, est la plus estimée en Sibérie; c'est celle qu'on choisit pour garnir les petits coffres d'Yakoutsk et différens autres ouvrages.

« Je n'ai pas entendu dire, observe Gmelin, que dans les cantons d'Anadirskoi-ostrog on ait jamais été à la chasse ou à la pêche des morses pour avoir de leurs dents; et cependant il en vient une grande quantité. Suivant le rapport qu'on me fit, les gens du pays trouvent ces dents sur la côte, à la basse mer, et par conséquent ils n'ont pas besoin de tuer auparavant l'animal. Il faut donc, ou que les morses refassent leurs dents en certaines saisons de l'année, et qu'ils choisissent certains endroits de la mer pour y déposer celles qu'ils quittent, ou qu'ils perdent leurs dents par hasard, et peut-être en se battant entre eux, ou qu'on les trouve après leur mort. J'ai appris des Cosaques d'Yakoutsk, continue Gmelin, qu'il y a pareillement chez les Tchouktchis certains endroits où l'on trouve de ces dents en si grande quantité, que non-seulement ils en font toutes sortes d'ustensiles, mais qu'ils en forment des amas considérables pour en faire des offrandes à leurs dieux; en quoi ils ressemblent beaucoup aux Lapons qui font le même usage de leurs os de rennes. »

Gmelin, ayant fait beaucoup de recherches sur la chasse des rennes et sur celle des renards blancs et bleus, rapporte, sur la foi des chasseurs, que ceux-ci s'éloignent souvent de leurs habitations à la distance de quarante, de cinquante et de cent verstes, pourvu qu'ils aient quelque espérance de faire bonne chasse : ainsi ces sortes de chasses sont de vrais voyages. Dans l'hiver, où elles sont plus fréquentes, il s'élève quelquefois des tempêtes si furieuses, qu'on ne voit point devant soi les moindres traces de chemin, et qu'on est forcé de rester dans l'endroit où l'on se trouve jusqu'à ce que l'ouragan soit passé. Comme chaque chasseur est pourvu d'une petite tente qu'il porte partout, pour lui et pour son chien, il la dresse alors et se met à couvert des injures du temps. Aucun ne s'expose à ces longues traites sans avoir des vivres pour quelques jours ; et quand la tempête dure trop long-temps, ils diminuent chaque jour quelque chose de leur portion pour en prolonger la fin. Ces chasseurs sont encore munis chacun d'une boussole, pour pouvoir retrouver leur chemin quand les ouragans en ont confondu les traces. Quand les neiges accumulées rendent les chemins impraticables, ils ont une sorte de chaussure avec laquelle ils glissent sur la neige sans y enfoncer. La boussole que vit Gmelin était de bois, et l'aiguille aimantée marquait assez bien : elle indiquait huit vents principaux qui avaient chacun leur nom. Les autres vents y étaient marqués, sans être désignés nommément ; les autres rumbs ou vents intermédiaires étaient distingués par des lignes ou des points.

A Mangaséa, sur un bras de l'Yeniséi, le soleil était fort chaud, et dès le 14 juin il n'y avait plus aucune trace de neige, ni dans les rues, ni dans les champs. L'herbe venait à vue d'œil. Le 15, on vit fleurir les violettes jaunes, qui ne viennent guère que sur les montagnes de la Suisse, et sur quelques autres aussi élevées. Ici, ces violettes croissent en quantité sur un terrain bas entre les buissons. L'herbe, à la fin du mois de juin, avait un pied, et dans quelques endroits jusqu'à un pied et demi de hauteur. Depuis le 11, on ne voyait pas beaucoup de différence entre le jour et la nuit pour la clarté. On lisait à près de minuit la plus petite écriture presque aussi bien qu'on l'aurait lue à midi par un temps couvert dans les pays plus méridionaux. Pendant toute la nuit, le soleil était visible au-dessus de l'horizon. Vers minuit, à la vérité, lorsqu'on était dans un endroit bas, on avait de la peine à voir le disque du soleil ; mais en montant sur la tour, qui n'était pas même fort haute, on le voyait distinctement tout entier. On pouvait hardiment regarder cet astre sans en être ébloui : les rayons ne commençaient à se rendre bien sensible qu'à plus de minuit passé. Toute la troupe des voyageurs ne put s'empêcher, dit Gmelin, de célébrer ce magnifique spectacle, que personne d'eux n'avait vu, et que, selon toutes les apparences, ils ne devaient jamais revoir. On se mit à table dans la rue, le visage tourné au nord; tout le monde fixait le soleil sans en détourner un instant les yeux, et l'on changeait de situation à mesure que cet astre avançait. On jouit de ce rare spectacle jusqu'au moment où les rayons du soleil, qui prenait insensiblement de la force, devenus trop vifs, ne pouvaient plus qu'incommoder.

Gmelin ayant avec lui un interprète fort versé dans les différens idiomes des Tartares, voulut avoir une idée de la musique et de la poésie de ces peuples. Après avoir fait chanter devant lui quelques chansons des Bratskis et des Katchinzis, des Kamachinzis et des Kotovzis, il en fit noter une de chaque nation, en fit copier quelques-unes, et se les fit expliquer. Voici une chanson des Bratskis.

Kemnikhe borgossine nakholchadsi baineze,
Kollebakhem beemmene arikhin do galsaba,
Dallanaien adon doni zara serdi belele,
Abe tone baritsche koogotschine, mordonai,
Urtu zakhai termedene epzinoulani kou-yagbe ;
Edsche tone baritsche koogotschine, mordonai,
Barion tala ollotone yerensibe belele;
Abe tone gargaidsche koogotschine, mordonai,

TRADUCTION.

Là, sur le lac, se promènent des roseaux agités,
Et moi, jeune homme, je suis terrassé par l'eau-
de-vie.
Parmi cinq fois trente chevaux, il en est un de
couleur de renard (c'est-à-dire roux).
Père, prends-le ; le fils monte ce cheval.
Dans le coin, derrière la grille, est, parmi les
hardes, une ceinture rouge ;
Mère, donne-la moi ; le fils monte à cheval.
Près de la porte, dans le coin, il y a soixante
flèches ;
Père, donne-les moi ; le fils monte à cheval.

Chanson des Katckinzis.

C'est une veuve dont le mari a été tué qui
parle : elle feint que son esprit est entré dans
une canne.

1. *Koulge touschken hoghing di der oi senem,
   Djenargousch !*
2. *Koroub ater merghing di der oi senem, Djenargousch !*
3. *Dischinnaimnang kalbas olbang oi senem, Djenargousch !*
4. *Dschevarlirghe barbasogan, oi senem, Djenargousch !*
5. *Chantetourghe outschedarbem, oi senem, Djenargousch !*
6. *Kartagousch touschei derben, oi senem, Djenargousch !*

TRADUCTION.

Sur le lac il s'est abattu une canne de Mars, ô mon cher Djénargousch !
Si je l'avais vue, je l'aurais tirée, elle était à moi, ô mon cher Djénargousch !
Je conserve soigneusement mon amour, ô mon cher Djénargousch !
Je n'épouserai jamais un méchant homme, ô mon cher Djénargousch !
Je prendrais mon vol dans les airs, ô mon cher Djénargousch !
Si je pouvais voler comme un épervier, ô mon cher Djénargousch !

Ces chansons paraissent fort simples, comme les mœurs de ceux qui les chantent ; elles disent peu de choses, parce qu'ils ont peu d'idées ; mais on voit que l'usage des refrains, si anciens dans les chansons, s'est établi, naturellement partout.

Il y a une espèce de moutons sauvages, nommés en langue mongole *argali*, qui se trouvent dans les cantons méridionaux et montagneux au delà de l'Irtich, tant au sud-ouest, vers la Kalmoukie et le long du Boutchourma, que vers l'orient dans les montagnes de l'Obi, de l'Yéniséik, du lac Baikal, même jusqu'à la mer et au Kamtschatka. Ces animaux sont si estimés dans cette presqu'île, et dans les îles voisines, que, quand on veut désigner un mets excellent, on dit qu'il approche, pour le goût, de la graisse des argalis.

Ils sont extrêmement vifs : qualité qui semble les exclure de la classe des moutons. L'argali, par sa forme extérieure, c'est-à-dire par la tête, le cou, les jambes, et la queue qu'il a très-courte, ressemble au cerf, si ce n'est qu'il est encore plus farouche. Les plus gros argalis sont à peu près de la taille d'un daim. Celui que vit Gmelin n'était guère âgé que de trois ans, suivant l'estime des chasseurs, et cependant dix hommes n'osèrent l'attaquer. Sa hauteur était d'une aune et demie de Russie, et sa longueur, depuis la naissance des cornes, était d'une aune trois quarts. Ses cornes sont placées au-dessus des yeux ; elles se courbent d'abord en arrière, reviennent ensuite en avant, et forment plusieurs circonvolutions comme celles de nos beliers. Si l'on peut s'en rapporter à la tradition du pays, toute sa force consiste dans ses cornes. Les beliers de cette espèce se battent souvent, et quelquefois avec tant d'acharnement, qu'ils se brisent ou s'abattent les cornes ; c'est ce qui fait qu'il n'est point rare d'en trouver dans la steppe, dont l'ouverture près de la tête est assez grande pour que les petits renards s'y nichent. On peut juger de la force qu'il faut pour abattre une corne qui, tant que l'animal est vivant, augmente continuellement d'épaisseur, de longueur et de dureté. Une de ces cornes bien venue, mesurée selon sa courbure, a jusqu'à deux aunes de longueur, pèse entre trente et quarante livres de Russie, et à sa naissance a deux pouces ou deux pouces et demi d'épaisseur. Les cornes de l'argali vues par Gmelin étaient d'un jaune clair ; mais plus l'animal vieillit, plus ses cornes brunissent. Ses oreilles sont pointues, assez larges, et il les porte fort droites ; il a le pied fourchu, les jambes de devant hautes de trois quarts d'aune, et celles de derrière un peu plus. La couleur de tout le corps est grisâtre mêlée de brun. Il a le long du dos une raie jaune ou rousse, et la croupe, le dedans du pied et le ventre marqués de la même couleur. Cette couleur dure depuis le commencement d'août; pendant l'automne et l'hiver, jusqu'au printemps, et à l'approche de cette saison, l'animal mue et devient partout d'une couleur fauve. Sa seconde mue arrive vers la fin de juillet. Les femelles sont plus petites, et quoiqu'elles aient des cornes, ainsi que les beliers, ces cornes sont très-minces en comparaison de celles que l'on vient de décrire, et elles ne grossissent guère avec l'âge. Lorsqu'on prend cet animal tout jeune, il s'apprivoise.

Le canton de Tassévskoi-ostrog, sur la rive droite de l'Oussolka, est sujet à de violens orages ; mais de mémoire d'homme on n'en essuya de semblable à celui qui, le 27 mai 1739, désola ce pays. On vit deux nuages chargés d'eau, l'un venant du midi, l'autre de l'ouest, se réunir, et ne former bientôt qu'une seule nuée, qui, en s'élevant, prit la forme d'une colonne. Cette nuée était extrêmement sombre dans toute sa circonférence, mais transparente au milieu comme le mica, ou verre de Moscovie. Dans le même temps on entendit retentir l'air d'un sifflement et d'un bruit affreux : un épais tourbillon de poussière répandit une telle obscurité, qu'on ne voyait pas devant soi. L'ouragan ne dura pas plus d'un demi-quart d'heure; mais il fit dans ce peu de temps les plus grands ravages. Un petit bois, d'environ cent brasses de largeur, fut entièrement rasé; le vent en avait déraciné tous les arbres : de gros mélèses très-sains et très-hauts avaient été enlevés de terre, et portés, les uns à la distance d'une verste, d'autres plus loin, et d'autres à un tel éloignement, qu'on n'a jamais pu les retrouver. Deux acres de terre, qu'un Cosaque avait ensemencés de seigles, furent couverts des arbres que le vent y avait jetés. On remarqua que les seuls arbres que l'ouragan avait épargnés étaient des arbres faibles et pouris qui se trouvaient au milieu des autres. Personne ne put observer ce qui se passa pendant l'orage, ni la direction que suivait le vent, parce que chacun était rentré chez soi, et qu'on se cachait même sous les bancs ou sous le plancher, soit pour se mettre à l'abri des accidens, soit pour n'en pas être témoin. Le vent découvrit beaucoup de maisons, et en emporta la couverture : il en abattit même un grand nombre, dispersa le blé des magasins et des granges, brisa ou enleva une infinité d'ustensiles et de meubles, enfin saccagea toute la contrée, et fit seul autant de désordre qu'en aurait pu faire la horde la plus nombreuse et la plus destructive. Un berceau suspendu dans une chambre, et dans lequel était un enfant, fut d'abord couvert de poussière, puis environné de toutes parts des poutres de la maison, qui s'était entièrement écroulée, sans que l'enfant eût le moindre mal. Une paysanne, qui se trouvait alors dans le bain avec ses enfans, fut blessée par la chute d'une planche; mais, quoique le bain fût presque entièrement détruit, les enfans n'eurent pas une égratignure. Il périt dans ce furieux ouragan quantité de bestiaux et d'animaux domestiques. Un jeune paysan se trouvant en route, près de Tassévskoi-ostrog, fut enlevé de son cheval, et jeté à plus de vingt brasses; heureusement pour lui qu'en voyageant ainsi dans l'air, il eut l'adresse de s'accrocher à un bouleau, sans quoi il eût été jeté bien plus loin. Le sang lui sortait par la bouche, les oreilles, le nez, les yeux, et il eut le front enfoncé; son cheval fut jeté loin de lui presque en aussi mauvais état. Une jeune paysanne, qui pendant l'orage était sur l'escalier d'une maison, fut de même enlevée par le vent et jetée à la distance de cinq brasses, couverte de tous côtés des poutres que l'ouragan avait arrachées des maisons, et dangereusement blessée.

On dressa juridiquement un procès verbal du désastre causé par cette effroyable tempête, où l'on reçut les dépositions de tous ceux qui avaient souffert quelque dommage. C'est de là que Gmelin tira sa narration.

Suivant une tradition des Tartares qui habitent les déserts, trois familles de castors étaient établies, il y a environ un siècle, sur les îles de Bobrovies, dans la rivière de Mana; ce qui peut faire conjecturer qu'anciennement il y en a eu bien davantage. Il en est de même des autres contrées de la Sibérie. On dit presque partout qu'il y avait autrefois des castors. Comme il était fort aisé de découvrir leurs habitations, qui sont régulières et quelquefois considérables, on n'a pas eu de peine à les exterminer. Ainsi l'on a totalement détruit un animal innocent, qui n'est nullement nuisible à l'homme, et qui pouvait lui devenir très-utile. On en trouvait encore dans les cantons supérieurs de l'Yéniséik et sur l'Obi, mais le nombre en diminuait tous les jours. On a donc presque éteint la race de l'animal le plus doux et le plus admirable, tandis que tout fourmille d'animaux cruels et voraces, d'oiseaux de proie, d'ours, de gloutons et de loups.

Le glouton ou goulu est un animal très-méchant, qui ne sort que pour piller, et qui ne vit que de proie. Cet animal se tient caché sur les branches, dans le feuillage des arbres, jusqu'à ce qu'il voie passer un cerf, un élan, un daim ou un lièvre; il s'élance alors tout à coup comme un trait, fond sur sa proie, et la saisit avec ses dents au milieu du corps : il continue de le déchirer jusqu'à ce que l'animal ait cessé de vivre; ensuite il le mange tout entier, avec la peau et le poil. Un vayvode, qui gardait dans sa maison un goulu, pour son plaisir, le fit un jour jeter dans l'eau, et lâcha deux chiens après lui. Le goulu en saisit un par la tête, le plongea dans l'eau, et l'y tint jusqu'à ce qu'il fût noyé. Il alla sur-le-champ à l'autre, qui certainement aurait eu le même sort, sans un gros morceau de bois qu'un des assistans jeta du bord de l'eau entre les deux bêtes, ce qui donna de l'embarras au goulu, et au chien le temps de se sauver. La façon dont le goulu s'embusque pour attraper les bêtes dont il se nourrit est confirmée par tous les chasseurs, avec cette seule différence que, selon quelques-uns, le goulu saute d'entre les arbres sur le dos de l'animal, et que, le tenant une fois par le cou, il en est bientôt le maître. A l'égard des cerfs, on assure qu'il n'en attaque guère au-dessous ni au-dessus d'un an. Il préfère le renne et le porte-musc; mais il dévore également toute espèce d'animal vivant ou mort.

Gmelin questionna souvent des gens qui passaient les jours et les nuits parmi les bêtes sauvages, pour savoir d'eux s'il est bien vrai que le glouton se mette entre deux arbres fort serrés, pour faire sortir par la pression, les excrémens qui le surchargent, et faire place à de nouvelle nourriture : personne n'a pu lui confirmer ce fait, qui a bien l'air d'une fable.

Gmelin, à son retour à Krasnoyarsk, trouva une lettre d'Irkoutsk contenant la relation d'un affreux tremblement de terre arrivé le 6 décembre 1737, dans le pays des Kouriles et dans les îles voisines. Cette relation était datée d'Okhotzk, du 28 novembre 1738. Elle portait que plusieurs rochers sur les bords de la mer avaient été brisés en morceaux; que les secousses du tremblement avaient été senties sur la mer même; qu'on y avait vu divers météores de feu qui s'étendaient fort loin; que les petits magasins des peuples idolâtres, qui étaient bâtis sur des pilotis, avaient été renversés; que les eaux de la mer s'étaient horriblement gonflées, et jusqu'à la hauteur de trente brasses au-dessus du niveau des autres eaux; que la mer avait jeté des pierres du poids de cent livres et davantage jusque dans l'intérieur des terres; que les flots avaient non-seulement entraîné les magasins des idolâtres, mais encore tous les bateaux dont ils se servent pour la chasse des castors et des autres animaux marins du Kamtschatka, et que chez les Kouriles, ainsi que dans les îles voisines, il n'était presque point resté de bateaux ni de filets de pêcheurs.

Cependant la Sibérie a été jusqu'à présent peu sujette aux tremblemens de terre. Le lieu le plus occidental de tous ceux qui en ont senti est Krasnoyarsk; mais ils ont été rares ou peu sensibles. Les plus fréquens et les plus forts sont arrivés à Irkoutsk; on y a vu tomber quelquefois des cheminées, et les cloches se faisaient entendre. Il y en a eu à Bargousink, à Selinghinsk, à Nertschinsk, à Argounsk, et dans tous les endroits intermédiaires, ainsi que sur le lac Baïkal et aux environs. Au reste, ces tremblemens de terre arrivent dans tous les temps de l'année; celui de la province d'Argounsk, dont on a tant parlé, est périodique, puisqu'il arrive tous les printemps. Ils sont fort rares sur le Lena et sur la Nischnaia-tongouska.

Tous les tremblemens de terre qu'on éprouve en Sibérie semblent tirer leur source des terrains qui sont au-dessous et aux environs du lac Baïkal. 1°. On ne les sent bien que dans les environs de ce lac; 2°. ils se font sentir avec plus de violence tout près de ce lac que plus loin; 3°. il y a des sources de soufre autour du lac Baïkal comme dans le voisinage de Bargousinsk, sur le lac même, près du ruisseau Tierka, d'où l'eau sort toute chaude, et sur le ruisseau Kabania. Le lac Baïkal, dans les environs de la rivière de Bargousinsk, jette aussi beaucoup de naphte, que les habitans brûlent dans les lampes.

L'interprète tartare que Gmelin avait laissé à Krasnoyarsk, pendant son voyage sur la Mana, voulut le régaler à son retour de quelques chansons tartares qu'il s'était procurées. Gmelin en choisit deux, qui sont celles dont les Tartares font le plus de cas, et qu'ils chantent le plus volontiers.

I.

Chanson des Tartares de Sagai.

Agatem Djilne berkou tsac; zona idou,
Agar la souga salhisten, zona idou

Ol ber salna kess besem
Baltkhem og bargai kholloutschen
Atteck la bene tingnet keng.
Al kem neng da hotschire
Agaber toungma derbetken.
Al bot bengneng eschege.

TRADUCTION, *vers pour vers.*

Le crin d'un cheval est épais,
Sur la rivière qui coule je veux faire un radeau;
Si je ne viens pas à bout de lier ce radeau,
Je soumets ma tête à l'esclavage.
Le cheval (entier) et la jument sont venus des deux côtés
De la rivière où sont les fleurs de sel.
Le grand et le petit frère rôdent
A la porte du vayvode.

Cette chanson n'est pas fort claire; mais quand on demandait à l'interprète d'y donner au moins quelque sens, il répondait que le caractère de la chanson tartare était toujours d'être énigmatique. Il ajoutait seulement que celle-ci avait été faite pour une fille amoureuse qui avait donné un rendez-vous à son amant dans un endroit où la terre produisait des fleurs de sel, et que le cheval qu'elle montait avait une forte crinière.

II.

Chanson des Tartares tchatzhi.

Aï Oesol, Oesol, Oesols emme osolkhari kou si mele
Kousimbile ankhaschemme da Oesokhe gealder den
Kouschoun outikher ousche khada torna touscher touschaka,
Orous borat dja-a seda oi gakire tjetscheder
Oi neschbolgan djan anma da ib ga leb mansandak.

TRADUCTION.

Chez Oesol, Oesol, Oesol, j'ai les regards attentifs.
Oesoche t'a donné ses yeux et ses sourcils,
Moi, Corbeau, je veux voler loin, *pour voir* si la grue tombera dans le filet.
Tandis que les Russes et les Bourœtes ennemis
Se massacrent dans la vallée,
En badinant *avec toi*, mon cœur, je te prendrais dans l'yourte, et je t'emmènerais au plus vite.

Cette seconde chanson est l'ouvrage d'un Tartare amoureux d'une fille que le père ne pouvait souffrir. Un des plus forts gages de l'amour chez les Tartares, c'est de se donner réciproquement ou de se promettre les yeux et les sourcils.

Un soir, vers les huit heures, on se rendit près du Djvolych, ruisseau qui se jette dans la Kiya. Ses bords étaient fort élevés et couverts d'une herbe épaisse et si haute, que Gmelin ne trouvait pas d'endroit pour poser sa tente. Il ordonnait donc aux gens de sa suite de couper l'herbe et de nettoyer la place, lorsque l'interprète tartare, surpris d'un pareil ordre, pria le professeur de le laisser faire. Il choisit aussitôt la place qui lui parut la plus convenable, se jeta sur le dos à terre, et s'y roula comme s'il eût été en convulsion. En moins de deux minutes, la place fut unie comme si on l'eût fauchée; l'herbe était couchée partout également; elle ne formait plus qu'une espèce de tapis excellent pour se reposer, et une fort belle pelouse.

Gmelin visita la grande montagne d'aimant dans le pays des Baschkires. C'est, à proprement parler, une chaîne de montagnes dont l'étendue est de trois verstes du nord au sud, et dont le revers occidental est coupé par huit vallons de différentes profondeurs, qui la partagent également. Au revers oriental est une steppe assez ouverte, qui se prolonge à l'ouest jusqu'à cinq à six verstes de l'Yaïk : du même côté, et au pied de la montagne, passe encore un ruisseau sans nom, qui, à deux verstes au-dessous, va se jeter dans l'Yaïk. La septième partie ou section de la montagne, à compter de l'extrémité septentrionale, est la plus haute de toutes, et sa hauteur perpendiculaire peut être de quatre cent cinquante pieds. C'est celle qui produit le meilleur aimant, non pas au sommet, qui est d'une pierre blanche tirant sur le jaune, et tenant du jaspe, mais à environ quarante pieds au-dessous. On y voit des pierres qui pèsent 2500 à 3000 livres, qu'on prendrait de loin pour des blocs de grès, et qui ont toute la vertu de l'aimant. Quoiqu'elles soient couvertes de mousse, elles ne laissent pas d'attirer le fer ou l'acier à la distance de plus d'un pouce. Les côtés exposés à l'air ont la plus forte vertu magnétique; ceux qui sont enfoncés en terre en ont beaucoup moins. D'un autre côté, les parties les plus exposées à l'air et aux vicissitudes du temps sont moins dures, et par conséquent moins propres à être armées. Une pierre d'aimant de la grandeur que l'on vient de décrire, est composée de quantité de petits aimans, qui opèrent en différentes directions. Pour les bien travailler, il faudrait les séparer en les sciant, afin que tout le morceau qui renferme la vertu de chaque aimant particulier conservât son intégrité; on obtiendrait vraisemblablement, de cette façon, des aimans d'une grande vertu. On coupe ici des morceaux à tout hasard, et il s'en trouve plusieurs qui ne valent rien du tout, soit parce qu'on abat un morceau de pierre qui n'a point de vertu magnétique, ou qui n'en renferme qu'une petite parcelle; soit que dans un seul morceau il y ait deux ou trois aimans réunis. A la vérité, ces morceaux ont une vertu magnétique; mais, comme elle n'a pas la direction vers un même point, il n'est pas étonnant que l'effet d'un pareil aimant soit sujet à bien des variations.

L'aimant de cette montagne, à la réserve de celui qui est exposé à l'air, est d'une grande dureté, taché de noir, et rempli de tubérosités qui ont de petites parties anguleuses, comme on en voit souvent à la surface de la pierre sanguine, dont il ne diffère que par la couleur; mais souvent, au lieu de ces parties anguleuses, on ne voit qu'une espèce de terre ocreuse. En général, les aimans qui ont ces petites parties anguleuses ont moins de vertu que les autres. L'endroit de la montagne où sont les aimans est presque entièrement composé de minerai de fer qui a l'aspect de l'acier, et qu'on trouve par petits morceaux entre les pierres d'aimant. Toute la partie la plus haute de la montagne renferme une pareille mine; plus elle s'abaisse, moins elle contient de métal. Plus bas, au-dessous de la montagne d'aimant, on rencontre d'autres pierres ferrugineuses, qui rendraient fort peu de fer, si on les faisait fondre. Les morceaux qu'on en tire ont la couleur du métal, et sont très-lourds. Ils sont inégaux en dedans, et ont presque l'air de scories, sinon qu'on y trouve beaucoup de parties anguleuses. Ces morceaux ressemblent assez, par l'extérieur, aux pierres d'aimant; mais ceux qu'on tire à quarante pieds au-dessous du roc n'ont plus aucune vertu. Entre ces pierres on trouve d'autres morceaux de roc, qui paraissent composés de très-petites particules de fer, dont ils ont en effet la couleur. La pierre par elle-même est pesante, mais fort molle; les particules intérieures sont comme si elles étaient brûlées, et ne possèdent que peu ou point de vertu magnétique. On trouve aussi de temps en temps un minerai brun de fer dans des couches épaisses d'un pouce, mais il rend peu de métal. La section la plus méridionale, ou la huitième partie de la montagne, ressemble en tout à la septième, sinon qu'elle est plus basse. Les aimans de cette dernière partie n'ont pas été trouvés d'une aussi bonne qualité. Toute la montagne est couverte de plantes et d'herbes, qui sont presque partout assez hautes. On voit aussi par intervalles, à mi-côte et dans les vallées, de petits bosquets de bouleaux. Cette montagne n'offre, au reste, à l'exception de cet aimant, qu'une roche brute, si ce n'est qu'en certains endroits on rencontre de la pierre à chaux.

SUPPLÉMENT

AU CHAPITRE PRÉCÉDENT.

Samoïèdes et Ostiaks (par un anonyme).

« Il n'y a guère plus d'un siècle que le nom même de *Samoïède* était presque inconnu dans l'Europe. Depuis, plusieurs voyageurs, et particulièrement Oléarius, Isbrantz-ides, le célèbre Witzen et Corneille de Bruyn, se sont appliqués à faire connaître les mœurs et le génie de ces peuples, et ils ont donné au public ce qu'ils en ont pu apprendre; mais leurs relations sont très-défectueuses, et souvent erronées.

» Comme mon sort a voulu que je fisse un assez long voyage à Arkhangel, dans le voisinage des Samoïèdes, j'ai cru ne pouvoir mieux employer une partie de mon loisir qu'à examiner de près leurs usages et leurs mœurs. Après avoir consulté tout ce qui avait été publié sur ce sujet, j'ai fait un recueil abrégé des particularités les plus intéressantes que j'y ai trouvées, en m'attachant à discerner avec soin le vrai du faux, et en y joignant les idées particulières que je me suis faites du caractère et du naturel de ces peuples sauvages, après les avoir étudiés d'un œil attentif et impartial.

» Quand je parle de la ville d'Arkhangel comme d'un lieu voisin de ces peuples, je ne prétends point accréditer ce qui est rapporté dans la plupart des relations de voyages faits en Russie, qu'on trouve les premiers établissemens des colonies samoïèdes aux environs de cette ville. Il est très-certain qu'on n'en rencontre qu'à la distance de trois ou quatre cents verstes. Si l'on a vu de temps en temps quelques Samoïèdes à Arkhangel, c'est en hiver, et ils n'y viennent que pour y amener, avec le secours de leurs rennes, des huiles de poisson et d'autres marchandises pour le compte de quelques marchands ou paysans qui ont soin de les entretenir eux et leurs rennes.

» Ce qui a donné lieu à cette erreur, c'est qu'il y a eu autrefois, et même encore au commencement de ce siècle, quelques familles samoïèdes aux gages des habitans d'Arkhangel, qui, suivant la coutume de ces peuples, campaient aux environs de cette ville, pour chercher de la pâture à leurs rennes. Quelques voyageurs en ayant vu en cet endroit, particulièrement Corneille de Bruyn, qui est entré à ce sujet dans un grand détail, ont assuré positivement que c'est près de la ville d'Arkhangel que commencent la Samoïédie et les établissemens des Samoïèdes. Au reste, depuis plus de trente ans, il n'y a plus aucune famille samoïède établie aux environs d'Arkhangel; il est constant d'ailleurs que ces peuples n'ont jamais habité les côtes de la mer Blanche, et n'ont jamais été employés par les Russes à la pêche des phoques, des morses et des autres animaux dont en tire de l'huile, comme le portent plusieurs relations.

» Le véritable commencement des habitations des Samoïèdes, si l'on en peut supposer chez des peuples qui n'ont pas de résidence fixe, ne se trouve que dans le district de Mézène, au delà du fleuve de ce nom, à la distance de trois ou quatre cents verstes d'Arkhangel.

» La colonie qui s'y trouve actuellement, et qui vit dispersée à la manière de ces peuples, chaque famille à part, sans former de villages ou de communautés d'aucune espèce, ne consiste que dans trois cents familles environ, qui descendent toutes de deux tribus différentes, l'une appelés *Laglou*, et l'autre *Vanoute*, distinction exactement observée entre eux.

» Ce peuple sauvage occupe, entre les 66e. et 70e. degrés de latitude boréale, une étendue de plus de trente degrés le long des côtes de la mer Glaciale, à compter depuis la rivière de Mézène, tirant vers l'est, et au delà de l'Obi, jusqu'à l'Yéniséik, et peut-être plus loin, parce qu'on ne sait pas encore bien quelles sont les bornes précises de leurs habitations.

» Tous ces Samoïèdes, dispersés dans des déserts d'une si vaste étendue, ont sans contredit une origine commune, ainsi que le démontre évidemment la conformité de leur physionomie, de leur manière de vivre, et même de leur langage, quoiqu'ils soient partagés en différentes tribus ou familles, plus ou moins éloignées des habitations russes.

» Je suis bien loin d'adopter le sentiment de ceux qui supposent que les Lapons et les Samoïèdes ne font qu'une seule et même nation. Buffon, qui s'est justement acquis le plus grand nom dans la république des lettres, se trompe évidemment lorsqu'il annonce d'une manière aussi positive qu'il le fait dans son *Histoire naturelle* que les Lapons, les Zembliens, les Borandiens, les Samoïèdes et tous les Tartares du Nord, sont des peuples qui descendent d'une même race. Il faut remarquer d'abord, en passant, qu'il parle d'un peuple qui n'existe qu'en idée, lorsqu'il fait mention des Zembliens, puisqu'il est certain que le pays qu'on appelle *Nouvelle-Zemble* ou *Novaia-Zemla*, ce qui signifie, en langue russe, *Nouvelle-Terre*, n'a pas d'habitans. Il ne paraît pas mieux fondé dans ce qu'il dit des Borandiens, dont on ignore jusqu'au nom même dans le Nord; et que l'on ne pourrait d'ailleurs que difficilement reconnaître à la description qu'il en donne. Il fait encore une supposition absolument hasardée, lorsqu'il prend pour une même nation les Lapons, les Samoïèdes, et tous les autres peuples nomades du Nord, puisqu'il ne faut que faire attention à la diversité des physionomies, des mœurs et du langage de ces peuples, pour se convaincre qu'ils sont d'une race différente.

» Les Samoïèdes sont, pour la plupart, d'une taille au-dessous de la moyenne. Je n'en ai vu aucun qui n'eût plus de quatre pieds, quoique ce soit la hauteur la plus considérable qu'on leur accorde, en général, par une suite de la tradition des Pygmées, dont on veut qu'ils réalisent la fable. Il y en avait même qui passaient la taille moyenne, et qui avaient jusqu'à six pieds de hauteur. Ils ont le corps robuste, nerveux et trapu, les jambes courtes et les pieds petits, le cou très-court et la tête grosse à proportion du corps, le visage aplati, les yeux noirs et médiocrement ouverts; le nez tellement écrasé, que le

bout en est à peu près au niveau de l'os de
la mâchoire supérieure, qu'ils ont très-forte
et très-proéminente, la bouche grande et les
lèvres minces : leurs cheveux, qui sont noirs
comme du jais, mais extrêmement durs et forts,
leur pendent sur les épaules et sont très-lisses ;
leur teint est d'un brun jaunâtre; leurs oreilles sont grandes et hautes.

» Les hommes n'ont que fort peu ou presque point de barbe; et leur tête, ainsi que
celle des femmes, est la seule partie de leur
corps où il y ait du poil. Reste à examiner
si c'est un défaut naturel, une qualité particulière à leur race, ou l'effet d'un simple préjugé, qui, leur faisant attacher au poil quelque idée de difformité, les porte à l'arracher
partout où il en paraît. Quoi qu'il en soit, les
femmes, entre autres, ont un très-grand intérêt à ne point laisser subsister du poil sur
leur corps, quand la nature leur en donnerait; puisque, suivant l'usage de ces peuples,
un mari serait en droit de rendre à ses parens
la fille qu'il aurait prise pour femme, et de se
faire rendre ce qu'il leur aurait donné, s'il
lui trouvait du poil ailleurs qu'à la tête. Il est
vrai qu'un semblable cas doit être fort rare,
quand même ils seraient naturellement sujets
à cette végétation naturelle, qu'ils regardent
apparemment comme une grande imperfection, puisqu'un homme épouse ordinairement
une fille dès l'âge de dix ans. Aussi, parmi
ces peuples, est-il fort commun de voir des

mères-enfans de onze ou douze ans, au plus ;
mais, par compensation, ces mères précoces
cessent de l'être après trente ans. Ne serait-ce
pas dans cette coutume de marier les filles
avant l'âge ordinaire de maturité, ainsi que
dans la liberté qu'ont les hommes d'acheter
autant de femmes qu'ils peuvent en payer,
qu'il faut chercher les raisons physiques du
peu de fécondité des Samoïèdes, et peut-être
de la petitesse de leur taille?

» La physionomie des femmes ressemble
exactement à celle des hommes, excepté qu'elles ont des traits un peu plus délicats, le corps
plus mince, la jambe plus courte, et le pied
encore plus petit. D'ailleurs il est fort difficile
de distinguer les deux sexes à l'extérieur et
par les habits, qui ne sont presque pas différens.

» Les hommes et les femmes, comme chez
tous les peuples sauvages des pays septentrionaux, portent des fourrures de rennes dont le
poil est tourné en dehors et cousues ensemble : ce qui fait un habillement tout d'une
pièce, qui leur serre et couvre très-bien tout
le corps. Cet habillement est si propre à leurs
besoins dans le rude climat qu'ils habitent,
que les Russes et les autres nations qui se trouvent dans la nécessité de voyager dans leur pays
l'ont adopté. La seule distinction qu'on reconnaisse aux habits des femmes consiste en quelques morceaux de drap de différentes couleurs dont elles bordent leurs fourrures, et

les plus jeunes d'entre elles prennent quelquefois le soin d'arranger leurs cheveux en deux ou trois tresses, qui leur pendent derrière la tête.

» Ceux qui ont prétendu que les femmes samoïèdes ne sont point sujettes aux évacuations périodiques se sont trompés : c'est une particularité sur laquelle j'ai pris des informations très-exactes ; mais il est vrai que l'écoulement est très-faible.

» Une autre particularité physique des femmes samoïèdes, qui m'a paru très-curieuse, et dont mes recherches m'ont également assuré, c'est qu'elles ont toutes les mamelles plates, petites, molles en tout temps, lors même qu'elles sont encore vierges, et que le bout en est toujours noir comme du charbon. On pourrait croire que cet accident est l'effet des mariages prématurés des filles, s'il n'était constant que cette particularité leur est commune avec les Laponnes, quoique les dernières ne se marient jamais avant l'âge de quinze ans. Il faut donc en chercher quelque autre raison, soit dans la constitution physique, soit dans la nourriture de ces peuples.

» Leurs tentes, composées de morceaux d'écorce d'arbre, cousus ensemble et couverts de quelques peaux de rennes, sont dressées en forme pyramidale et appuyées sur des bâtons de moyenne grosseur. Ils ménagent au haut de cette tente une ouverture pour donner passage à la fumée et pour augmenter la chaleur en la fermant. On voit par-là que tout ce que l'on raconte de leurs habitations souterraines n'est rien moins que fondé. Comme il leur est très-facile de plier ces tentes, et de les transporter d'un endroit à l'autre par le moyen de leurs rennes, cette manière de se loger est, sans contredit, la plus convenable à la vie errante qu'ils sont obligés de mener ; car, ne produisant absolument rien de propre à leur nourriture, ils se trouvent dans la nécessité de changer souvent de demeure pour chercher le bois qu'il leur faut, et la mousse qui sert de fourrage à leurs rennes.

» C'est encore une des raisons qui, jointe aux intérêts de leur chasse, les empêchent de demeurer ensemble en grand nombre, car rarement trouve-t-on plus de deux ou trois tentes qui soient voisines l'une de l'autre; et comme leurs déserts sont d'une étendue immense, ils peuvent changer de place aussi souvent que leurs besoins le demandent, sans se faire aucun tort les uns aux autres.

» En été, ils préfèrent les environs des rivières, pour profiter avec plus de facilité de la pêche; mais ils se tiennent toujours éloignés à quelque distance les uns des autres, sans jamais former de société.

» Après avoir pourvu à leur nourriture, soin dont les hommes sont chargés dans chaque famille, tandis que l'occupation des femmes est de coudre les habits, d'entretenir le feu, et d'avoir soin des enfans, il n'y a plus rien qui les intéresse, et ils végètent tranquillement en s'amusant à leur manière étalés sur des peaux de rennes étendues autour du feu dans leur cabane. Les douceurs de l'oisiveté tiennent lieu de toutes les passions à ces peuples, et la nécessité seule peut les tirer de cette vie inactive. Cet amour de l'oisiveté est un des traits principaux auxquels on reconnaît l'homme sauvage abandonné à la nature.

» La chasse en hiver, et la pêche en été, leur fournissent abondamment la nourriture nécessaire : ils sont également habiles à ces deux exercices; et comme les rennes sont toutes leurs richesses, ils tâchent d'en prendre et d'en entretenir en aussi grand nombre qu'ils peuvent. Ces animaux conviennent d'autant mieux à la paresse naturelle de ces peuples, que leur entretien ne demande aucun soin, et qu'ils cherchent eux-mêmes sous la neige la mousse dont ils se nourrissent. D'ailleurs, quelque espèce d'animal qu'ils prennent à la chasse, ils le jugent propre à leur nourriture, et ne répugnent pas de faire le même usage des cadavres des animaux qu'ils trouvent morts. Quelque révoltant que nous paraisse ce goût des Samoïèdes, ils ne sont pourtant pas en cela plus sauvages que les Chinois, qui, comme on sait, tout polis, tout civilisés qu'ils sont, s'accommodent aussi de charognes.

» Les Samoïèdes exceptent pourtant du nombre des animaux qu'ils mangent les chiens, les chats, l'hermine et l'écureuil, sans que j'aie pu découvrir la raison de cette distinction. Quant à la chair des rennes, ils la mangent toujours crue : ils sont très-friands du sang de ces animaux : ils prétendent même que le boire tout chaud leur sert de préservatif contre le scorbut; mais ils ne connaissent point l'usage d'en tirer du lait, comme plusieurs écrivains l'on dit sans fondement.

» Ils mangent de même le poisson tout cru, de quelque espèce qu'il puisse être ; mais, pour les autres sortes de viandes, ils préfèrent de les faire cuire, et comme ils n'ont point d'heures fixées pour leurs repas, il y a toujours une chaudière remplie de quelques viandes sur le feu, qu'ils entretiennent au milieu de leurs tentes, afin que chacun de ceux qui composent la famille puisse manger quand bon lui semble.

» A l'égard du nom de *Samoïède*, on n'est communément pas d'accord sur son étymologie. Les uns croient que ce nom répond à celui d'*anthropophage*, donné anciennement à ces peuples, parce qu'on les avait vus manger de la chair crue que l'on prenait pour de la chair humaine : d'où l'on avait inféré qu'ils mangeaient les corps morts de leur propre espèce aussi-bien que ceux de leurs ennemis, à la façon des Cannibales; mais il y a long-temps qu'on est revenu de cette injuste erreur, et l'on sait même par la tradition de ces peuples que ce barbare usage n'a jamais subsisté parmi eux.

» Dans les chancelleries russes, les Samoïèdes sont désignés par le nom de *Sirogneszi*, mangeurs de choses crues. Voilà tout ce que j'ai pu découvrir de moins incertain sur le nom de ces peuples.

» Pour ce qui regarde le temps où les Samoïèdes ont passé sous la domination russe, presque tous les historiens s'accordent à en fixer l'époque au règne du czar Fedor Ivanovitz; c'est sous ce règne qu'on prétend que les rapports d'un certain Onecko, qui faisait un commerce fort lucratif dans ce pays-là, avaient fait naître le dessein de le soumettre. On ajoute que la conquête du pays ne fut achevée que sous le règne de son successeur, le czar Boris, et qu'on y parvint en y faisant construire des forts, et même quelques villes. Cependant j'ai lieu de croire qu'on se trompe sur ce point; car j'ai vu des ordonnances publiées dans les premières années du règne de l'empereur Pierre Ier. concernant les arrangemens à prendre pour la perception des tributs des Samoïèdes, où il est expressément fait mention de lettres-patentes accordées à ces peuples plus de soixante ans avant le règne du czar Fedor Ivanovitz, et par lesquelles on leur accorde la permission de recueillir eux-mêmes le tribut qu'ils devaient payer en pelleteries; d'ailleurs il est certain qu'il n'a jamais été question de construire aucune ville ni aucun fort pour assujettir les Samoïèdes, et qu'actuellement même il n'en existe point dans la contrée qu'ils habitent. C'est dans de petites villes situées aux environs de leur pays et habitées par des colonies russes que l'on reçoit leur tribut appelé *yeslak*. Il consiste en une fourrure de la valeur de vingt-cinq copeks, que tout homme capable de se servir de l'arc doit livrer tous les ans, et chaque sorte de pelleterie se trouve évaluée un certain prix.

» Les Samoïèdes, qui vivaient dans les marais ou dans les déserts voisins, donnant de l'inquiétude aux colonies russes, on bâtit la petite ville de Poustoser, pour se mettre en état de défense contre les étrangers qui pourraient aborder de ce côté-là par mer, comme le portent leurs anciennes traditions. C'est aussi pour le même objet qu'en 1648 on y établit cinquante soldats avec leurs femmes et leurs enfans, qui s'y rendirent de Colmogor, aux environs d'Arkhangel. Actuellement il y a toujours une compagnie de soldats, tirés de la garnison d'Arkhangel même. Ainsi, malgré la stérilité du pays, le petit nombre et la misère de leurs habitans, l'industrie de ces gens-là rend le poste de vayvode de Poustoser très-lucratif pour l'officier qui en est revêtu.

» Poustoser, le seul endroit dans le pays des Samoïèdes à qui l'on donne le nom de *ville*, quoique ce ne soit proprement qu'un village, est situé à cent verstes, ou environ, des bords de la mer Glaciale, à peu de distance du détroit de Vaigatz. L'air y est si froid, et le terroir si ingrat, qu'il ne produit aucune sorte de blé ni de fruit; mais le lac qui lui donne son nom est très-poissonneux. C'est à quoi se réduit tout ce qu'il y a de remarquable dans une contrée inconnue au reste de la terre.

» La religion des Samoïèdes est fort simple : ils admettent l'existence d'un Être Suprême, créateur de tout, souverainement bon et bienfaisant : qualité qui, suivant leur façon de penser, les dispense de lui rendre aucun culte, et de lui adresser des prières, parce qu'ils supposent que cet Être ne prend aucun intérêt aux choses d'ici-bas, qu'il n'exige point, par conséquent, le culte des hommes, et même qu'il n'en a pas besoin; ils joignent à cette idée celle d'un être éternel et invisible, très-puissant, quoique subordonné au premier et enclin à faire du mal : c'est à cet être-là qu'ils attribuent tous les maux qui leur arrivent dans cette vie. Cependant ils ne lui rendent non plus aucune sorte de culte, quoiqu'ils le craignent beaucoup. S'ils font quelque cas des conseils de leurs kœdesnicks ou tadèbes, ce n'est qu'à cause des relations qu'ils croient que ces gens-là ont avec cet esprit malin, se soumettant d'ailleurs avec une espèce d'insensibilité à tous les maux qui peuvent leur survenir, faute de connaître les moyens de les détourner.

» Le soleil et la lune leur tiennent encore lieu de divinités subalternes : c'est par leur entremise qu'ils croient que l'Être Suprême leur fait part de ses faveurs; mais ils leur rendent aussi peu de culte qu'aux idoles ou fétiches, qu'ils portent sur eux, suivant les conseils de leurs kœdesnicks. Ils semblent même faire peu de cas de ces idoles, et s'ils s'en chargent, ce n'est que par l'attachement qu'ils paraissent avoir aux traditions de leurs ancêtres, dont les kœdesnicks sont les dépositaires et les interprètes. Le manichéisme et l'adoration des astres fondent presque toutes les religions sauvages.

» On trouve aussi chez eux quelques idées de l'immortalité de l'âme, et d'un état de rétribution dans une autre vie; mais tout cela se réduit à une espèce de métempsycose.

» C'est en conséquence de leur sentiment sur la transmigration des âmes qu'ils ont coutume de mettre dans les tombeaux de ceux qu'ils enterrent les habits du défunt, son arc, ses flèches, et tout ce qui lui appartient, parce qu'il se pourrait, disent-ils, que le défunt en eût besoin dans un autre monde, et qu'il ne convient à personne de s'approprier ce qui appartient à autrui. On voit par-là que, si le dogme de l'immortalité de l'âme fait partie de leur religion, ce n'est que comme une simple possibilité à l'égard de laquelle il leur reste encore des doutes.

» Enfin, on ne trouve parmi eux aucune de ces cérémonies religieuses en usage parmi les autres peuples de la terre dans certaines circonstances de la vie. Il n'est question de leurs kœdesnicks, ni à l'occasion de leurs mariages, ni à la naissance de leurs enfans, ni aux enterremens : tout le ministère de cette espèce de prêtres se borne à leur donner des avis et des idoles de leur façon, lorsqu'il arrive qu'ils sont plus malheureux que de coutume dans leurs chasses, ou qu'il leur survient quelque maladie. Il serait très-difficile d'amener ces peuples au christianisme, parce que leur entendement est trop borné pour concevoir des choses qui sont hors de la portée des sens, et qu'ils croient leur sort trop heureux pour y désirer quelque changement.

» Les Samoïèdes sont aussi simples dans leur morale que dans leurs dogmes. Ils ne connaissent aucune loi, et ignorent même jusqu'aux noms de *vice* et de *vertu*. S'ils s'abstiennent de faire du mal, c'est par un simple instinct de la nature; il est vrai qu'ils sont dans l'usage d'avoir chacun leurs femmes en propre, et d'éviter scrupuleusement dans leur mariage les degrés de consanguinité ou de parenté, jusque-là qu'un homme n'épousera jamais une fille qui descend de la même famille que lui, à quelque degré d'éloignement que ce soit. Quoique quelques écrivains aient avancé le contraire, le fait est certain. Ils prennent soin de leurs enfans jusqu'à ce qu'ils soient parvenus à l'âge où ils peuvent pourvoir eux-mêmes à leur subsistance.

» Tous ces usages, qu'ils observent religieusement entre eux, ne sont que les fruits d'une tradition qu'ils ont reçue de leurs ancêtres, et l'on pourrait, avec fondement, regarder cette tradition comme une loi; mais on ne trouve pas qu'elle leur défende d'assassiner, de voler, ou de se mettre par la force en possession des filles et femmes d'autrui. Cependant, s'il faut en croire ces bonnes gens, qui paraissent trop simples pour se déguiser, il est bien peu d'exemples que de pareils crimes aient été commis parmi eux. Quand on leur demande la raison d'une semblable retenue, puisqu'ils avouent eux-mêmes qu'ils ne connaissent aucun principe qui pût les détourner de ces actions, ils répondent tout simplement qu'il est très-aisé à chacun de pourvoir à ses besoins, et qu'il n'est pas bon de s'approprier ce qui appartient à un autre. Pour le meurtre, ils ne comprennent pas comment un homme peut s'aviser de tuer un de ses semblables. A l'égard des femmes, ils pensent que celle qu'ils ont la commodité d'acheter à fort peu de frais peut aussi bien contenter leurs désirs naturels qu'une autre qu'ils trouveraient peut-être plus à leur gré, mais qu'ils ne pourraient posséder que par la violence.

» On voit, par tout ce qui vient d'être dit, qu'ils ne connaissent d'autres besoins que ceux de la simple nature, c'est-à-dire la nourriture, l'usage des femmes, et le repos.

» Comme ils sont d'un goût grossier et très-facile à contenter, l'extrême indifférence qu'ils contractent par rapport au choix de leurs femmes leur tient lieu de principe, et les fait agir conséquemment, sans même le savoir.

» Leurs sens et leurs facultés sont dans une juste combinaison avec leur façon d'être et d'exister. Ils ont la vue perçante, l'ouïe très-fine, et la main sûre ; ils tirent de l'arc avec une justesse admirable, et sont d'une légèreté extraordinaire à la course. Toutes ces qualités, qui leur sont naturelles et d'une nécessité absolue pour pourvoir à leurs besoins, ont été perfectionnées par un exercice continuel. Ils ont au contraire le goût grossier, l'odorat faible, le tact émoussé ; ce qui vient de ce que les objets qui les environnent sont de nature à ne pouvoir produire aucune sensation délicate.

» On conçoit aisément que l'ambition et l'intérêt, ces deux grands ressorts qui mettent en mouvement tout le genre humain, et qui sont dans la société les mobiles de toutes les actions, bonnes ou mauvaises, ainsi que de tous les vices qui marchent à la suite, comme l'envie, la dissimulation, les intrigues, les injures, les desseins de vengeance, la médisance, la calomnie, le mensonge, n'entrent pour rien dans le système moral de ces peuples ; au moins est-il certain que leur langue manque de termes pour exprimer ces différens vices, qui font tant de ravage dans les sociétés les plus policées.

» On croira sans peine que la manière de vivre de ces peuples doit être conforme à la simplicité de leurs notions, et à la stérilité du pays qu'ils habitent. Quoique plusieurs auteurs assurent que les Samoïèdes ont des princes, des juges, ou maîtres auxquels ils obéissent avec beaucoup de soumission, il est certain qu'ils n'en ont jamais connu, et qu'actuellement il n'en existe point parmi eux. Ils paient sans répugnance le tribut qui leur est imposé en pelleteries, sans connaître d'autre sujétion envers le souverain. Ils se soumettent à ce paiement de bon gré, parce qu'ils ont vu pratiquer la même chose à leurs pères, et qu'ils savent qu'en cas de refus on saurait bien les y forcer.

» Au reste, ils sont parfaitement indépendans les uns des autres, et s'ils ont quelque déférence, ce n'est que pour les plus vieux de chaque famille, et pour les kœdesnicks, dont ils prennent quelquefois les conseils, sans que cela les engage jamais à se soumettre à eux.

» Quand on dit que les rennes sont les seules richesses des Samoïèdes, il faut supposer qu'ils ne connaissent point l'usage des monnaies, et la différence qu'il y a entre le prix et la valeur des métaux, à l'exception de quelques-uns qui habitent dans le voisinage des Russes, dont ils peuvent avoir appris cette distinction. Ils se servent de leurs rennes pour l'achat des filles dont ils font leurs femmes; mais quoiqu'en convenant du prix avec leurs pères, il leur soit permis de prendre autant de femmes qu'ils en veulent, il est rare qu'ils aient plus de cinq femmes et la plupart se bornent à deux. Il y a des filles pour lesquelles on paie cent et jusqu'à cent cinquante rennes ; mais ils sont en droit de les renvoyer à leurs parens, et de reprendre ce qu'ils ont donné, lorsqu'ils ont sujet de n'en être pas contens. Comme leurs femmes sont accoutumées à enfanter presque sans douleur, ils les soupçonnent d'infidélité, et d'avoir eu commerce avec quelque étranger dès qu'ils voient arriver le contraire. C'est là principalement le cas où ils les battent et les maltraitent pour leur faire avouer leur faute : si la femme confesse le fait, ils la renvoient aussitôt à ses parens, et s'en font rendre le prix. Quoiqu'on trouve précisément le contraire dans des écrivains même récens, ces faits n'en sont pas moins certains. Buffon assure, comme une chose avérée, que non-seulement ils ne connaissent point la jalousie, mais qu'ils offrent même leurs filles et leurs femmes aux premiers venus. Cet habile naturaliste a eu de fort mauvais mémoires. Les femmes des Samoïèdes ont tant de pudeur, qu'on est obligé d'user d'artifice pour les engager à découvrir quelque partie de leur corps, quoiqu'il soit assez difficile de comprendre pourquoi elles attachent une idée de honte à laisser voir quelque nudité. Les deux sexes ignorent l'usage des bains, et ne se lavent jamais le corps ; ce qui les rend très-sales et d'une très-mauvaise odeur.

» Cette manière de vivre si misérable fait sans doute horreur à tout homme né et élevé dans la société : cependant ces peuples ne laissent pas d'être toujours gais, exempts de chagrin, et très-contens de leur sort. J'ai connu quelques Samoïèdes qui avaient vu les villes de Moscou et de Pétersbourg, et qui, par conséquent, avaient pu remarquer les avantages et les commodités dont les peuples civilisés jouissent, mais qui n'en paraissaient pas fort touchés. Ils ont constamment préféré leur façon de vivre à tout ce qu'ils avaient vu de plus attrayant et de plus voluptueux au milieu des Russes, tant ils ont d'éloignement pour la servitude, la dépendance, et pour tout ce qui peut interrompre leur repos ou leur penchant déterminé pour la paresse.

» Ils aiment à fumer du tabac et à boire des liqueurs fortes quand ils en trouvent chez l'étranger; mais ils en quittent l'usage sans la moindre marque de regret. Cette stupide insensibilité leur est si naturelle, qu'aucun objet, quelque nouveau qu'il soit pour eux, ne les frappe que très-légèrement. Il peut bien réveiller leur attention pour un instant, mais à coup sûr il n'excite pas leurs désirs.

» J'ai fait l'expérience de leur apathie : je fis un jour assembler dans une chambre plusieurs Samoïèdes des deux sexes pour les examiner de plus près. Mais, quoique j'eusse laissé sur la table de l'argent, des fruits et des liqueurs fortes, dont je leur avais fait goûter, et tout ce que je pus imaginer de plus propre à tenter leurs désirs; et quoique j'eusse même abandonné la chambre à leur discrétion, ayant fait retirer mes domestiques, et m'étant retiré moi-même dans un coin, d'où je pouvais les observer sans être vû, ils ne sortirent point de leur indifférence; ils restèrent tranquillement assis par terre, les jambes croisées, sans toucher à la moindre chose. Il n'y eut que les miroirs qui leur causèrent d'abord une sorte de surprise; mais un moment après ils ne paraissaient plus y faire attention. »

Les Ostiaks, peuple voisin des Samoïèdes, méritent aussi d'être connus. Aucun voyageur n'a donné de détail un peu circonstancié sur ces peuples, si ce n'est Muller, officier allemand, exilé en Sibérie; mais comme sa relation n'est encore qu'un tableau très-imparfait de cette nation, nous avons cru devoir y ajouter beaucoup de traits empruntés des meilleurs écrivains qui ont parlé de la Sibérie, et surtout du baron de Strahlenberg, officier suédois, qui fut long-temps prisonnier dans ce pays.

Il n'est pas aisé de déterminer d'une manière précise la situation et l'étendue du pays qu'habitent les Ostiaks, parce qu'ils changent de demeure suivant le besoin qu'ils ont de pourvoir à leur nourriture, soit par la pêche, soit par la chasse. Nos cartes d'Europe représentent communément ces peuples comme habitant les bords occidentaux de l'Obi, mais sans marquer les dimensions de la contrée qu'ils occupent.

Celle qui a été donnée à Pétersboug en 1758, pour servir à faire connaître les découvertes des Russes, place les Ostiaks en deux endroits différens de la Sibérie, 1°. entre le 59e. et le 60e. degré de latitude, et les 174e. et 180e. de longitude, dans une île formée par les rivières de Tschoulim et de Ket; celle-ci passe à Yeniséïk, et se jette, ainsi que la première, dans l'Obi; 2°. entre le 61e. et le 62e. degré de latitude, et les 181e. et 185e. de longitude, sur les rives orientales de l'Obi, et non loin de Sourgout.

Dans leur langue, les Ostiaks s'appellent *Choutichis*, et nomment leur patrie *Gandimick*.

Ces peuples, ainsi que tous ceux qui habitent sous un ciel rigoureux, dont les effets sont d'engourdir la nature ou d'en arrêter les progrès, ne parviennent pour l'ordinaire qu'à une hauteur médiocre; leur taille est cependant assez bien proportionnée, et leurs traits diffèrent peu de ceux des Russes : leurs cheveux sont toujours blonds ou roux.

Des peaux d'ours, de rennes et d'autres animaux, leur servent de vêtemens pour l'hiver; en été, ils en ont d'autres provenant de la dépouille de certains poissons, et surtout d'esturgeons. En toutes saisons, leurs bas et leurs souliers, qui tiennent ensemble, sont faits de peaux de poissons; par-dessus cet habillement, qui est à peu près taillé comme une robe, ils mettent en hiver une camisole fort courte, mais ample, à laquelle tient une espèce de capuchon ou de bonnet, qu'ils ne relèvent sur leur tête que lorsqu'il pleut. Si le froid est excessif, ils mettent deux de ces camisoles l'une sur l'autre. Cette circonstance fait époque parmi ces peuples ; et pour désigner un hiver très-rude, ils disent qu'ils portaient deux camisoles.

Au reste, rien n'est plus simple que la façon de tous ces habillemens : ils emploient les dépouilles des animaux sans prendre la peine de les passer, et sans y donner aucune préparation. Un Ostiak a-t-il besoin d'un bonnet, il court à la chasse, tue un oie sauvage, la dépouille sur-le-champ, et se fait un bonnet de sa peau.

L'habillement des femmes, chez les Ostiaks, ainsi que tous les peuples sauvages, ne diffère de celui des hommes que par les embellissemens dont le désir de plaire leur inspire le goût, et qui sont proportionnés à leurs facultés. Les femmes les plus riches portent des habillemens de drap rouge, qui est la suprême magnificence parmi toutes les nations de la Sibérie. Leur coiffure est composée de bandes de toile peinte de différentes couleurs, avec lesquelles elles s'enveloppent la tête de façon que leur visage est presque entièrement caché; celles qui portent le drap rouge ont une espèce de voile de damas ou d'autres étoffes de soie de la Chine : elles ont aussi comme les Tongouses, l'usage de se faire des marques noires au visage et aux mains.

Le logement de ces peuples consiste, comme chez les Samoïèdes, en de petites huttes carrées, dont la couverture et les parois sont d'écorce

Le foyer est au milieu de la cabane.

de bouleau cousues ensemble. Au dedans de ces habitations, et le long des parois, s'élève un peu au-dessus de l'aire une espèce d'estrade ou de banc en forme de coffre, et rempli de raclures de bois, qui leur sert de lit. Le foyer est au milieu de la cabane, dont la couverture est percée en cet endroit d'une ouverture suffisante pour donner une issue à la fumée.

Tous les meubles consistent en une marmite de pierre ou de fer, en filets, en arcs, en flèches, et en ustensiles de ménage faits d'écorce de bouleau, dans lesquels ils boivent et mangent. Quelques-uns ont un ou deux couteaux, et c'est une grande opulence que de posséder une hache de fer ou un pareil instrument.

L'agriculture étant inconnue aux Ostiaks, leur pays ne produit que quelques racines sauvages, et leur nourriture ordinaire est le fruit de leur chasse ou de leur pêche : ils mangent la viande avec des racines et à demi cuite, mais ils mangent le poisson cru, frais ou sec, et ne boivent que de l'eau.

Ils paraissent faire grand cas du sang chaud, de quelque animal que ce soit. Ainsi, lorsqu'ils tuent un renne, un ours ou tout autre quadrupède, leur premier soin est de recueillir le sang qui coule de ses blessures et de le boire. Un morceau de poisson sec trempé dans de l'huile de baleine, ou même un grand verre de cette huile, est encore pour eux un mets exquis.

Quelques-uns entretiennent des rennes pour tirer leurs traîneaux ; mais le plus grand nombre élèvent des chiens de trait pour cet usage. Ils attèlent depuis six jusqu'à douze chiens à un traîneau long de quatre à cinq aunes, sur une demi-aune de largeur.

A moins de l'avoir vu, on aurait peine à croire avec quelle agilité et quelle vitesse les chiens tirent les traîneaux. Dès qu'ils sont en marche, ils ne cessent de hurler et d'aboyer que lorsqu'ils ont atteint le premier relais. Si la traite est plus longue qu'à l'ordinaire, ils se couchent d'eux-mêmes devant le traîneau, et se reposent un instant. On leur donne un peu de poisson sec, et, après ce léger repas, ils reprennent leur train jusqu'au relais. Quatre de ces chiens tirent très-bien en un jour un traîneau chargé de trois cents livres, pendant douze ou quinze lieues. Dans la partie septentrionale de la Sibérie on se sert fort communément de traîneaux tirés par ces animaux, soit pour voyager, soit pour transporter des marchandises. Il y a des postes aux chiens établis comme celles d'Europe, avec des relais réglés de distance en distance. Plus un voyageur est pressé, plus on met de chiens à son traîneau.

Quoique les filles des Ostiaks soient généralement laides, et qu'elles ajoutent encore à leur difformité naturelle le défaut d'être fort dégoûtantes par la malpropreté des haillons qui leur servent de vêtemens, elles se piquent cependant de coquetterie, et le désir de plaire les occupe comme les Européennes.

Les hommes, de leur côté, ressentent aussi

le pouvoir de l'amour, et n'omettent aucun des petits soins qui peuvent les conduire à leur but. Comme une seule femme ne leur suffit pas, ils en prennent autant qu'ils en peuvent entretenir. Dès qu'une femme a quarante ans, c'est une véritable vieille à leurs yeux, et ils ne l'approchent plus. Cependant, au lieu de renvoyer leurs douairières, ils les gardent pour avoir soin du ménage et servir la jeune femme qui est devenue la compagne et la femme du maître. Lorsqu'un Ostiak a le cœur pris, voici de quelle manière se font les demandes de mariage.

Un ami de l'amoureux va négocier avec le père de la fille, qui rarement l'estime moins de cent roubles : on porte cette parole, on marchande; si l'amant consent au marché, il propose de donner en paiement différens effets, comme, par exemple, son bateau sur le pied de trente roubles, son chien pour vingt, ses filets pour le même prix, etc., jusqu'à ce que, suivant son estimation qui est toujours fort haute et à son avantage, il atteigne à peu près la somme qui lui est demandée. Le beau-père futur est-il d'accord, il promet de livrer sa fille dans un temps marqué. Jusqu'à ce terme, l'amoureux n'a d'autre ressource auprès de sa belle que le langage des yeux, car il ne lui est pas permis de lui rendre aucune visite ni de lui parler.

Lorsqu'il va voir le père et la mère, il entre à reculons, pour ne pas les regarder en face : s'il leur parle, il tient toujours sa tête tournée de côté, pour marquer son respect et sa soumission.

Au temps dont on est convenu, l'amant vient recevoir sa future des mains de son père, qui la lui livre en présence des parens et des amis assemblés; il recommande ensuite aux époux de vivre en bonne union, et de s'aimer comme mari et femme : c'est dans cette courte exhortation que consiste toute la cérémonie du mariage. Ceux qui en ont le moyen régalent tous les assistans d'un verre d'eau-de-vie : c'est le sceau d'une parfaite union.

Ordinairement un père se défait de sa fille dès l'âge de huit à neuf ans, afin qu'elle puisse mieux s'accoutumer à l'humeur de son mari : celui-ci consomme son mariage lorsque la nature en a marqué l'instant.

Une différence bien remarquable de ces peuples aux Samoïèdes, c'est que les degrés de parenté ne mettent aucun obstacle à ces unions conjugales. Un fils n'épouse pas sa mère, parce que les mères sans doute sont déjà vieilles lorsque leurs enfans sont nubiles; mais on voit des pères faire leurs femmes de leurs propres filles, et des frères épouser leurs sœurs.

Lorsqu'un mari ne se sent plus de goût pour sa femme, il est le maître de la renvoyer et d'en prendre une autre. On remarque néanmoins qu'en pareil cas l'équité naturelle l'emporte presque toujours sur les mouvemens déréglés de leurs désirs.

Ils ont aussi la louable coutume de faire habiter leurs femmes dans une cabane séparée, non-seulement pendant tout le temps de leurs couches, mais encore chaque fois qu'elles ont leurs indispositions périodiques.

Ces femmes ne paraissent avoir aucune inquiétude sur le temps de leur accouchement : elles ne prennent par conséquent aucune de ces précautions que la délicatesse des Européennes leur rend presque indispensables. Il arrive souvent, même en hiver, qu'étant en marche pour changer de demeure, l'instant du travail les surprend et les force de s'arrêter. Comme elles n'ont point alors de tentes prêtes, elles se contentent de s'asseoir, avec les autres femmes de la famille, au premier endroit, fut-il même couvert de neige, et elles accouchent sans paraître ressentir aucune douleur, sans témoigner du moins de mauvaise humeur, ni le moindre mécontentement. Le premier soin des femmes qui se trouvent à leur délivrance est de couvrir entièrement de neige le nouveau-né, pour l'endurcir au froid, et de l'y laisser jusqu'à ce qu'il crie : alors la mère prend son enfant dans son sein et continue sa route avec les autres femmes. Il serait curieux de savoir comment notre médecine expliquerait cette manière d'accueillir un enfant qui de la chaleur du sein maternel passe à l'impression d'un air tel que celui de la zone glaciale.

Dès que l'on est arrivé à l'endroit où l'on doit s'établir, les nouvelles accouchées ont un logement à l'écart, et il n'est permis à personne, pas même à leurs maris, de les approcher. Une vieille femme leur sert à la fois de garde et de compagne pendant quatre ou cinq semaines ; au bout de ce temps, on allume un grand feu au milieu de la cabane, et l'accouchée saute par-dessus. Cette sorte de purification achevée, elle va avec son enfant retrouver son mari qui la reçoit ou la renvoie, selon qu'il le juge à propos.

Les occupations des hommes sont, comme celles de tous les peuples sauvages, la chasse et la pêche. En été, ils font sécher une partie du poisson qu'ils prennent, afin d'en faire une provision pour l'hiver, et la chasse supplée encore à leurs besoins.

Dès que l'hiver s'est déclaré par la neige et par les glaces, les Ostiaks vont courir les bois et les déserts avec leurs chiens, pour chasser les martres, les zibelines, les renards, les ours, etc.

Lorsqu'ils ont tué un de ces derniers animaux, ils l'écorchent, lui coupent la tête, et la suspendent avec la peau à un arbre, autour duquel il font plusieurs tours en cérémonie, comme pour honorer ces dépouilles ; ils font ensuite des lamentations ou des grimaces de douleur autour du cadavre, et lui font de grandes excuses après lui avoir donné la mort. *Qui t'a ôté la vie ?* lui demandent-ils tous en chœur ; et ils répondent : *Ce sont les Russes.— Qui t'a coupé la tête ? — C'est la hache d'un Russe. — Qui t'a ouvert le ventre ? — C'est le couteau d'un Russe. — Nous t'en demandons pardon pour lui.*

Cette pratique extravagante est fondée sur une imagination de ces peuples : ils croient que l'âme de l'ours, qui est errante dans les bois, pourrait se venger sur eux à la première occasion, s'ils n'avaient soin de l'apaiser et de lui faire cette espèce de réparation pour l'avoir obligée de quitter le corps où elle avait établi sa demeure.

Outre les soins du ménage et de la cuisine qui ne regardent que les femmes, elles s'occupent encore à préparer et à filer d'une manière particulière de certaines orties ; elles en font de la toile et des rideaux, pour se défendre, dans le temps du sommeil, des moucherons, qui sont toujours fort incommodes pendant l'été, surtout dans les forêts et aux environs des lacs. Quoique cette toile ait un peu de roideur, elle leur sert encore à faire des mouchoirs pour mettre sur leurs têtes, et on les peint de différentes couleurs.

Rien ne paraît faire plus de plaisir aux deux sexes que de fumer du tabac; mais leur méthode est très-différente de celle des autres nations. Ils mettent d'abord un peu d'eau dans leur bouche, et tirent le plus qu'ils peuvent de fumée pour l'avaler avec cette eau. A peine ont-ils humé la fumée trois ou quatre fois, qu'ils tombent à terre sans connaissance ; ils demeurent ainsi souvent étendus pendant un quart d'heure, les yeux fixes, la bouche béante, le visage couvert d'écume et de sérosités qui distillent des yeux, de la bouche et du nez : on croirait voir un épileptique dans les convulsions.

Quelquefois ces malheureux sont les victimes de cette étrange façon de fumer. Les uns en sont suffoqués ou tombent en défaillance ; d'autres, se trouvant alors sur le bord d'une rivière, d'un lac ou près du feu, se noient ou se brûlent.

Les femmes accoutument de bonne heure leurs enfans à fumer ; et il semble que cette habitude pourrait leur être utile en effet, si elle était modérée, en ce qu'elle leur tient lieu de médecine, en opérant l'évacuation des humeurs que produisent abondamment en eux le poisson cru et la mauvaise nourriture dont ils font usage. Quoique, généralement parlant, la propreté paraisse inconnue aux Ostiaks, et que tout l'extérieur des femmes n'inspire que le dégoût, elles ont cependant un soin particulier de se tenir le corps propre. Elles portent en tout temps sur elles, avec une ceinture de la même forme que celle que la jalousie a fait inventer aux maris de certaines contrées de l'Europe, un petit paquet composé de filets de l'écorce la plus mince du saule : cette matière absorbe toute l'humidité, toute espèce de transpiration. Chaque fois que des besoins naturels les obligent de déranger la ceinture, elles mettent un nouveau paquet d'écorce, et elles en ont toujours une provision avec elles, surtout dans les temps critiques.

Si l'amour dans ces climats rigoureux se fait sentir assez vivement, la jalousie marche à sa suite aussi-bien que dans nos contrées ; mais les effets n'en sont jamais funestes. Ils se bornent à quelques pratiques superstitieuses, et les seules peut-être au monde qui produisent quelque bien réel; car, comme leur objet est d'éviter ou de prévenir un mal imaginaire, dans l'un et l'autre cas, elles contribuent du moins à tranquilliser le jaloux. Un Ostiak tourmenté de cette passion coupe du poil de la peau d'un ours, et le porte à celui qu'il soupçonne occasioner l'infidélité de sa femme. Si ce dernier est innocent, il accepte ce poil; mais s'il est coupable, il avoue le fait, et convient à l'amiable avec le mari du prix de l'infidèle que le premier répudie, et que l'autre épouse. Ils agissent tous de bonne foi dans ces circonstances ; et de manière ou d'autre, le jaloux est délivré de toute inquiétude.

Ils se persuadent que, dans le cas où un homme coupable d'adultère serait assez hardi pour accepter le poil qu'on lui présente, l'âme de l'ours dont il provient ne manquerait pas de le faire périr au bout de trois jours. Si l'homme soupçonné du crime continue à se bien porter, tous les soupçons du jaloux s'évanouissent, il se croit dans son tort, et met tous ses soins à les faire oublier à sa femme.

Une paresse excessive, commune à tous ces peuples, tient les Ostiaks dans une perpétuelle inaction, à moins que le besoin de pourvoir à leur subsistance ne vienne les en tirer.

L'art de mesurer le temps et de compter les années est absolument ignoré de ces peuples : les neiges leur servent de calendriers. Comme il neige long-temps et régulièrement chaque hiver, mais que dans l'été toutes les neiges disparaissent, ils disent *je suis âgé de tant de neiges*, comme nous disons; *j'ai tant d'années*. Au reste, cette manière de parler se trouve parmi tous les peuples qui habitent les cantons septentrionaux de la Sibérie.

Le plus grand effort de prévoyance que paraissent faire les Ostiaks, c'est de ramasser en été quelques provisions pour l'hiver; encore est-il assez probable qu'ils ne prennent cette précaution que parce qu'ils l'ont vu prendre à leurs ancêtres, non par une prudence raisonnée, ni par des vues sur l'avenir.

À l'égard du présent, disent-ils, nous voyons beaucoup de Russes qui, malgré les peines qu'ils se donnent, quoiqu'ils s'épuisent à travailler et qu'ils prétendent avoir une religion toute divine, ne laissent pas d'être plus malheureux que nous. Quant à l'avenir, il est si incertain, que nous nous en reposons sur les soins de celui qui nous a créés.

Les Ostiaks n'ayant que fort peu de besoins, le commerce qu'ils font est très-médiocre. Il se réduit à échanger des pelleteries contre du pain, du tabac, de la verroterie, des ustensiles et des outils de fer, tels que des haches, des clous, des couteaux, etc.

Comme ils ne savent ni lire ni écrire, et que cependant ils désirent quelquefois se procurer des objets dont ils ont besoin, sans avoir à donner aucune sûreté aux marchands, ils se font des marques sur les mains en présence de leurs créanciers, afin que ceux-ci puissent les distinguer sûrement de leurs compatriotes, et promettent de livrer, dans le temps préfixe, ce qu'on leur a demandé en échange de ce qu'ils reçoivent. Jamais on ne voit un Ostiak manquer à ses engagemens. Aux termes convenus, ils apportent avec l'attention la plus scrupuleuse le poisson sec, les pelleteries, et ce qui a été stipulé dans le marché qu'ils ont conclu : ils font voir en même temps les marques qu'ils portent aux mains; on les efface, et tout est terminé.

Si les Ostiaks sont paresseux, leur caractère excellent rachète bien ce défaut : c'est parmi eux qu'il faut chercher l'humanité la plus simple et la plus pure. Malgré l'ignorance profonde dans laquelle ils vivent, quoiqu'ils n'aient que des notions très-obscures et très-imparfaites de Dieu, ils sont naturellement bons, doux et pleins de charité.

On ne voit chez les Ostiaks ni libertinage, ni vol, ni parjure, ni ivrognerie, ni aucun de ces vices grossiers si communs même parmi les nations policées : on trouverait difficilement parmi eux un seul homme atteint de ces vices, à moins que ce ne soit quelqu'un de ces Ostiaks dégénérés qui vivent avec les Russes corrompus, et qui contractent insensiblement leurs habitudes vicieuses.

Un officier suédois rapporte cet exemple : « En 1722, dit-il, ayant reçu la nouvelle que la paix était conclue dans le Nord entre la Suède et la Russie, je partis de la ville de Crasnoyarsk sur l'Yéniséik, sans autre compagnie que celle d'un jeune domestique suédois, de l'âge de quatorze ou quinze ans. Le commandant de Crasnoyarsk m'avait donné un conducteur russe qui devait m'accompagner; mais il s'était enfui, et je me trouvai réduit à traverser seul, avec mon jeune homme, de vastes contrées qui n'étaient habitées que par des païens.

» J'avais fait construire un train de bois sur lequel je descendis la rivière de Czoulim jusque dans l'Obi; j'étais muni d'un ordre du commandant de Crasnoyarsk qui m'autorisait à prendre de distance en distance cinq Tartares païens pour ramer. Étant ainsi seul et abandonné de mon guide russe, qui devait me servir d'interprète, je montrai mon passe-port aux Tartares, qui me donnèrent sur-le-champ tous les secours qui dépendaient d'eux, et me conduisirent paisiblement d'une habitation à l'autre. Il faut que je dise à leur louange que je ne perdis rien avec eux, quoi qu'il leur fût bien facile de me voler, puisque je dormais la nuit sur mon train de bois, et que souvent ils s'étaient relevés trois ou quatre fois avant que je fusse éveillé.

« J'avoue en même temps que je n'aurais pas voulu risquer de voyager aussi solitairement entre Tobolsk et Moscou, où les Russes Rosboniches, quoique baptisés et chrétiens, n'auraient certainement pas manqué de m'enlever la plus grande partie de mes effets.

» Certaines raisons m'obligèrent de m'arrêter pendant quinze jours chez les Ostiaks, qui habitent le long de l'Obi. Je logeai dans leurs cabanes; le peu de pelleterie que j'avais resta, pendant tout mon séjour, dans une tente ouverte, habitée par une nombreuse famille, et je ne perdis pas la moindre chose.

» Voici encore un trait de la probité de ces peuples, qu'un marchand russe m'a raconté.

» Ce marchand, allant de Tobolsk à Beresof, ville située à douze journées au nord de la première, passa la nuit dans une cabane d'Ostiaks. Le lendemain matin, il perdit, à quelques verstes de sa couchée, une bourse dans laquelle il y avait environ cent roubles. Les routes de ces cantons ne sont guère fréquentées; mais le fils même de l'Ostiak qui avait donné l'hospitalité au Russe, allant un jour à la chasse, passa par hasard à l'endroit où cette bourse était tombée, et la regarda sans la ramasser. De retour à la cabane, il se contenta de dire qu'il avait vu une bourse pleine d'argent, et qu'il l'y avait laissée. Son père le renvoya aussitôt sur le lieu, et lui ordonna de couvrir la bourse d'une branche d'arbre, afin de la dérober aux yeux des pas-

sans, et qu'elle pût être retrouvée à cette même place par celui à qui elle appartenait, si jamais il venait la chercher. La bourse resta donc à cet endroit pendant plus de trois mois. Lorsque le Russe qui l'avait perdu revint à Beresof, il alla loger chez le même Ostiak, et lui raconta le malheur qu'il avait eu de perdre sa bourse le jour même qu'il était parti de chez lui. L'Ostiak, charmé de pouvoir lui faire retrouver son bien, lui dit : « C'est donc toi qui as
» perdu une bourse ? Eh bien, sois tranquille;
» je vais te donner mon fils qui te conduira sur
» la place où elle est : tu pourras la ramasser
» toi-même. » Le marchand, en effet, trouva sa bourse au même endroit où elle était tombée. »

A l'exception des vayvodes, que le gouvernement de Russie établit chez les Ostiaks pour les gouverner et pour lever les impôts, il n'y a point de chefs ou de supérieurs reconnus dans la nation, et l'on n'y fait aucune distinction de rang, de naissance et de qualité. Quelques-uns pourtant parmi eux prennent le titre de *knés*, et s'approprient le domaine de certaines rivières ; mais, malgré ces prétentions, ils sont fort peu respectés des autres, et ces knés n'exercent aucune sorte de juridiction.

Chaque père de famille est chargé de la police de sa maison, et termine seul à l'amiable les petits différens qui peuvent y survenir. Dans les affaires graves ils ont recours aux vayvodes, ou ils appellent les ministres de leurs idoles pour les juger. La contestation se termine ordinairement par une sentence que le prêtre prononce, comme si elle lui était inspirée : mais l'idole, dont il est l'organe, n'oublie pas ses intérêts ; car il y a une amende de pelleterie imposée, et le ministre, comme de raison, est chargé de la recevoir pour l'idole.

La religion de ces peuples consiste à rendre quelque culte à ces idoles, et ils en ont de deux sortes : de publiques, qui sont révérées de toute la nation; de domestiques, que chaque père de famille se fabrique lui-même, et dont le culte particulier se borne à sa maison.

Ces deux espèces d'idoles ne sont communément que des troncs d'arbres, ou des bûches arrondies par le haut pour représenter une tête dont les yeux sont marqués par deux trous, la bouche par un autre trou, le nez par un relief quelconque ; le tout si grossièrement façonné, qu'il n'y a que des yeux d'Ostiaks qui puissent y voir une divinité.

Ordinairement un père de famille est à la fois prêtre, sorcier et fabricant d'idoles, et il en distribue à ceux qui en veulent. Lui seul a le droit de leur offrir des sacrifices, de les consulter et de rendre les oracles qu'elles lui dictent. Avant d'aller à la chasse et à la pêche, l'idole est consultée, et l'on se conduit suivant le succès heureux ou malheureux que promet sa réponse.

Lorsqu'une femme a perdu son mari, dit Muller, elle témoigne sa douleur en faisant fabriquer promptement une idole qu'elle habille des vêtemens du défunt. Elle la couche ensuite avec elle, et la place pendant le jour devant ses yeux, pour se rappeler la mémoire du mort, et pour s'exciter en même temps à pleurer sa perte. Cette cérémonie se continue pendant une année entière, et chaque jour doit être marqué par des larmes.

L'année du deuil étant révolue, l'idole est dépouillée et reléguée dans un coin jusqu'à ce qu'on en ait besoin pour une pareille cérémonie. Une femme qui n'observerait pas cette pratique serait déshonorée ; elle passerait pour n'avoir pas aimé son mari, et sa vertu serait violemment soupçonnée.

Strahlenberg rapporte que, voyageant parmi eux, il leur demanda où ils croyaient que leurs âmes allaient après la mort, et qu'ils lui répondirent « que ceux qui mouraient d'une mort violente, ou en faisant la guerre aux ours, allaient droit au ciel ; mais que ceux qui mouraient dans leur lit ou d'une mort naturelle étaient obligés de servir long-temps sous terre près d'un dieu sévère et dur. »

Ceci pourrait faire présumer que les Ostiaks descendent des premiers Cimbres qui ont habité la Russie ; car Valère Maxime attribue à ces Cimbres la même façon de penser, lorsqu'il écrit qu'ils sautent de joie dans une action, comme allant à une mort glorieuse, et qu'au contraire, lorsqu'ils sont malades, ils se désolent, comme se croyant menacés d'une mort ignominieuse.

Les Ostiaks, quoique voisins des Samoïèdes, diffèrent beaucoup par le langage, et ces peuples ne peuvent s'entendre sans interprètes.

Les Ostiaks étant soumis à l'empire, chaque fois que la Russie change de maître, il est d'usage de leur faire prêter un nouveau serment de fidélité; c'est le vayvode établi chez eux qui reçoit ce serment, et en voici la formule.

On rassemble les Ostiaks dans une cour, où est étendue par terre une peau d'ours, avec une hache et un morceau de pain, dont on leur distribue à tous une petite partie.

Avant de le manger, ils prononcent les paroles suivantes : « Au cas que je ne demeure » pas toute ma vie fidèle à mon souverain, si » je me révolte contre lui de mon propre mou- » vement, et avec connaissance; si je néglige » de lui rendre les devoirs qui lui sont dus, » ou si je l'offense en quelque manière que ce » soit, puisse cet ours me déchirer au milieu » des bois! que ce pain que je vais manger » m'étouffe sur-le-champ; que ce couteau me » donne la mort, et que cette hache m'abatte » la tête! » On n'a pas d'exemple qu'ils aient violé leur serment, quoiqu'on les ait souvent inquiétés pour cause de religion.

Quelques tentatives qu'on ait faites pour amener les Ostiaks au christianisme, on n'a pu faire parmi eux qu'un très-petit nombre de vrais chrétiens. La vie errante qu'ils mènent dans les forêts, et qui rend inutile l'établissement des prêtres et des églises, les anciennes habitudes de leurs pères, soit en matière de culte, soit par rapport aux mariages, sont autant d'obstacles aux progrès du christianisme chez des peuples qui se rappellent sans cesse que leurs ancêtres ont vécu heureusement dans leur religion, et que les Russes leur paraissent plus misérables qu'eux.

Le grand convertisseur Philotée, archevêque de Tobolsk, à qui la plus grande partie des idolâtres sibériens doivent le baptême (si c'est conférer ce sacrement que de faire jeter dans l'eau, par des dragons, des païens attachés à leur croyance), visita les Ostiaks dans les années 1712, 1713 et 1714, pour les convertir. Quelques-uns se plongèrent volontairement dans l'eau baptismale; mais le plus grand nombre refusèrent de se soumettre à la cérémonie. Le ministère des soldats russes fut heureusement employé : moitié par force, moitié par crainte, on parvint à en baptiser quatre à cinq mille.

Tout le fruit que les Ostiaks ont donc retiré de la mission de l'archevêque de Tobolsk, c'est que, depuis ce temps, ils se disent chrétiens; mais le sont-ils en effet? On en peut juger par toutes leurs superstitions, par leurs cérémonies religieuses; enfin, par l'idée qu'ils avaient des récompenses de la vie future, lorsque, huit à dix ans après leur conversion, ils firent à Strahlenberg la réponse que nous avons rapportée.

Les approches de la mort leur causent si peu de frayeur et d'inquiétude, que ni les remèdes propres à l'éloigner, ni les moyens de prévenir la maladie ne sont chez eux l'objet des moindres recherches ni des moindres soins.

L'excessive malpropreté dans laquelle ils vivent, les viandes crues et les insectes dont ils se nourrissent leur causent des maladies scorbutiques, ou des éruptions cutanées semblables à la lèpre, et si terribles, qu'on peut dire qu'ils pourissent tout vivans. Cet amour de la vie, que la nature a gravé si profondément dans tous les hommes pour les rendre attentifs à leur conservation, cette horreur, qui fait reculer toutes les créatures devant tout ce qui peut tendre à leur destruction, n'entrent point dans l'âme d'un Ostiak. Leur survient-il un ulcère au visage, à un bras, à une jambe, ou à quelque autre partie du corps, ils n'y font pas la moindre attention ; ils voient tranquillement cet ulcère faire des progrès, s'étendre, et ronger petit à petit les autres parties du corps ; ils voient leurs membres tout pouris se séparer du tronc les uns après les autres, sans marquer aucune douleur, sans jeter aucune plainte.

Ils montrent une insensibilité, une résignation apathique que l'on trouve à peine dans les animaux les plus stupides, et qui doit d'autant plus surprendre, qu'elle n'est pas l'effet d'un fanatisme d'opinion tel que celui dont se paraient les philosophes stoïciens.

Les enterremens des Ostiaks se font sans cérémonies religieuses. La famille du mort s'assemble; on habille le cadavre, et on l'enterre, en mettant à côté de lui son couteau, son arc, une flèche, et les ustensiles de ménage qui lui appartenaient. Si c'est en hiver, on le cache dans la neige; et lorsque l'été est venu, on fait une fosse, et on l'y dépose en présence de tous ses parens.

CHAPITRE II.

Voyage de l'abbé Chappe en Sibérie (1).

Après le long et pénible voyage de Gmelin dans la Sibérie, un court extrait de celui de l'abbé Chappe ne saurait déplaire aux lecteurs. Cet apôtre de la philosophie, qui en a été trop tôt le martyr, a joint, dans sa relation, la pénétration à l'activité, des résultats savans à des anecdotes plaisantes, et l'envie d'instruire au désir de plaire.

L'abbé Chappe, chargé d'aller observer à Tobolsk le passage de Vénus sur le soleil, part

(1) L'extrait de ce voyage, inséré dans la Continuation de l'abbé Prévost, est de de Leyre, homme de lettres d'un mérite distingué, auteur de l'Analyse du chancelier Bacon, et de quelques autres ouvrages estimés.

de Paris à la fin de novembre 1760, traverse l'Allemagne, arrive à Vienne, court en poste à Varsovie, où il remarque de belles femmes, des hommes d'une grande taille, des danses ennuyeuses, un souverain sans autorité, un état sans défense, une noblesse propriétaire des terres, des paysans qui travaillent pour elle sous la direction d'un sous-fermier, qui les conduit à la charrue un fouet à la main; enfin cette anarchie qui, révoltant le peuple contre la tyrannie des grands, expose la Pologne à l'oppression continuelle de ses voisins, et ne lui permet de choisir qu'entre la domination de deux despotes qui se disputent le droit de l'asservir sous prétexte de la protéger : destinée inévitable d'une aristocratie aussi folle qu'injuste, et de tout gouvernement où le peuple est esclave.

De la capitale de la Pologne Chappe se rend à celle de Russie. Le voyageur trouve, depuis Varsovie jusqu'à huit lieues de Bialistok, une plaine couverte de cailloux de granits de toutes couleurs. A Bialistok est le château du grand maréchal de la couronne, palais superbe, où l'on a fait venir de loin des monumens de tous les beaux-arts, où l'architecture est allée à grands frais construire deux corps-de-logis à la romaine, où l'on voit au-dedans des appartemens et des bains décorés avec toute la somptuosité de la richesse et toute l'élégance du goût; au dehors un parc, des jardins, des bosquets, une orangerie, enfin les délices de l'Asie et les ornemens de l'Italie au milieu des neiges du Nord.

Le 30 janvier 1761, le thermomètre était à 11 degrés au-dessous de zéro. Au sortir de Mémel, il fallut faire du feu au milieu des glaces, dans des bois couverts de neiges : c'était en pleine nuit. Les montagnes sont gelées du pied jusqu'à la cime, et les chevaux ne sont point ferrés ; il en fallait dix pour une seule voiture ; encore ne purent-ils aller qu'à la moitié d'une montagne où les voyageurs grimpaient à pied, faisant de fréquentes chutes, non sans quelques contusions. Ils retournèrent donc au hameau de Podstrava, avec leurs dix chevaux, que tous les paysans du village, tenant une torche d'une main, un fouet de l'autre, poussant en même temps la voiture et l'attelage, n'avaient pu faire parvenir jusqu'au sommet de la montagne. Ces obstacles se renouvelèrent plus d'une fois jusqu'à Pétersbourg, où le voyageur arriva le 13 février, après deux mois et demi de route. Un de ses plus grands embarras fut la forme et la charge de ses voitures qui ne pouvaient rouler dans la neige, et qui pesaient trop pour aller sur des traîneaux. Il fut donc obligé de les laisser à Dorpt, et de prendre quatre traîneaux pour ses équipages.

Rendu à Pétersbourg, l'astronome trouva que l'académie de cette capitale avait déjà fait partir un de ses membres pour Tobolsk, où d'autres astronomes de Russie devaient aller observer, comme lui, le passage de vénus. Ils étaient tous en marche depuis un mois. L'académicien français avait encore huit cents lieues à faire avec des vivres, des ustensiles, et même des lits. On craignait que la fonte des neiges ne l'empêchât d'arriver. On lui proposa d'aller faire son observation en quelque endroit plus accessible et moins éloigné. Il n'y en avait point, dit-il, où la durée du passage de vénus sur le soleil fût plus courte qu'à Tobolsk, avantage inestimable pour l'objet de son observation. Il insista donc pour suivre sa route, et partit le 10 mars avec un bas-officier pour escorte, un interprète pour la langue, et un horloger pour raccommoder les pendules en cas d'accident.

La première chose qui frappe le voyageur au sortir de Pétersboug, est de voir des petits enfans tout nus jouer sur la neige par un froid très-rigoureux; mais on les y endurcit ainsi pour qu'ils n'en soient jamais incommodés, et qu'ils passent alternativement des poêles au grand air sans aucun risque.

Chappe arrive au bout de quatre jours à Moscou. Quoiqu'il y ait deux cents lieues de cette ville à Pétersbourg, on fait souvent cette route en deux jours; mais les traîneaux de l'académicien s'étaient rompus dans les mauvais chemins : il en commanda de nouveaux. Ils pouvaient retarder son départ ; il prit des traîneaux de paysans, qui furent d'abord arrangés, et il signifia à ses compagnons de voyage, qui s'arrêtaient à tous les poêles de chaque poste, qu'il les laisserait en chemin, s'ils continuaient. Cette menace et l'eau-de-vie donnée aux postillons firent cesser tous les retards. Les traîneaux volaient sur la neige, et plus vite encore sur la glace des rivières. Celles-ci gèlent promptement dans le Nord, et leur surface en est plus unie ; mais on y trouve des trous où l'eau ne gèle jamais, même quand la glace est à trois pieds d'épaisseur. L'auteur, cherchant la cause de ce phénomène, dit qu'il ne vient point vraisemblablement des sources d'eau chaude qui peuvent se trouver au fond des rivières. Une de ces ouvertures, qu'il observa sur la rivière d'Ocka, avait, dit-il, plus de cent toises. « Cette rivière étant d'une très-grande profondeur, quelque légèreté spécifique qu'on suppose à ces eaux de source, elles auraient le temps de contracter un degré de froid dans la diagonale qu'elles parcourent pour parvenir à la surface. » L'auteur donne une explication plus favorable de cette singularité. Les grandes rivières ne gèleraient jamais, à cause de la rapidité de leur courant, si les glaçons ne commençaient à se former par leurs bords, où les eaux sont plus tranquilles. Cependant ils s'accroissent bientôt au point que la rigueur des froids du Nord les fixe presque tous à la fois. Cet effet doit rendre la surface des rivières glacées parfaitement unie ; mais la différence de la figure des glaçons laisse nécessairement entre eux quelques espaces vides. On objectera que les nouveaux glaçons que la rivière charrie sous sa surface gelée devraient remplir ces intervalles. Aussi ces trous ne sont-ils pas fort grands pour l'ordinaire. Mais dans le Nord, où le froid est tout à coup excessif et durable, les rivières charrient peu de glaçons. La preuve en est que, sur la rivière d'Ocka et sur le Volga, Chappe a remarqué beaucoup d'ouvertures de dix-huit pouces de diamètre, faites exprès par les paysans, pour y placer des filets, qui se rompraient bientôt, s'il y avait des glaçons sous la surface des rivières gelées. Cette observation vient à l'appui du système des physiciens, qui veulent que la mer ne soit pas glacée autour des pôles, parce que les montagnes de glaces flottantes ne viennent que du débouchement des rivières, et des rivages mêmes de la mer.

L'académicien, observant et voyageant toujours en poste, arrive le 20 mars à Nijnovogorod, où l'Ocka, se jetant dans le Volga, forme une nappe d'eau très-belle à voir en été. Cette ville, au second rang par son étendue, au premier rang par son commerce, est l'entrepôt de tous les grains du pays. Là, le voyageur s'embarque sur le Volga, mais dans un traîneau qui va plus vite qu'un bateau à la voile. Ce fut un plaisir pour lui de voir la multitude de traîneaux qui se croisaient, se heurtaient et se renversaient souvent. Les chevaux qui tirent ces sortes de voitures sont petits, maigres et faibles au coup d'œil, mais durs à la fatigue, et d'une légèreté qui n'attend pas le fouet du postillon. Celui-ci s'entretient pendant toute la route avec ces animaux, qui, sans parler, montrent autant d'intelligence que leurs guides.

Depuis Pétersbourg jusqu'au delà de Nijnovogorod, ce n'est qu'une grande plaine. A une journée de cette dernière ville, on passe le Volga à Kousmodeniansk, et l'on entre dans une forêt qui a trois cents lieues et plus de longueur; mais ce ne sont que des pins et des bouleaux. Chappe se trouva dans ce bois à l'entrée de l'équinoxe du printemps, au milieu d'une neige épaisse de quatre pieds, et par un froid qui tenait le thermomètre à 18 degrés au-dessous de zéro. Cependant le froid et la neige augmentèrent tous les jours pour le voyageur français, à mesure qu'il avançait vers Tobolsk. Il arriva dans un hameau. Au bruit de la clochette de son train qui annonçait la poste royale, ou plutôt à la vue de l'uniforme de son guide, tous les gens du village se sauvèrent dans les bois. Le maître de poste n'avait que six chevaux; on arrêta les traîneaux qui passaient; les paysans s'enfuirent, laissant leurs chevaux. Le Français demanda pourquoi; c'est que souvent, lui dit-on, les voyageurs disposent des chevaux, et maltraitent les hommes au lieu de les payer. Il offrit de l'eau-de-vie, il donna de l'argent; aussitôt les fugitifs se disputèrent à qui le servirait, à qui le conduirait.

Le chaud artificiel n'est pas moins extraordinaire en Sibérie que le froid naturel. Rien de plus insupportable que la manière dont on s'y chauffe. Dans toutes les maisons, l'appartement de la famille est chauffé par un poêle de brique fait en forme de four, mais plat. On pratique en haut un trou d'environ six pouces, qui s'ouvre et se ferme au moyen d'une soupape. On allume le poêle à sept heures du matin. Comme la soupape est fermée, l'appartement se remplit d'une fumée qui s'élève à deux ou trois pieds au-dessus du plancher, où l'on reste assis ou couché, de peur d'étouffer dans l'atmosphère de cette vapeur brûlante. Au bout de trois heures, que le bois du poêle est consumé, on ouvre la soupape, et la fumée, se dissipant, ne laisse qu'une forte chaleur qui se soutient jusqu'au lendemain par le défaut de communication avec l'air extérieur. La température de l'air intérieur est telle, que le thermomètre de Réaumur y monte le matin à 36 et 40 degrés, et s'y soutient dans la journée jusqu'à 16 et 18 au-dessus de zéro.

Chappe, qui plaint le sort des Sibériens, également tourmentés par le froid qu'ils souffrent et par la manière dont ils s'en défendent, déplore plus fortement encore leur superstition qui augmente la misère de leur climat par des jeûnes et des pratiques funestes. Les lampes et les bougies qu'ils allument à toutes leurs chapelles intérieures, et qu'ils laissent brûler toute la nuit sans précaution, occasionent de fréquens incendies ; et la dévotion pour le saint qu'on invoque amène les malheurs qu'on le prie d'éloigner. Le culte des schismatiques sibériens pour les images est aveugle et insensé. « J'ai su, dit Chappe, par un Russe épris des charmes d'une jeune femme sa voisine, dont il était aimé, qu'après avoir éprouvé toutes les difficultés qu'occasione un mari jaloux et incommode, il était enfin parvenu à pénétrer dans l'appartement de la jeune femme. Elle se rappelle le saint de la chapelle dans les momens qu'on regarde en amour comme les plus précieux ; elle court aussitôt faire la prière au saint, et revient entre les bras de son amant. » Qu'on se rappelle les courtisanes d'Italie qui retournent l'image de la Vierge pendant qu'elles exercent leur métier, et l'on verra que les mêmes superstitions se représentent dans les climats les plus différens.

Solikamskaia n'est remarquable dans le voyage de Chappe que par la description des bains qu'on y prend pour suer. « Je me levai, dit-il, le 31, de très-grand matin, pour prendre les bains avant de sortir; on me les avait offerts la veille.... Ils étaient sur le bord de la rivière. » On l'y conduisit en traîneau : il arrive, il ouvre une porte ; aussitôt il en sort une bouffée de fumée qui le fait reculer.... « Cette fumée n'était que la vapeur des bains, qui formait un brouillard des plus épais, et bientôt de la neige, à cause de la rigueur du froid. » Il voulait se retirer ; on lui dit que ce serait désobliger ses hôtes, qui avaient fait préparer le bain durant la nuit, exprès pour lui. « Je me déshabillai promptement, poursuit-il, et me trouvai dans une petite chambre carrée : elle était si échauffée par un poêle, que dans l'instant je fus tout en sueur. On voyait à côté de ce poêle une espèce de lit de bois, élevé d'environ quatre pieds : on y montait par des degrés. La légèreté de la matière du feu est cause que l'atmosphère est excessivement échauffée vers la partie supérieure de l'appartement, tandis qu'elle l'est peu sur le plancher; de façon que par le moyen de ces escaliers, on se prépare par degrés à la chaleur qu'on doit éprouver sur le lit. » Le voyageur qui n'était pas prévenu sur toutes ces précautions, voulut monter d'abord à l'endroit le plus élevé, pour être plus tôt quitte des bains; mais il ne put supporter la chaleur qu'il sentit à la plante des pieds. On jeta de l'eau froide sur le plancher; elle s'évapora à l'instant. En quelques minutes, son thermomètre monta à 60 degrés. La chaleur lui portant à la tête, il en eut un violent mal de cœur : on le fit asseoir; il roula au bas de ce lit de bois, avec son thermomètre qui fut brisé de sa chute. Dès qu'il eut repris ses sens, il regagna son logement, enveloppé dans sa fourrure. On lui fit prendre une jatte de thé pour le faire suer.

Ces bains se pratiquent dans toute la Russie : on les prend deux fois par semaine; presque tous les particuliers en ont dans leurs maisons;

les personnes du bas peuple vont dans des bains publics; les deux sexes y sont séparés par des cloisons de planches; dans les hameaux pauvres, ils sont ensemble au même bain. « J'ai vu, dit l'auteur, dans les salines de Solikamskaya, des hommes qui y prenaient des bains ; ils venaient de temps en temps à la porte pour s'y rafraîchir, et y causaient tout nus avec des femmes. »

L'appartement des bains est tout en bois ; il contient un poêle, des cuves remplies d'eau, et une espèce d'amphithéâtre à plusieurs degrés. « Le poêle a deux ouvertures semblables à celles des fours ordinaires : la plus basse sert à mettre le bois dans le poêle, et la deuxième soutient un amas de pierres contenues par un grillage de fer; elles sont continuellement rouges par l'ardeur du feu qu'on entretient dans le poêle.... En entrant dans le bain, on se munit d'une poignée de verges, d'un petit seau de sept à huit pouces de diamètre, qu'on remplit d'eau, et l'on se place au premier ou au deuxième degré.... On est bientôt en sueur : on renverse alors le seau d'eau sur sa tête. On monte ainsi par degrés à l'amphithéâtre, en se vidant plusieurs seaux d'eau tiède sur le corps..... Un homme placé devant le poêle jette de temps en temps de l'eau sur les pierres rouges; dans l'instant, des tourbillons de vapeurs sortent du poêle avec bruit, s'élèvent jusqu'au plancher, et retombent sur l'amphithéâtre, sous la forme d'un nuage qui porte une chaleur brûlante. C'est alors qu'on fait usage des verges, qu'on a rendues des plus souples en les présentant à cette vapeur au moment qu'elle sort du poêle. On se couche sur l'amphithéâtre, et le voisin vous fouette avec une poignée de verges en attendant que vous lui rendiez le même service. Dans beaucoup de bains, les femmes sont chargées de cette opération. Pendant que les feuilles sont attachées aux verges, on ramasse, par un tour de main, un volume considérable de vapeurs : elles ont d'autant plus d'action sur le corps, que les pores de la peau sont très-ouverts, et que les vapeurs sont poussées vivement par les verges. »

Chappe voulut éprouver une fois toutes les opérations de ces bains. « Après avoir été fouetté, dit-il, on me jeta de l'eau sur le corps, et l'on me savonna : on prit aussitôt les verges par les deux bouts, et l'on me frotta avec tant de violence, que celui qui me frottait éprouvait une transpiration aussi considérable que moi. On jeta de l'eau sur mon corps, sur les pierres rouges, et l'on se disposa à me fouetter de nouveau; mais les verges n'ayant plus de feuilles, dès le premier coup je me levai avec tant de vitesse, que le fouetteur fut culbuté de l'escalier sur le plancher. Je renonçai à être fouetté et frotté plus long-temps : en quelques minutes, on m'avait rendu la peau aussi rouge que de l'écarlate. Je sortis bientôt de ces bains.

» Les Russes y demeurent quelquefois plus de deux heures.... Ils sortent tout en sueur de ces bains, et vont se jeter et se rouler dans la neige, par les froids les plus rigoureux, éprouvant presque dans le même instant une chaleur de 50 à 60 degrés, et un froid de plus de 20 degrés, sans qu'il leur arrive aucun accident. »

C'est un remède excellent contre le scorbut, auquel tous les peuples des pays excessivement froids se trouvent sujets par le peu d'exercice qu'ils font, et la vie languissante qu'ils mènent, enfermés dans leurs poêles tout l'hiver. « Ces étuves produisent une grande fermentation dans le sang et les humeurs, et occasionent de grandes évacuations par la transpiration. Le grand froid produit une répercussion dans ces humeurs portées vers la peau, et rétablit l'unisson et l'équilibre.... Ces bains sont très-salutaires en Russie; ils seraient certainement très-utiles en Europe pour quantité de maladies, surtout pour celles de la classe des rhumatismes. On ne connaît presque point en Russie ces maladies; et quantité d'étrangers en ont été guéris radicalement par le secours des bains de cette espèce. »

Solikamskaia n'a proprement de remarquable que les salines : quoique cette ville ait plus de soixante fontaines salées, elle n'a que deux chaudières. La première forme un carré de trente pieds sur deux de profondeur environ; la deuxième est un peu plus grande. Ces deux chaudières sont placées sur différens bâtimens, situés à cinquante toises des sources des fontaines. On élève l'eau salée dans un réservoir, par le moyen des pompes que les chevaux font jouer. Des tuyaux de plomb, soutenus par des supports de bois, conduisent ces eaux jusqu'aux bâtimens où sont les chaudières.

On fait une cuisson en quarante-huit heures : elle produit cinquante sacs de sel, chacun de quatre poudes, qui font cent trente-deux livres de France. On consume par cuisson dix toises carrées de bois, qui coûtent trois roubles : chaque chaudière occupe six hommes qui gagnent huit à treize sous par jour, et cinq chevaux qui coûtent vingt sous par jour à nourrir. D'après l'énumération des frais, l'auteur fait monter la dépense de ces salines à 1600 roubles ou 8000 francs par an; et le produit à 166,000 fr., en supposant que le sel vaut cinquante copeks par poude, c'est-à-dire environ dix-huit deniers la livre, et que chaque année rend plus de douze mille quintaux de sel. L'auteur s'étant informé pourquoi l'on n'augmentait pas le revenu de la couronne en multipliant les chaudières, on lui répondit que le bois commençait à manquer. Le froid, qui en fait consommer beaucoup, en reproduit peu. Ces deux effets du climat s'opposeront toujours au défrichement et à la population de la Sibérie.

Pour la chasse des ours, les Sibériens ont de petits chiens qui relancent l'animal. Dans son enceinte de neige durcie par la gelée, où il se fait un lit de glace, il serait trop fort; on l'attire dans la neige molle et profonde, où, tandis qu'il s'occupe à s'en débarrasser, on le perce à coups de pique. L'ours est terrible dans ce climat, surtout l'ours blanc, qui, maigre et décharné, court plus vite que l'homme.

Chappe franchit les glaces et les neiges fondues, passe les rivières malgré l'obstination de ses guides qui craignaient la débâcle, et le 10 avril il arrive à Tobolsk, après avoir fait huit cents lieues dans un mois, le plus dangereux de l'année par les alternatives des fontes et de la gelée. Il emploie encore un mois à préparer un observatoire et à dresser ses instrumens. Cet édifice, étranger dans un pays d'ignorance, élevé sur une haute montagne, à un quart de lieue de la ville, remua l'imagination des habitans. « A la vue d'un quart de cercle, dit l'auteur, des pendules, d'une machine parallactique, d'une lunette de dix-neuf pieds..... ils ne doutèrent plus que je ne fusse un magicien. J'étais occupé toute la journée à observer le soleil pour régler mes pendules et essayer mes lunettes : la nuit j'observais la lune et les étoiles.....» Bientôt on regarda l'astronome comme l'auteur du débordement de l'Yrtich. Cette rivière s'enfle tous les ans à la fonte des neiges ; mais cette année elle avait submergé une partie de la basse ville de Tobolsk, débordé jusqu'au-dessus des toits, renversé les maisons, noyé des habitans, entraîné leurs effets, fondu le sel des magasins. Jamais on n'avait vu de semblables ravages : ce n'était plus l'éclipse prochaine du soleil qui devait être la cause de ces désastres, mais l'arrivée de l'observateur français. Lui seul troublait le cours de la nature ; ses instrumens, sa figure étrangère, le désordre de son habillement, faisaient peur aux astres contre lesquels il braquait ses lunettes. On murmurait tout bas ; on faisait des vœux pour son départ ; on menaçait son observatoire, et sa personne n'était pas en sûreté. Des Russes l'avertirent de ne point aller sans garde au milieu d'une populace insensée. Il prit le parti de coucher dans son observatoire jusqu'au moment du passage qu'il attendait.

Six mois de courses, mille six cents lieues de route par terre, un phénomène annoncé depuis un siècle, un résultat décisif pour déterminer la parallaxe du soleil, et mesurer la distance et la grandeur de cet astre ; la curiosité de tous les savans éveillée par un objet de cette importance, l'empressement de plusieurs souverains à concourir au succès d'une observation qui devait faire époque dans l'histoire de l'astronomie ; tout redoublait l'impatience de l'auteur pour voir éclore le jour qui devait payer des études de plusieurs années, des périls et des fatigues de plusieurs mois. La nuit du 5 au 6 juin, le ciel se couvre d'un nuage universel : voilà tous les projets et tous les travaux de l'astronome confondus ; il tombe dans un sentiment profond de désespoir : tout dort autour de lui, dans une tente voisine de son observatoire ; il s'agite, il entre et sort à chaque instant pour voir le ciel et s'attrister ; enfin le jour vient, et le soleil embellit déjà les nuages d'un pourpre qui présage la sérénité ; ce voile s'éclaircit, s'entr'ouvre et disparaît. Cependant tous les habitans s'étaient enfermés dans les églises, ou dans leurs maisons, à l'approche d'un phénomène qu'ils n'auraient osé ni même su voir. L'astronome avait transporté ses instrumens hors de l'observatoire pour les mouvoir plus facilement. « J'aperçus bientôt, dit-il, un des bords du soleil; c'était le temps où vénus devait entrer sur cet astre, mais vers le bord opposé : ce bord était encore dans les nuages...... : ils se dissipent; enfin j'aperçois vénus déjà entrée sur le soleil, et je me dispose à observer la phase essentielle, l'entrée totale.... J'observe enfin cette phase, et un avertissement intérieur m'assure de l'exactitude de mon opération. On peut goûter quelquefois des plaisirs aussi vifs; mais je jouis en ce moment de celui de mon observation, et de l'espérance qu'après ma mort la postérité jouira encore de l'avantage qui en doit résulter. »

C'est là sans doute de l'enthousiasme; mais n'en faut-il pas avoir pour acheter par le sacrifice de son repos, et par le risque de sa vie ou de sa santé, un moment de contemplation ? Tant d'erreurs font parcourir le globe; la vérité seule n'aura-t-elle pas le droit d'échauffer les âmes jusqu'à l'oubli des périls ? Des armées innombrables, des sociétés entières se dévouent à la mort, et pourquoi ?.... L'amour de la vérité ne tient-il donc pas à l'amour de la patrie, ou plutôt au bonheur de l'humanité ? Plaignons les peuples qui se laissent passionner pour l'ambition d'un conquérant; et respectons, honorons au moins de l'estime publique le courage à qui nous devons la propagation des lumières et des connaissances utiles au monde.

Chappe, non content d'avoir atteint le but de sa course, a recueilli tout ce qui s'est rencontré sous ses pas de plus propre à enrichir la relation de son voyage, à agrandir la sphère des sciences qu'un académicien doit embrasser. Suivons le nouvel observateur de la Sibérie.

Ce qu'il y a de plus remarquable peut-être dans cette région, surtout pour un étranger, est le froid qui prive de toutes choses un pays de quatorze cents lieues de longueur sur cinq cents de largeur. Cette vaste étendue ne présente constamment qu'un sol triste, désert et dépouillé, où les terres sont alternativement couvertes de neiges, et inondées par le débordement des grand fleuves qui se glacent dans leur course impétueuse; où le printemps même est hérissé de brouillards épais qui se gèlent avec l'haleine des voyageurs; où les sapins en été n'offrent qu'une verdure sombre et pâle, dont la tristesse qu'inspire leur aspect est encore augmentée par un long gémissement des vents qui sifflent à travers leur feuillage; où les bords des fleuves et de la mer ne sont parsemés que de branchages morts et de troncs déracinés. Cependant la terre détrempée, humide, impraticable au milieu de l'été, n'y reste pas gelée, comme on l'a dit, à une certaine profondeur. Pour s'en assurer, Chappe la fit creuser aux environs de Tobolsk jusqu'à dix pieds. Faute de trouver des manœuvres dans un empire où le paysan, né esclave, ne peut pas même vendre ni louer le travail de ses mains, il prit des malfaiteurs enchainés que lui prêta le gouverneur. Ces malheureux n'avaient pour vivre qu'un sou par jour. Le charitable abbé voulut augmenter leur paie de quelque argent; ils en achetèrent de l'eau-de-vie, soûlèrent leur garde, et se sauvèrent pendant qu'il dormait. « Je trouvai quelques jours après, dit l'auteur, leurs fers dans les bois. Le gouverneur n'ayant pas jugé à propos de m'en envoyer de nouveaux, je fus obligé d'abandonner cet ouvrage. » Mais ils avaient creusé la terre jusqu'à quatorze pieds, et Chappe, qui voyageait en laïque, ayant enfoncé son épée jusqu'à la garde, trouva toujours la terre molle; ce qui lui prouva que la glace ne s'y maintient pas en été, quoique des voyageurs, même physiciens, l'aient rapporté. C'est au lecteur à juger si l'observation de Chappe auprès de Tobolsk, dans un terrain qu'on avait fouillé, suffit pour contredire formellement les assertions de Gmelin et de plusieurs autres savans. Il semble qu'on en pourrait conclure simplement que la terre n'est pas également gelée partout.

A Solikamskaia, le froid de 1761 fit descendre le thermomètre de Delisle à 280 degrés, qui répondent à 70 environ de celui de Réaumur. Celui-ci descend jusqu'à 30 degrés sur les frontières de la Sibérie et de la Chine, sous le parallèle de Paris, où le plus grand froid de 1709 fut de 15 degrés un quart : telle est la prodigieuse différence des climats.

A Astrakhan, sous la latitude de 46 degrés 15 minutes, le froid du 16 janvier 1746 fit descendre le thermomètre de Réaumur à 24 degrés et demi; mais ce qu'il y a de singulier, c'est que pendant qu'on éprouvait ce froid rigoureux à Astrakhan, l'hiver était très-doux dans les parties boréales de l'Europe. Le froid n'est pas aussi vif vers l'occident de la Russie qu'à l'orient de la Sibérie. Le thermomètre de Réaumur ne descend que de 17 à 30 degrés à Pétersbourg; mais Moscou, quoique plus méridional de 4 degrés, éprouve des froids aussi rigoureux : l'eau qu'on y jette en l'air retombe souvent en glace. Cependant la moitié de la Sibérie est d'une terre noire, grasse, et propre à produire du blé, si l'été y était assez long pour le faire mûrir. L'autre moitié, depuis la ville d'Ilimsk jusqu'à la mer orientale, est inculte, aride et déserte. En général, la Sibérie confirme l'observation reçue, « que plus on avance vers l'est sous le même parallèle, en partant d'Europe, et plus le froid augmente. On a cru trouver, dit Chappe, la cause principale de ce phénomène en Sibérie dans la prodigieuse hauteur qu'on a supposée au terrain de cette contrée, et dans la quantité de sel qu'on y trouve. La disposition du terrain de la Sibérie a encore été envisagée sous un nouveau rapport. Cette contrée forme un plan incliné depuis la mer Glaciale jusque vers les frontières de la Chine, où le terrain est plus élevé, parce que des chaînes de montagnes y séparent ces deux empires. Le soleil, situé vers l'horizon de ces montagnes, ne peut donc, lorsqu'il éclaire cet hémisphère, échauffer que faiblement ce terrain incliné. Ses rayons ne font qu'effleurer la surface du globe. La combinaison de ces différentes causes démontre parfaitement que cette contrée doit être très-froide.

Chappe ne pouvait rendre compte de son voyage en Sibérie sans parler de la Russie, à laquelle appartient cet immense désert. Quoique cet empire ait des liaisons avec l'Europe, il est cependant assez loin de nous, et en partie assez sauvage et assez mal connu pour n'être pas exclu de l'*Histoire des Voyages*, qui jusqu'ici n'a guère représenté que les pays séparés de notre continent par de vaste mers.

Les évêques et les moines, dit-il, jouissent en Russie de toutes les richesses du clergé. Les prêtres sont très-pauvres et sans considération. Les évêques nomment aux bénéfices, qui sont amovibles, au gré du caprice de ces prélats. Aussi les prêtres ne forment plus qu'un corps de vils esclaves, toujours aux genoux des évêques. Les moines sont leurs supérieurs. « L'ignorance, l'ivrognerie et la débauche sont l'apanage du clergé de Russie. Les évêques et les prêtres sont les moins déréglés : les premiers, à cause de leur âge, et les derniers, parce que leurs femmes leur font aimer la sagesse de bonne heure. » Du reste, tout le clergé est ivrogne comme le peuple, qui n'en est pas moins fanatique. Ils ont vu s'élever au milieu d'eux une secte de frères réunis paisiblement dans des hameaux, mais sans prêtres, sans églises. Dès lors ils les ont traités en ennemis, et ces malheureux, pleins d'horreur pour les Russes, se donnent le mort pour l'amour de Jésus-Christ. Ils s'assemblent dans une maison quand on les persécute, y mettent le feu, et périssent dans les flammes. « Cette persécution a privé la Russie de plus de cent mille familles, qui se sont réfugiées chez les Tartares, plus sauvages et moins barbares que les Russes. » Ceux qui sont restés dans leur pays ont mieux aimé mourir que de recevoir la bénédiction du clergé russe. On n'a jamais converti un seul rasbonike; c'est le nom de cette secte.

Pierre Ier., quoique dur lui-même, sévère, et quelquefois féroce, délivra ces infortunés de la persécution du clergé, et sévit contre l'intolérance qui produisait le fanatisme; mais après sa mort les bûchers se rallumèrent, et les cachots se remplirent de ces innocens. « Pendant mon séjour à Tobolsk, dit Chappe, » plusieurs de ces malheureux étaient dans » les prisons. » Quelques années plus tard le voyageur philosophe aurait tenu un langage bien différent, s'il eût pu lire la loi de tolérance portée par l'impératrice Catherine II dans tout l'empire de Russie, qui a remédié à tous les abus qu'il déplore ici avec trop de raison. Il blâme ailleurs l'usage de faire communier les enfans dès l'âge de cinq ou six mois, malgré leurs cris qu'il faut apaiser par le téton, en leur donnant l'eucharistie.

Chappe parle des femmes de Sibérie; elles sont, dit-il, généralement belles : on dirait que la neige influe sur leur teint, tant elles sont blanches. Cet éclat est relevé par des yeux noirs, mais languissans et toujours baissés, comme les aura dans tous les temps un sexe timide chez un peuple esclave. Leur chevelure noire et leur teint blanc reçoivent un nouveau lustre du vermillon dont elles peignent leurs joues; usage qu'elles semblent tenir plutôt de tous les peuples sauvages qui les environnent que des nations policées du midi, dont elles sont trop éloignées. Ces femmes sont bien faites jusqu'à vingt ans, mais elles ont les jambes grosses et les pieds grands, comme pour servir de base à l'embonpoint qu'elles prennent tôt ou tard. Chappe veut que les bains, dont elles usent deux fois la semaine, contribuent à leur déformer la taille par le relâchement qu'ils occasionent dans tout le corps. Mais ne serait-ce pas plutôt le nombre d'enfans qui est la cause qu'elles sont flétries à l'âge de trente ans? Le froid excessif rétablit vraisemblablement le ressort des fibres que les bains chauds servent à relâcher.

La propreté est rare chez les femmes de Tobolsk; elles ne changent pas souvent de linge. En Sibérie, comme en Italie, les lits n'ont point de rideaux, et au lieu de traversins on y voit sept à huit oreillers. Les hommes sont extrêmement jaloux de leurs femmes à Tobolsk; cependant ils restent peu avec elles : les maris s'enivrent, et les femmes s'ennuient chez elles. On croirait que le climat dût refroidir leurs sens; cependant on dit que, plus livrées à la débauche qu'à l'intrigue, elles demandent à leurs esclaves ce que l'ivrognerie de leur maris leur refuse.

Dans les grands repas qui se donnent entre parens pour fêter le saint de la famille, on invite les hommes et les femmes; mais les deux sexes ne sont pas à la même table, ni dans le même appartement. On sert tous les mets à la fois; le potage est composé de tranches de viande au lieu de pain. Le silence n'est interrompu que par les santés : elles se portent presque toutes à la fois par les convives, qui se lèvent, crient, boivent, se coudoient, renversent leur boisson, et s'enivrent tous ensemble; mais cet inconvénient a des suites moins funestes pour eux que le scorbut, qu'ils se communiquent par l'usage qu'ils ont de boire tour à tour dans une grande coupe d'un demi-pied, soit de diamètre, soit de hauteur. Au sortir de cette table, on passe dans un autre appartement où l'on trouve un buffet couvert de confitures de la Chine, et des hommes qui présentent de l'hydromel, de la bière et des eaux-de-vie de toute espèce.

Toute la nation, depuis Moscou jusqu'à Tobolsk, ne connaît d'autre plaisir de société que la table. Il faut que le paysan russe soit bien misérable, puisque Chappe lui préfère l'esclave polonais; car où peut-on voir un peuple plus malheureux que celui qui vit sous l'esclavage d'une noblesse libre? Le despotisme n'est pas aussi cruel, aussi injuste qu'une aristocratie où les grands sont les tyrans nés du peuple. Le sentiment d'une sorte d'égalité console le paysan russe des outrages d'un seigneur esclave. Il peut recourir au despote contre son maître; il peut être vengé d'une tyrannie par l'autre; mais, dans l'aristocratie polonaise, le paysan souffre en même temps la tyrannie de fait et celle de droit. L'indépendance de la noblesse redouble en lui l'horreur de l'esclavage : il connaît la liberté. La comparaison qu'il fait de son état avec celui du seigneur éveille au fond de son âme le ressentiment de l'injustice; il ne peut aimer un pays où il n'est lui-même qu'un objet de propriété comme les troupeaux qu'il soigne et les terres qu'il cultive; aussi l'on ne voit guère le paysan polonais défendre une patrie qui n'est pas la sienne, mais celle de la noblesse. Il fuit ou il plie devant un ennemi qu'il n'a presque aucun intérêt de repousser. Il va servir chez les princes étrangers qui le paient et le nourrissent, préférant la condition mercenaire du soldat à celle d'un cultivateur esclave. Cependant Chappe donne un grand dédommagement au paysan polonais; c'est qu'il possède quelquefois des terres en propre : c'en est un sans doute, mais non assez grand ni assez commun pour attacher vivement le paysan à son pays. Qu'est-ce qu'une propriété de biens lorsqu'on n'a pas celle de sa personne?

L'esclavage semble avoir détruit dans le peuple russe tous les droits de la nature et tous les principes de l'humanité. « A mon retour de Tobolsk à Pétersbourg, dit Chappe, étant entré dans une maison pour m'y loger, j'y trouvai un père enchaîné à un poteau au milieu de sa famille : c'était une victime de l'inhumanité du gouvernement. Ceux qui recrutent ses troupes vont dans les villes choisir les hommes pour le service militaire. Le fils de ce malheureux avait été désigné pour servir, il s'était sauvé..... Le père était prisonnier chez lui; ses enfans en étaient les geôliers, et on attendait chaque jour son jugement. J'éprouvai à ce récit un sentiment d'horreur qui m'obligea d'aller prendre un logement ailleurs. »

Parmi les animaux domestiques, les bœufs et les chevaux sont très-petits. En revanche, les animaux sauvages sont plus gros et plus communs que les espèces privées. En parlant des martres, l'auteur dit que leurs queues, qu'on estime si fort en France, sont la partie la moins recherchée en Sibérie, parce que le poil en est trop dur. Les belles martres ont même rarement de belles queues; mais, du reste, elles sont noires, ce qui sans doute en fait le prix.

Les zibelines vivent dans des trous; leurs nids sont, ou dans des creux d'arbres ou dans leurs troncs, couverts de mousse, ou sous leurs racines, ou sur des hauteurs parsemées de rochers. Elles construisent les nids de mousse, de branches et de gazon : elles restent dans leurs trous ou dans leurs nids pendant douze heures, en hiver comme en été, et le reste du temps elles sortent pour chercher leur nourriture. En attendant la belle saison, elles se nourrissent de belettes, d'hermines, d'écureuils, et surtout de lièvres; mais dans le temps des fruits elles mangent des baies, et plus volontiers le fruit du sorbier. Quand il est abondant, il leur cause, dit-on, une sorte de gale qui, les obligeant de se frotter contre les arbres, leur fait tomber le poil. En hiver, elles attrapent des oiseaux et des coqs de bois. Quand la terre est couverte de neige, les zibelines restent tapies dans leurs trous quelquefois trois semaines; elles s'accouplent au mois de janvier; leurs amours durent un mois, et souvent excitent des combats sanglans entre deux mâles qui se disputent une femelle. Après l'accouplement, elles gardent leurs nids environ quinze jours : elles mettent bas vers la fin de mars, depuis trois jusqu'à cinq petits, qu'elles allaitent pendant quatre ou six semaines.

La chasse des zibelines ne se fait jamais qu'en hiver, parce que leur poil mue au printemps; cependant les chasseurs partent dès la fin d'août, du moins ceux de Vitims. Quand les Russes ne vont pas eux-mêmes à cette chasse, ils y envoient d'autres personnes. On fournit aux premiers des habits, des provisions, et tout l'attirail : les deux tiers de la chasse sont pour eux, le reste pour leur maître. Les chasseurs de louage partagent le profit de la chasse avec leurs maîtres; mais ils se munissent, au moyen de quelques roubles, de tout ce qu'il leur faut pour y aller.

Les chasseurs vont par bandes, depuis six jusqu'à quarante hommes; ils s'embarquent quatre à quatre dans des canots couverts, menant un guide à leurs frais. Chaque chasseur a, pour sa provision de trois ou quatre mois, trente poudes de farine de seigle, un poude de farine de froment, un poude de sel, et un quart de gruau. Leur habillement consiste en un manteau, un capuchon de bure, et des gants de peau; il y a de plus, pour deux chasseurs, un filet et un chien, auquel on fait une provision de sept poudes de nourriture.

La chasse dont il s'agit est celle que font les Vitims; ils remontent la rivière de Vitimsk, en tirant leurs bateaux avec des cordes jusqu'au lieu du rendez-vous général pour la chasse. Un chef ou conducteur, auquel tous les chasseurs jurent d'obéir, assigne à chaque bande ou division son quartier. Chacune creuse des fosses sur la route de l'endroit où elle doit chasser, et y enterre ses provisions : elle se construit une hutte. Quand la neige commence à tomber avant la saison des glaces, on fait la chasse autour des huttes, avec les chiens et les filets. Quand la forte gelée a glacé les rivières, on part sur des raquêtes, avec un traîneau où l'on met des provisions de farine, de viande ou de poisson ; un chaudron, un carquois avec des flèches, un arc, un lit, et un sac rempli des ustensiles les plus nécessaires. Le traîneau se tire avec un baudrier de peau, qu'un homme se passe devant la poitrine, ou qu'il attache à son chien en façon de harnois. On marche avec un bâton garni par le bas d'une corne de vache, pour que la glace ne le fende pas, et d'un petit anneau de bois entouré de courroies, pour qu'il n'enfonce pas trop avant dans la neige; le haut de ce bâton est large et façonné en forme de pelle, pour écarter la neige en dressant les piéges. C'est avec cette pelle qu'ils mettent de la neige dans leur chaudron au lieu d'eau, pour préparer leur manger; car, dans les montagnes où l'on chasse, il ne se trouve, durant tout l'hiver, ni ruisseau, ni fontaine, ni rivière qui coule.

A chaque halte où l'on doit s'arrêter pour la chasse, on se fait des huttes qu'on environne et qu'on palissade de neige. Sur la route, les chasseurs font des entailles aux arbres pour se reconnaître et ne pas s'égarer au retour.

Il paraît que cette chasse se fait par caravanes, qui, quoique divisées en bandes, ont des marches et des haltes réglées. Après avoir passé la nuit dans l'endroit d'une halte où l'on campe, les chasseurs se dispersent dès le matin, et vont tendre leurs piéges autour des vallons. Il peut y avoir dans chaque canton quatre-vingts piéges; chaque chasseur en dresse vingt par jour; voici comment : « On choisit un petit espace auprès des arbres; on l'entoure de pieux pointus à une certaine hauteur, on le couvre de petites planches, afin que la neige ne tombe pas dedans; on y laisse une entrée fort étroite, au-dessus de laquelle est placée une poutre qui n'est suspendue que par un léger morceau de bois; et sitôt que la zibeline y touche pour prendre le morceau de viande ou de poisson qu'on a mis pour l'amorcer, la bascule tombe et la tue. »

Quelquefois on tend deux piéges autour du même arbre, mais non du même côté.

Après qu'on a fait dix haltes, le chef de chaque bande envoie la moitié de ses gens pour chercher les provisions qu'on a laissées au premier rendez-vous, ou campement général. Comme ils vont avec des traîneaux vides, ils passent cinq ou six haltes en un jour. Ils reviennent chacun avec six poudes de farine, un quart de poude d'amorces, qui consistent en viande ou en poisson. A leur retour, ils visitent les piéges de chaque halte pour les nettoyer, s'ils sont couverts de neige, ou pour ramasser les zibelines qui s'y trouvent prises.

On dépouille les zibelines, et le chef de la bande est seul chargé de cet office. Quand elles sont gelées, il les met dans son lit pour les faire dégeler sous sa couverture; ensuite il les écorche en présence des autres chasseurs.

On porte toutes les zibelines au conducteur général de la chasse. Si l'on craint les Tongouses, ou d'autres peuples sauvages, qui viennent quelquefois enlever ces proies à force ouverte, on met les peaux dans des troncs verts qu'on fend et creuse exprès : on en bouche les extrémités avec de la neige, où l'on jette quelquefois de l'eau pour les faire geler plus tôt. On cache ces troncs dans la neige, autour des huttes où l'on a fait halte; et quand la caravane s'en retourne, on reprend les peaux.

Dès que la moitié de la bande est revenue des provisions, on y renvoie l'autre moitié, qui fait comme la première. Si les zibelines ne se prennent pas d'elles-mêmes dans les piéges, on a recours aux filets. Quand le chasseur a trouvé la trace d'un de ces animaux, il la suit jusqu'au terrier où la zibeline est entrée; il y allume du bois pouri à la bouche de tous les trous, pour que la fumée oblige l'animal de sortir; il tend son filet autour de l'endroit où la trace finit, et de suite se tient deux ou trois jours aux aguets avec son chien. Quand la zibeline sort, elle se prend ordinairement dans le filet, qui a trente toises de long, sur quatre ou cinq pieds de large. La zibeline faisant des efforts pour se dépêtrer du filet, ébranle une corde où sont attachées deux sonnettes qui avertissent le chasseur : celui-ci lâche son chien, qui court étrangler la proie.

On n'enfume pas les terriers qui n'ont qu'une issue, parce que la zibeline, qui craint la fumée, mourrait dans son trou plutôt que d'en sortir.

Si l'on aperçoit une zibeline sur un arbre, on la tue avec des flèches dont le bout est rond, pour ne pas percer la peau de l'animal. Si la trace aboutit à un arbre où l'on ne peut apercevoir la zibeline, on abat l'arbre, et l'on place le filet vers l'endroit où l'on juge qu'il tombera. Les chasseurs s'éloignent de l'arbre, du côté où l'on travaille à l'abattre; et quand, après avoir courbé la tête en arrière, ils n'aperçoivent plus l'extrémité de la cime, ils étendent alors leurs filets à deux toises plus loin de cet endroit. Pour eux, ils se tiennent au pied de l'arbre; et lorsqu'il tombe, la zibeline, effrayée par la vue des chasseurs, prend la fuite et tombe dans le filet. Si la zibeline ne s'enfuit pas, on cherche dans tous les trous de l'arbre pour la trouver.

A la fin de la saison de la chasse, on regagne le rendez-vous général, où l'on attend que toutes les bandes soient rassemblées. On y reste jusqu'à ce que les rivières soient navigables. Alors on rembarque sur les mêmes canots dans lesquels on est venu. On donne à l'église les zibelines qu'on a promises à Dieu : on paie celles qui sont dues au trésor impérial; on vend le reste, et le prix en est également partagé entre tous les chasseurs.

La chasse des zibelines, chez les autres peuples de la Sibérie diffère peu de celle que font les Russes; mais, avec moins de préparatifs, ils y mettent plus de superstition : les uns et les autres y ont beaucoup de confiance, non-seulement parce qu'ils sont ignorans et barbares, mais parce qu'ils sont chasseurs. En général, tous les hommes qui tentent le sort et qui ont à espérer ou à craindre, les navigateurs, les pêcheurs, les chasseurs, les joueurs, les conquérans mêmes, sont très-superstitieux.

Chappe observa à Tobolsk une nuée de sauterelles, espèce de fléau qu'il semble qu'on ne doive trouver que dans la zone torride : ce fut le 2 juillet 1761 qu'il fit cette observation. Ces insectes formaient une colonne de cinq cents toises de largeur sur une hauteur de cinq toises. Elle commença à paraître à huit heures du matin, et son passage dura jusqu'à une heure du soir; elle suivait les bords de l'Yrtich du nord au sud. L'auteur s'assura, par plusieurs épreuves réitérées, que cette colonne parcourait vingt toises en neuf secondes, et trois lieues et demie par heures. Ainsi, puisque le passage de cette colonne avait été de cinq heures, l'espace qu'elle occupait devait être au moins de dix-sept lieues dans sa longueur. Du reste, ces sauterelles ressemblaient parfaitement à celles de France.

Après ce léger coup d'œil sur les animaux de Sibérie, l'auteur revient aux hommes de la Russie, et il considère l'état de l'esprit humain, c'est-à-dire des arts et des sciences. En traçant d'un crayon rapide les efforts et les travaux du czar Pierre pour délivrer son peuple de l'ignorance, il dit que les lois mêmes de ce prince ont resserré les liens de l'esclavage. Le noble qui sert à la guerre, le jeune homme élevé dans les écoles ou les ateliers, y sont sujets au châtiment des esclaves, et ils en retiennent la condition.

Les successeurs de Pierre 1er. ont suivi son plan, attiré des savans, fondé des établissemens, donné des maîtres habiles, excité et favorisé les talens.

Les Russes, dit-il, ont peu d'imagination, mais un talent particulier pour imiter. On fait en Russie un serrurier, un maçon, un menuisier, comme on fait ailleurs un soldat. Il y a des ouvriers dans tous les régimens, et l'on décide à la taille ceux qui sont propres à des métiers. Ce talent pour l'imitation prouve que le peuple est susceptible de la perfectibilité que les arts peuvent donner à l'espèce humaine; mais le gouvernement s'y oppose. Le despotisme détruit en Russie l'esprit, le talent et tout sentiment noble. L'on y voit les artistes enchaînés à leurs établis,.... et c'est avec de pareils ouvriers que les Russes s'imaginent pouvoir contrefaire les étoffes de Lyon. Le gouvernement a cependant ordonné que ceux qui se distingueraient dans les écoles ne seraient plus esclaves de leurs seigneurs, mais enfans de l'état. Qu'en est-il arrivé? les seigneurs n'envoient plus leurs esclaves aux écoles, ou bien ils trouvent le moyen d'éluder la loi.

Si l'on doit juger du caractère d'une nation et de l'état de sa police par ses lois pénales, rien ne peut mieux faire connaître les mœurs russes que les supplices dont leur législation est armée, moins pour le maintien de la société que pour l'impunité du gouvernement. Un article de Chappe sur cet important objet mérite d'être rapporté tout entier.

A peine Pierre 1er. eut achevé son code des lois, en 1722, qu'il défendit à tous les juges de s'en écarter, sous peine de mort. Cette même peine tombait sur les juges qui recevraient des épices, sur les gens en place qui accepteraient des présens. Mœns de La Croix, chambellan de l'impératrice Catherine, et sa sœur, dame d'atour de cette souveraine, ayant été convaincus d'avoir reçu des présens, Mœns fut condamné à perdre la tête, et sa sœur, favorite de l'impératrice, à recevoir onze coups de knout. Les deux fils de cette dame, l'un chambellan et l'autre page, furent dégradés et envoyés en qualité de simples soldats dans l'armée de Perse; mais la sévérité des lois de Pierre-le-Grand contre les prévaricateurs a fini avec lui. Toutes les provinces de l'empire ont des chancelleries. Ce sont des tribunaux de justice qui relèvent du sénat de la capitale. « J'ai vu, dit Chappe, que, dans toutes les chancelleries éloignées, la justice se vendait presque publiquement, et que l'innocent pauvre était presque toujours sacrifié au criminel opulent. »

Les supplices, depuis l'avénement de l'impétrice Élisabeth au trône de Russie, sont réduits à ceux des batogues et du knout.

Les batogues sont une simple correction de police que le militaire emploie envers le soldat, et la noblesse envers les domestiques. L'auteur décrit une de ces corrections dont il a été témoin. C'était une fille de quatorze à quinze ans que deux esclaves russes traînent au milieu d'une cour; ils la déshabillent nue jusqu'à la ceinture, la couchent par terre; l'un prend sa tête entre ses genoux, l'autre la tient et l'étend par les pieds. Tous les deux, armés de grosses baguettes, la frappent sur le dos jusqu'à ce que deux bourreaux (c'étaient les maîtres de la maison) aient crié *c'est assez*. Cette fille, belle et touchante, se releva couverte de sang et de boue. C'était une femme de chambre qui avait manqué à quelque léger devoir de son état. Les Russes prétendent qu'ils sont obligés de traiter ainsi leurs domestiques pour s'assurer de leur fidélité; mais les maîtres, avec cette précaution, doivent vivre dans une méfiance perpétuelle de tous les gens qui les approchent. Ce sont de petits tyrans qui ne peuvent dormir tranquilles entre le poignard de leurs esclaves et le glaive de leur despote.

Cette réflexion conduit à la description du supplice du knout, exercé sur une des premières femmes de l'empire de Russie. C'était madame Lapouchin, dont la beauté jetait un grand éclat à la cour de l'impératrice Élisabeth.

Accusée de s'être compromise dans une conspiration que tramait un ambassadeur étranger, elle fut condamnée à recevoir le knout.

Jeune, aimable, adorée, elle passe tout à coup du sein des délices et des faveurs de la cour dans les mains des bourreaux. Au milieu d'une populace assemblée dans la place des exécutions, on lui arrache un voile qui lui couvrait le sein; on la dépouille de ses habits jusqu'à mi-corps. Un de ses bourreaux la prend par les bras et l'enlève sur son dos, qu'il courbe pour exposer cette victime aux coups. Un autre s'arme d'un knout; c'est un fouet fait d'une longue et large courroie de cuir. Ce barbare lui enlève à chaque coup un morceau de chair, depuis le cou jusqu'à la ceinture. Toute sa peau n'est bientôt qu'une découpure de lambeaux sanglans et pendans sur son corps. Dans cet état, on lui arrache la langue, et la coupable est envoyée en Sibérie.

Ce n'est là que le supplice ordinaire du knout, qui ne déshonore point, parce qu'il tombe sur les premières têtes à la moindre intrigue de cour où le despote croit sa personne offensée.

Le grand knout, réservé pour le supplice des véritables crimes qui attaquent la société, a des apprêts plus terribles encore. On enlève le criminel en l'air par le moyen d'une poulie fixée à une potence; ses deux poignets sont attachés à la corde qui le suspend; ses deux pieds sont également liés ensemble, et l'on passe entre les jambes du patient une poutre qui sert à lui disloquer tous les membres. On frémit de transcrire ces horreurs. Nations policées, renvoyez tous ces supplices aux peuples barbares; faites de bonnes lois civiles, vous n'aurez pas besoin de tant de lois vraiment criminelles. Rappelez les mœurs par la raison et par l'équité; rendez au pauvre sa subsistance, au travail son salaire, au talent sa place, à la vertu sa considération, au véritable honneur son influence, au mérite exemplaire sa dignité; rétablissez l'ordre social, souvent interverti, corrompu, renversé par l'ordre politique; et si l'homme est un être capable de raison, ne le gouvernez pas uniquement par la crainte !

L'impératrice Élisabeth a supprimé le supplice de la roue, l'usage d'empaler par les flancs, d'accrocher par les côtes, d'enterrer vives les femmes homicides, de couper la tête au peuple, ainsi qu'à la noblesse. Elle condamne, pour les grands crimes, l'une à l'exil, et l'autre aux travaux publics.

Mais l'exil est affreux en Russie. Chappe en cite pour exemple le traitement de deux illustres criminels, monsieur et madame de Lestoc. Le comte de Lestoc, après avoir placé la couronne sur la tête d'Élisabeth, fut enfermé et condamné pour avoir reçu d'une puissance étrangère, qui avait porté cette princesse au trône, une somme d'argent qu'il avait eu la permission d'accepter. Quand ses juges, à la tête desquels était Bestuchef, premier ministre et son ennemi personnel, lui demandèrent la valeur de cette somme : *Je ne m'en souviens*

pas, leur dit-il, *vous pourrez le savoir, si vous le désirez, par l'impératrice Élisabeth.*
« Malgré les intrigues de Bestuchef, l'impératrice ne voulut jamais consentir que ces prisonniers (le comte de Lestoc et sa femme) fussent condamnés au knout. Tous leurs biens furent confisqués; ils furent exilés en Sibérie, et enfermés dans des endroits différens, sans avoir la permission de s'écrire.

« Une chambre formait tout le logement de madame de Lestoc. Elle avait pour meubles quelques chaises, une table, un poêle, un lit sans rideaux, composé d'une paillasse et d'une couverture. Elle ne changea pas deux fois de draps dans la première année. Quatre soldats la gardaient à vue, et couchaient dans sa chambre..... Elle jouait aux cartes avec eux, dans l'espérance de gagner quatre ou cinq sous dont elle pût disposer. » Un jour qu'elle avait pris de l'humeur contre le premier officier de sa garde, ce brutal lui cracha au nez. Cette femme était pourtant d'une famille distinguée en Livonie; elle avait été fille d'honneur de l'impératrice. Élisabeth fournissait douze livres de France par jour à l'entretien de chacun de ces deux prisonniers; mais l'officier de garde, qui était le trésorier de cet argent, les laissait manquer de tout.

Ces deux époux furent cependant réunis dans le même château, où ils avaient plusieurs appartemens et un petit jardin à leur disposition. Dans cette nouvelle prison, madame de

Lestoc cultivait le jardin, portait l'eau, faisait le pain, la bière et le blanchissage. Quelquefois ces prisonniers voyaient du monde.

Enfin, après quatorze ans d'exil, Lestoc et sa femme furent rappelés par Pierre III. Le comte de Lestoc, plus que septuagénaire, rentre à Pétersbourg en habits de *moujic*, c'est-à-dire de paysan, fait communément de peau de mouton. Il y est accueilli et visité par tous les seigneurs de la cour, et par les étrangers. Comme il parlait librement de son exil, sans en accuser pourtant la mémoire d'Élisabeth, ses amis l'avertirent qu'il déplaisait à la cour, et qu'il s'exposait à de nouvelles disgrâces. Soit qu'il craignît l'effet de ces menaces, soit par une suite de l'esprit de liberté qu'il n'avait pas perdu dans sa prison, un jour que Pierre III l'avait admis à sa table : « Mes ennemis, dit « Lestoc à l'empereur, ne manqueront pas de « me rendre de mauvais offices ; mais j'espère « de votre majesté qu'elle laissera radoter et « mourir tranquillement un vieillard qui n'a « plus que quelques jours à vivre. »

Dans le nord de la Russie, c'est le climat qui s'oppose à la population par la stérilité des terres, qui est le plus insurmontable de tous les obstacles. Dans le midi, c'est un concours de causes physiques et morales qui dépeuple le pays. Les conquêtes de Gengis-khan et de ses successeurs l'ont dévasté. Les émigrations continuelles des Tartares en font un désert. La petite vérole moissonne près de la moitié des enfans dans la Sibérie; elle y a pénétré par l'Europe. Les Tartares vagabonds qui courent au midi de la Sibérie ne contractent guère cette maladie; ils en ont tant d'horreur, que, si quelqu'un d'eux en est attaqué, tous les autres le laissent seul dans une tente avec des vivres, et vont camper au loin. Ceux de ce peuple qui entrent dans la Sibérie sont bientôt surpris par cette contagion; et rarement y survit-on, surtout après l'âge de trente-cinq ans.

Le mal vénérien est répandu dans toute la Russie et dans la Tartarie boréale plus que partout ailleurs; il a gagné les contrées orientales de la Sibérie. Dans certaines villes, il y a peu de maisons où quelqu'un n'en soit attaqué; des familles entières en sont infectées. La plupart des enfans naissent avec cette maladie; aussi trouve-t-on peu de vieillards dans la Sibérie : on n'y a point l'art de traiter ce mal, devenu si commun en Europe, qu'il n'y est pas plus honteux que les vices qui le donnent. Dans nos climats, c'est le luxe qui nous a familiarisés avec le fruit de la débauche; au Nord, c'est la misère même qui l'a introduit. Chez le peuple russe, les hommes, les femmes et les enfans couchent pêle-mêle, sans aucune espèce de pudeur. Les deux sexes se livrent de bonne heure à la dissolution, faute de travaux et d'occupations qui, en exerçant leurs forces journalières, détournent en même temps leurs sens des objets, et leur imagination des désirs.

L'exploitation des mines est encore une des plus grandes causes de la dépopulation. Plus de cent mille hommes sont occupés à ce travail, qui n'est propre qu'aux états très-peuplés.

Depuis la conquête de la Sibérie, la Russie se dépeuple par le nombre d'habitans qu'elle envoie dans les déserts de cette vaste province. La Sibérie peut donc devenir aussi dangereuse à la Russie que le Pérou l'a jamais été à l'Espagne.

De toutes ces causes de dépopulation, Chappe conclut que la Russie ne contient pas plus de seize à dix-sept millions d'habitans. C'est bien peu pour une étendue de páys plus grande que toute l'Europe.

Il aborde tous les ans à Pétersbourg environ deux cent cinquante vaisseaux étrangers, dont le plus grand nombre appartient à la Hollande. La moitié des marchandises qu'on y prend consiste en pelleteries. Dans l'autre moitié, ce qu'il y a de plus utile se réduit à des voiles et à des mâts de vaisseaux, des goudrons, des cuirs et des métaux communs; tout le reste est de matières superflues, ou qu'on peut trouver ailleurs. Ce qu'on y apporte, ne fût-ce que des vins, des étoffes, des fromages et des épiceries, est plus nécessaire aux Russes que ne l'est pour nous tout ce que nous en retirons.

Les revenus de la couronne donnent d'abord au souverain une somme de 23,240,000 livres, sur la capitation de six millions six cent quarante mille hommes, qui paient 3 livres 10 sous par tête. Cette capitation est augmentée de 40 sous pour une masse de trois cent soixante mille paysans, qui, appartenant au domaine de la couronne, lui paient cet excédant de redevance. Les péages et les douanes rendent 15,750,000 livres; les salines, 7,000,000; le commerce du tabac, 380,000; le papier timbré et le sceau, 1,000,000; le revenu de la monnaie, 1,250,000; celui de la poste, 1,650,000. Les conquêtes de la Perse produisent 1,500,000 livres; les conquêtes sur la Suède, 500,000. La bière et l'eau-de-vie valent 10,000,0000 livres à la couronne, qui achètent le tonneau d'eau-de-vie aux particuliers, trente roubles, et le revend quatre-vingt-dix. En un mot, quelle que soit l'exactitude de ce détail, on convient, en général, que le revenu total de la Russie monte à 67,000,000 de livres, argent de France.

Avec ce fonds, l'état entretient une marine qui était, en 1756, de vingt-deux vaisseaux de ligne, six frégates, et quatre-vingt-dix-neuf galères. On sait jusqu'où Catherine II a porté les progrès et l'ascendant de cette marine victorieuse, qui s'est vue pendant plusieurs années maîtresse de l'Archipel, et qui a si long-temps bloqué les Dardanelles et menacé Constantinople.

Les troupes de terre ne forment pas moins de trois cent mille hommes, même en temps de paix; sans parler d'un corps de cent mille hommes de troupes irrégulières, composées de

Cosaques, de Kalmouks et d'autres nations aussi sauvages, qui, vivant de pillage sans autre paie, servent à garder ou à étendre les frontières de l'empire, à repousser les Tartares, à lever des tributs sur des peuples sauvages. C'est ce qu'on appelle les troupes du gouvernement : ce sont pourtant les moins dispendieuses. Toutes les troupes, soit du gouvernement, soit de la nation, coûtent 32,000,000 de livres, y compris la dépense de la marine. Cependant chaque soldat n'a que dix-huit deniers de paie; le surplus est fourni en subsistances par les provinces où les troupes passent ou séjournent.

Malgré le mot du roi de Prusse, *que les Russes sont plus difficiles à tuer qu'à vaincre*, leur infanterie est très-bien disciplinée; leur artillerie est nombreuse et très-bien servie, et c'est ce qui fait la force des armées : grand avantage dans la tactique moderne.

Ainsi, quoique Chappe prétende, par le résumé qu'il fait des ressources de la Russie, rabattre beaucoup de l'opinion qu'on a des forces de cette puissance, il résulte que, dans l'état actuel de l'Europe, elle est très-redoutable pour ses voisins. Elle semble intéressée à faire la guerre, pouvant gagner des pays riches, et n'ayant rien à perdre que des déserts; elle a beaucoup de soldats, que l'amour du pillage enhardira tôt ou tard à vaincre; et la rigueur de son climat semble pousser ses habitans vers des contrées plus douces. Elle a pour elle la situation politique de l'Europe, qui est toujours en guerre avec elle-même ; divisée en autant d'ennemis que d'états; peu propre à une confédération générale ; indifférente au sort d'une nation qu'opprimeraient les Russes; prête à les faire entrer dans toutes ses querelles; ennemie de la liberté de ses peuples, et jalouse de maintenir le pouvoir absolu de ses souverains.

Il est temps de revenir, avec Chappe, de Tobolsk en France. Ce jeune et courageux académicien se préparait à reprendre le chemin de Pétersbourg, lorsqu'il fut attaqué d'un vomissement de sang presque continuel. C'était sans doute le fruit d'un voyage de douze cents lieues, fait dans un temps où le froid redoublait chaque jour par la saison et le climat. L'auteur s'avançant vers la zone glaciale du nord à proportion que le soleil s'éloignait vers le tropique du midi, son incommodité lui fit hâter son départ. « J'avais une apothicairerie, dit-il ; mais ayant eu le malheur d'empoisonner un Russe que je voulais guérir d'une légère incommodité, j'avais renoncé à la médecine. » Cet aveu est assez singulier. L'auteur, résolu de revenir par Catherinembourg, pour en voir les mines et connaître le midi de la Sibérie, accepta une escorte composée d'un sergent et de trois grenadiers, pour rassurer ses gens sur le bruit qui courait que cette route était infestée de voleurs. Il partit avec cette escorte et quatre voitures dans un appareil militaire.

Les pluies, succédant à la fonte des neiges, avaient gâté une grande plaine de cent lieues qu'il eut à traverser. Une de ses voitures, chargée de tout son équipage, s'embourbait souvent, au point que douze chevaux ne pouvaient la tirer des boues. Il avait des poulets, des oies et des canards dans ses munitions de vivres. Importuné par l'embarras et les cris de cette volaille, il en fit tuer une partie, et lâcha l'autre dans les champs. Pour suppléer à cette provision, il tuait en chemin des canards sauvages, dont il régalait sa caravane. Le bruit des brigandages croissant à mesure qu'il s'éloignait de Tobolsk, il visita les armes, redoubla le courage de ses gens avec de l'eau-de-vie, fit allumer des flambeaux la nuit sur chaque voiture, et continua tranquillement sa marche avec une suite de huit hommes bien armés.

On avait fait cent vingt-cinq lieues dans une plaine qui n'est qu'un marais, formant un pâturage excellent sans culture. C'était au 56e degré de latitude, et dès le 3 septembre on y éprouva une nuit très-froide au milieu d'une esplanade qui fut couverte de givre. On rencontre enfin des pierres qui annoncent les montagnes; on arrive à Catherinembourg.

L'auteur se loue avec complaisance des politesses qu'il reçut des principaux habitans. Les villes de la Sibérie se policent à mesure qu'elles sont voisines du midi. Partout la douceur du climat se répand dans les mœurs.

Aux environs de Cazan, l'auteur retrouve la

verdure, un ciel serein, des arbres fruitiers dans toute leur parure, des chênes, les premiers qu'ils eût vus depuis son séjour en Russie ; des coteaux rians et couverts de bosquets, des villages opulens ; enfin tout lui retrace le souvenir et l'image de sa patrie. Il arrive à Cazan le 1er. octobre. Un prince tartare en était gouverneur : il fit servir au voyageur français des pipes avec du tabac de la Chine, des liqueurs, des confitures, des fruits, un melon d'eau. Chappe le trouva si délicieux, qu'il en prit de la graine pour la semer en France, mais elle n'y a pas réussi. L'archevêque russe ne fit pas moins d'accueil que le gouverneur tartare à l'académicien étranger. « C'est le seul prêtre, dit celui-ci, que j'aie vu dans ces vastes états, qui ne parût pas étonné qu'on se transportât de Paris à Tobolsk pour y observer le passage de vénus sur le soleil. »

L'archevêque de Cazan cultive les sciences et les lettres dans une ville presque barbare. Cependant celle-ci est infiniment plus policée que toute la Sibérie ; il lui reste encore de l'opulence, quoiqu'elle en ait perdu la source avec son commerce ; elle abonde en denrées comestibles. Le pain y est même blanc. On y supplée au vin naturel par une liqueur artificielle faite d'eau-de-vie et de fruits, où l'on retrouve le goût et la couleur du vin. La noblesse y vit en société ; les femmes y mangent à table, au lieu d'y servir les hommes. Les Tartares, qui font le plus grand nombre des habitans, y sont traités par le souverain avec les égards qu'on doit à leur bonne foi, leur simplicité de mœurs, leur fidélité, leur bravoure. Cazan entretient un gymnase ou collége composé de huit professeurs, deux pour la langue française, deux pour l'allemand, deux pour le latin, et un pour la langue russe, avec un maître d'armes, qui enseigne à danser.

Chappe partit de Cazan, et passa le Volga dans un endroit où ce premier fleuve de l'Europe peut avoir deux cents toises de largeur sur soixante pieds de profondeur; il fut dix-sept minutes à le traverser sur un bateau de six rameurs. « On m'avait assuré, dit-il, à Tobolsk et à Cazan, qu'on y trouvait quantité de pirates, et qu'on s'amusait même à les chasser au fusil comme des canards; mais je n'y ai jamais vu de ces pirates, quoique j'aie parcouru ses bords l'espace de cent lieues. » Le 8 octobre, l'académicien arrive à Kousmodéniansk, où il reprend la route de Pétersbourg, qu'il avait suivie en allant à Tobolsk. Il rentre dans la capitale de la Russie le 1er. novembre 1761, y passe l'hiver; s'embarque au printemps, et se trouve en France au mois d'août 1762, près de deux ans après en être parti.

Un académicien député par une compagnie savante vers le pôle ou vers la ligne doit être regardé comme un bienfaiteur du genre humain. Quoiqu'il ne parte qu'à titre d'astronome, il fait entrer dans ses devoirs et dans ses vues tout ce qui peut être utile aux hommes. Chappe, dont la mission se bornait à voir le passage d'une planète devant le soleil, a rapporté de son voyage tout ce qui pouvait éclairer sa nation et les sciences; il a observé les cieux, mais surtout la terre, dont la connaissance intéresse l'homme de si près. Il a d'abord fixé la position des lieux par rapport au globe entier ; il a mesuré leur élévation à l'égard de la mer. Après ce double coup d'œil sur l'écorce ou la surface, il a voulu pénétrer dans l'intérieur et connaître la substance des terres. C'est dans les montagnes que la nature, plus hideuse, plus stérile qu'ailleurs, est aussi plus singulière; elle y dédommage de la disette de végétaux par l'abondance des minéraux; elle n'y produit guère de plantes nourricières ; mais elle y forme des pierres et des métaux qui servent aux arts de première nécessité. C'est dans les montagnes que l'homme va déterrer les maisons qu'il élève sur les plaines. S'il ne peut y semer, y planter, c'est là du moins qu'il forge les instrumens de la culture. Les plaines montrent leurs qualités par leurs productions ; elles n'ont pas autant besoin d'être étudiées par le naturaliste que les montagnes, qui ne développent pas leur substance au dehors. Aussi les voyageurs curieux ont toujours observé celles-ci avec une attention plus particulière. Chappe, à l'exemple des savans qui parcourent la terre, s'est attaché à l'examen des montagnes. Sa route l'a conduit aux monts Riphées, son loisir l'a arrêté dans la partie de cette chaine qui s'étend entre Catherinembourg et Solikamskaia. Il en a examiné les différentes espèces de mines. Avant de les décrire, il parle de quelques gypses, dont il a apporté différens morceaux. Entre autres curiosités de cette nature, le mica, dit-il, ou verre de Moscovie, est assez commun en Sibérie pour qu'on en fasse des vitres; il est épais d'un tiers de ligne, d'un brun clair tirant sur le jaune, assez transparent pour qu'on lise à travers. On le divise en six à sept feuillets, dont chacun se sous-divise en trois feuilles qui se roulent autour des doigts comme du papier. Il est plus tenace que fragile; il faut le plier et le replier plusieurs fois en sens contraire pour le casser.

La Sibérie a de l'aimant dont la mine est très-riche. On la trouve en différens endroits des monts Poïas. A dix lieues de la route qui mène de Catherinembourg à Solikamskaia, est la montagne Kalazinski. Elle a plus de vingt toises de hauteur. La mine est au bas, distribuée en couches qui sont séparées par des lits de terre. Le sommet de la montagne est un rocher d'aimant. Il est d'un brun couleur de fer, dur et compacte, et il fait feu au briquet comme la pierre. Quand il est torréfié, il perd sa vertu d'attirer la limaille de fer, à moins qu'elle ne soit répandue sur un aimant cru; torréfié et pilé, sa poudre est attirée par l'aimant ordinaire, comme de la limaille de fer.

A vingt lieues de Solikamskaia, on trouve un aimant cubique et verdâtre. Les cubes en sont d'un brillant vif. Quand on le pulvérise, il se décompose en paillettes brillantes, couleur de fer, et en poussière verdâtre. Le fer paraît minéralisé dans cet aimant par l'arsénic. On ne trouve l'aimant que dans la chaîne de montagnes dont la direction est du sud au nord.

Ce même pays a des mines de fer. Chappe en compte cinquante de différentes espèces, presque toutes aux environs de Catherinembourg. Le fer, dit-il, y est minéralisé par le soufre; il est combiné avec une terre vitrifiable, souvent avec de la glaise, jamais avec de la terre calcaire. Pas une de ces mines n'est disposée en filons : elles sont toutes par dépôts, dispersées sans ordre, du moins en apparence.

On trouve presque toujours ces mines dans les montagnes basses, et sur les bords des ruisseaux. Elles sont à trois pieds sous terre ; elles ont vingt-quatre à trente pieds de profondeur. La partie inférieure est au niveau des rivières. La hauteur moyenne de ces mines de fer est de deux cent vingt-huit toises au-dessus du niveau de la mer. On n'en trouve que rarement dans les montagnes plus élevées, et dans le milieu de la chaîne des monts Poïas.

Ces mines produisent du fer d'une qualité particulière, soit doux, soit aigre et cassant. Celles dont le fer est aigre et cassant sont les plus riches : on mêle plusieurs mines de fer en combinant celles qui sont douces et liantes avec celles qui sont aigres et cassantes. Le fer qui résulte de cette combinaison est parfait, et supérieur, pour certains ouvrages, à celui de

Suède et d'Espagne. Ce fer est tenace et flexible à froid et à chaud. Si on le frappe avec la partie aiguë d'un marteau, on y fait une coche comme dans du plomb. Le grain en est si fin, qu'on le distingue avec peine à la vue. « Je pris un jour, dit Chappe, une barre de quinze pieds de long sur trois pouces de large, et sept lignes d'épaisseur ; l'ayant placée entre deux branches d'un arbre, je tournai aisément cette barre autour de l'arbre ; je la retournai ensuite avec la même facilité, sans qu'il se fît dans les coudes aucune fente ni gerçure. J'en ai rapporté des échantillons ; la bonté de ce fer a étonné nos ouvriers. Il n'est pas assez connu en France. » On le vend aux Anglais, qui en font le principal commerce. Ils l'embarquent à Pétersbourg, où on le transporte en hiver sur des traîneaux, et dans l'été sur des rivières. Il coûte à l'entrepreneur douze sous le poude, de trente-trois livres, poids de France. On le vend cinquante sous sur les lieux, et il en vaut trente de plus à Pétersbourg. Pour avoir cent poudes de fer, on use une mesure de charbon de six pieds sept pouces de hauteur, sur autant de longueur, et quatre pieds cinq pouces de largeur.

Quelques-unes de ces forges coûtent 10,000 fr. de dépenses, et tout frais payés valent 20,000 fr. au propriétaire de la mine : ainsi la Russie produit du fer et des soldats. Il est aisé de voir ce qu'on en doit attendre avec le temps. Quand un peuple maritime de l'Europe lui aura ouvert, pour porter la guerre en Orient, le chemin de la Méditerranée, où s'arrêtera-t-elle ?

Un métal presque aussi commun que le fer, d'une utilité moins reconnue, et que la chimie nouvelle semble nous rendre suspect, c'est le cuivre. La Sibérie en a des mines : elles sont réunies aux environs de Cazan, et donnent à cette ville un commerce, une sorte d'opulence qui contrastent singulièrement avec les déserts dont elle est environnée, et avec les mœurs des Tartares qui l'habitent. On trouve dans ce canton demi-sauvage, d'abord une marne cuivreuse, friable et sans ténacité, parce qu'elle contient peu de glaise et beaucoup de sable. Elle est composée de deux couches : l'une, d'un gris tirant sur le rougeâtre, contient un peu de terre cuivreuse ; l'autre est d'un vert d'eau, tirant sur le gris, et doit cette couleur au cuivre. Tout annonce une dissolution de ce métal, dont les parties ont été charriées et déposées dans cette marne..... Elle contient si peu de cuivre, qu'on ne l'exploite point.

Chappe parle de plusieurs sortes de marnes et de pierres calcaires qui contiennent plus ou moins de cuivre. Il y en a dans vingt endroits. On trouve encore du cuivre dans du sable pur, sans presque aucun mélange de terre calcaire. Le métal y est par couches.

Les mines de cuivre contiennent de la malachite sous la forme des stalactites et des stalagmites. Celle de Sibérie est très-belle, aisée à polir, propre à toutes sortes de bijoux : elle doit son origine à du cuivre qui a été dans un état de dissolution.

Les mines de cuivre de Souxon s'étendent dans ses environs jusqu'à trente lieues. Elles sont ordinairement vers la moitié de la hauteur des montagnes. Leur profondeur est de 78 pieds environ... Ces mines sont d'un produit médiocre. Les plus riches ne donnent que quatre pour cent, et les autres beaucoup moins.

La Sibérie a même des mines d'or, mais qui ne la rendent que plus pauvre. Le produit n'en vaut pas la dépense, quoique les ouvriers n'y aient pour salaire que la nourriture.

Chappe termine ses observations par celle qui fut l'objet de son voyage, c'est-à-dire le passage de vénus sur le disque du soleil. L'académicien français devait observer ce phénomène à Tobolsk, en Sibérie, pendant que d'autres astronomes l'observaient en d'autres lieux de la terre fort éloignés de la Sibérie. La différence des temps du passage observés par ces divers astronomes donne la distance de vénus à la terre. Or, comme on connaît d'ailleurs le rapport entre la distance de vénus au soleil, et celle de la terre au soleil, il est aisé de voir que, la distance de vénus à la terre étant connue, on aura celle de la terre au soleil ; élément important dans l'astronomie. On ne pourrait en dire davantage sans entrer dans des raisonnemens mathématiques qui n'appartiennent point à un recueil historique des voyages.

Cette observation, qui a coûté tant de fatigues à Chappe, n'est qu'un fait, qu'un moment, qu'un point dans l'histoire des temps et des cieux ; mais c'est un de ces momens et de ces points décisifs qui doivent faire époque dans l'astronomie, étendre et perfectionner la sublime théorie des mouvemens célestes. Un jour peut-être on partira de cette observation pour déterminer la distance du soleil, qui jusqu'ici s'est dérobée aux calculs de la géométrie, pour mesurer la grandeur réelle de cet astre, pour peser son influence sur le système dont il est le centre et le mobile.

Le phénomène de l'électricité a jeté la plus vive lumière dans la science de la nature. Sans doute il était aisé de voir que la terre se composait à elle-même son atmosphère, élevant de son sein les vapeurs qui l'arrosent, et recouvrant en un jour, par les pluies, tout ce qu'elle a perdu d'exhalaisons en plusieurs mois. Par la raison qu'elle était la source des nuages, elle devait être le foyer des orages; mais on n'avait pas vu que la foudre partait de la terre, au lieu de tomber du ciel. Chappe était, en 1757, dit-il, dans cette erreur, combattue en 1813 par Maffei.

« J'étais persuadé, dit-il, que les nuages orageux étaient toujours enveloppés d'une matière électrique, et qu'ils étaient des conducteurs d'où partaient ces éclats de foudre qui, après avoir traversé les airs, portent l'effroi et le désordre sur la surface du globe... Je reconnus et m'assurai bientôt, dans presque toutes mes observations, que l'inflammation s'était faite à la surface de la terre, d'où la foudre s'élevait, au lieu de se précipiter des nuages. Presque tous les physiciens sont maintenant également convaincus de cette vérité. »

La physique détermine la distance de l'endroit où est l'observateur à l'endroit d'où part l'éclair par l'intervalle du temps compris entre l'éclair et le bruit, en supposant qu'une seconde répond à cent soixante-treize toises.

L'auteur avait élevé en plein air une barre de fer suivant la méthode ordinaire, dans le dessein de déterminer l'étendue de l'atmosphère électrique des nuages, et les rapports des degrés d'électricité, analogues aux différentes distances où se trouvait la barre électrique par rapport au nuage d'où paraissait sortir l'inflammation.

« Le 9 juillet, à midi, commença un orage à l'est de Tobolsk, par un ciel serein à l'ouest, presque sans électricité, jusqu'à une heure quinze secondes. Ensuite, après un grand vent accompagné d'un nouvel orage, l'électricité fut assez forte. Elle cessa à neuf minutes vingt-cinq secondes, et recommença à vingt-cinq minutes quarante secondes. On vit un éclair pour la première fois dans cet orage ; l'intervalle de l'éclair et du bruit fut observé de quarante-cinq secondes, ou de sept mille sept cent quatre-vingt-cinq toises. L'orage était vers l'horizon; l'électricité fut très-forte pendant six minutes, et cessa totalement; le baromètre était à 27 pouces 8 lignes $\frac{8}{12}$, et le thermomètre à 18 degrés.

» Le 10 juillet, à sept heures et demie du matin, un orage parut à l'est, vers l'horizon. A huit heures vingt-sept minutes treize secondes, les fils s'étant entortillés autour de la barre, je voulus les défaire, dit Chappe, et je reçus une commotion si violente, que j'en eus le bras engourdi pendant deux jours. A trente-cinq minutes trente secondes, l'électricité augmente; le milieu du nuage est au zénith, et l'on voit le ciel serein de tous les côtés. Si l'on présente du fer au bout d'un tuyau de verre, l'électricité fait un bruit semblable à du taffetas qui se déchire.

» Je vis très-distinctement la foudre s'élever de terre, dans toutes les observations où j'aperçus des éclairs. A sept heures trente-une minutes, elle me parut monter jusqu'à la partie du nuage la plus élevée sur l'horizon; cette hauteur était environ de vingt-sept degrés.

» Le 13 juillet, un orage parut au sud, à deux heures après midi; l'électricité, d'abord médiocre, devint si forte, qu'un soldat ayant voulu toucher au conducteur, en reçut une commotion violente, sortit de l'observatoire, et n'osa plus y entrer.

» A deux heures cinquante-cinq minutes, j'aperçus très-distinctement la foudre s'élever de terre, sous la forme d'une fusée qui, à une certaine hauteur, se divisa en deux serpenteaux.»

Enfin, pour ne rien omettre d'utile et d'important dans l'ouvrage de Chappe, ajoutons aux expériences qu'il a faites sur l'électricité un mot de ses observations sur le baromètre et la boussole. La plus grande hauteur du baromètre à Tobolsk, dit-il, fut le 25 mai (1761), de 28 pouces 10 lignes $\frac{8}{12}$, par un vent du nord et un ciel serein. La plus petite hauteur fut, au mois de juin, de 27 pouces 6 lignes.

Le thermomètre qui, comme on l'a vu, descend en hiver à plus de 60 degrés au-dessous de la congélation, est monté, le 19 juillet, dans la plus grande chaleur de l'été, à 26 degrés $\frac{3}{4}$ au-dessus de la congélation. C'est donc une différence de plus de 80 degrés entre les limites du froid et celles du chaud.

A Tobolsk, l'auteur a vu les grains poindre au 15 juin, s'élever à dix pouces le 25, sans être à leur maturité vers la fin d'août.

Quant à la boussole, Chappe dit qu'à Tobolsk il l'a vue décliner de 3 degrés 45 minutes 58 secondes vers l'orient. En 1720, dit-il, elle n'avait point de déclinaison, si l'on en croit Strahlenberg. Chappe dit qu'elle varie de 12 minutes et demie par an vers l'orient, tandis que sa variation est à Paris de 10 minutes par an vers le couchant.

C'en est assez pour les curieux ou les amateurs de phénomènes et d'observations. Les adeptes, ceux qui cherchent les causes dans une collection de faits très-nombreux, liront l'ouvrage entier de Chappe, et fixeront à son travail, par les lumières qu'ils y auront puisées, son véritable prix ; mais ce monument n'était pas le seul qu'il voulût consacrer aux sciences.

Le même phénomène qu'il avait vu en Sibérie, il voulut le revoir dans la Californie, huit ans après.

De la zone glaciale, il passe à l'équateur, impatient de connaître les deux hémisphères, les régions les plus opposées par le climat ; il fait presque le tour de la terre, visite les conquêtes des Russes et des Espagnols, qui peuvent se rencontrer et se joindre un jour par deux routes opposées, et va chercher la lumière chez les peuples les plus enfoncés dans les ténèbres de l'ignorance. Son observation était fixée au 6 juin 1770 : il l'a faite, et il est mort le 1er. août de la même année. La cendre de ce philosophe repose dans une terre sauvage, au delà des mers ; mais il a laissé à sa patrie les monumens de ses travaux, la mémoire de son courage, et la gloire de ses exemples.

CHAPITRE III.

KAMTCHATKA.

Climat. Minéraux. Animaux.

Ce serait à tort que l'on séparerait la description du Kamtchatka de celle de la Sibérie, puisque ces pays sont contigus, et que le premier forme un des cercles du gouvernement d'Irkoutsk, le troisième de ceux qui composent la partie de l'empire de Russie située dans le nord de l'Asie.

Le Kamtchatka, situé à l'extrémité la plus orientale de notre hémisphère, est une grande péninsule qui, bornant l'Asie au nord-est, se prolonge du 51° au 62° degré de latitude boréale, sur une largeur inégale de cinq degrés au plus. Cette péninsule a pour limites à sa droite, ou à l'est, la mer d'Okhotsk, et un long golfe qu'on appelle la mer de *Pengina*; est sur sa gauche, ou à l'est, l'Océan oriental, qui sépare l'Asie de l'Amérique. Vers le 60° degré, deux rivières, le Poustaya, qui se jette dans le golfe de Pengina, et l'Anapkoi, qui débouche dans la mer orientale, marquent le point où la péninsule éprouve un rétrécissement fort considérable, et une sorte d'isthme où quelques auteurs la font commencer. De la cime des montagnes qui s'élèvent au milieu de cet isthme, l'on découvre les deux mers dans un temps serein. Depuis cet isthme, la figure de la péninsule est un peu elliptique; elle se renfle dans le milieu, et se rétrécit vers ses deux extrémités, notamment vers la méridionale. De même que la plupart des presqu'îles, elle est coupée, vers toute sa longueur, par une chaîne de montagnes qui court du sud au nord, et qui jette des rameaux à droite et à gauche. Un grand nombre de petites rivières coulent entre ces rameaux, mais la plupart ne sont ni grandes, ni navigables. Les plus considérables sont le Kamtchatka, l'Avatcha, le Bolchaia-Rieka.

La côte occidentale du Kamtchatka, dentelée par beaucoup de caps obtus et d'anses où se trouvent des embouchures de rivières, forme une courbe irrégulière. Cette côte s'étend depuis l'embouchure de la Pengina, qui donne son nom au bras de mer où ce fleuve se jette, jusqu'au cap Lopatka, qui termine la presqu'île au midi. Des trente-quatre rivières qui se jettent dans la mer le long de cette côte, trente se trouvent dans la partie méridionale qui forme les deux tiers de sa longueur, tandis qu'il n'y en a que quatre dans le reste, qui s'avance au nord. La raison de cette différence remarquable vient sans doute de ce que les montagnes sont moins hautes en se rapprochant du continent, et s'élèvent, au contraire, à mesure que la péninsule s'allonge entre les deux mers. C'est par l'embouchure du Bolchaia-Rieka, ou grande rivière, que les vaisseaux russes, partis d'Okhotsk, abordaient autrefois au Kamtchatka. Les grandes marées s'y élèvent à la hauteur de quatre archines de Russie. Elle est navigable dans le printemps, mais difficile à remonter, par la rapidité de son cours et la quantité de ses îles.

Depuis l'embouchure du Bolchaia-Rieka, au 53ᵉ degré, jusqu'à celle du Poustaya, au 60ᵉ, la côte est basse est marécageuse, sans danger pour les vaisseaux que le hasard y jette; mais ils ne peuvent en approcher. Dans ce dernier endroit, elle commence à s'élever, et devient plus escarpée et plus dangereuse à cause des rochers qui la bordent et que la mer recouvre.

La côte orientale est moins longue que l'occidentale, et offre plus d'irrégularité dans sa courbure. La mer qui la rongé y fait de grandes baies, des caps, des îles, des presqu'îles et des lagunes. Parmi les caps, il y en a quatre principaux, séparés par des distances à peu près égales, et dont trois finissent presqu'au même degré de longitude, comme si l'Océan battait uniformément sur cette côte. A peu près vers le milieu de la longueur de cette côte, se trouve l'embouchure du fleuve qui donne son nom à toute la péninsule. Au sud de cette bouche s'élèvent d'énormes rochers qui servent de base à un volcan.

A l'embouchure de l'Avatscha se trouve la baie de Saint-Pierre et Saint-Paul, qui est très-vaste, et ceinte de hautes montagnes : l'entrée en est droite, mais assez profonde pour recevoir les plus gros vaisseaux. Au nord de l'Avatscha, une montagne vomit toujours de la fumée et quelquefois des flammes. Depuis cette baie, l'abord de la côte est dangereux, par la quantité de rochers dont la mer est parsemée : heureusement leur tête déborde au-dessus de l'eau. La baie de Noutrenoi est bordée de montagnes escarpées qui mettent à couvert des vents. En continuant à voyager au nord, l'on rencontre le Kamtchatka, le plus beau fleuve de tout le pays, puisque les petits vaisseaux le remontent jusqu'à deux cents verstes au-dessus de son embouchure. Depuis les bords du Kamtchatka jusqu'à la mer d'Oloutora, qui tire son nom de la rivière du même nom, à l'embouchure de laquelle se termine au nord la côte orientale, on trouve douze rivières.

En général, la plupart des rivières du Kamchatka, qui coulent entre les montagnes, sont bordées des deux côtés de rochers escarpés. Mais quelque hauteur qu'aient les deux rivières, l'une a toujours plus de pente. Steller et Kracheninnikov ont observé dans les vallées qui s'étendent entre les montagnes cette correspondance des angles rentrans aux angles saillans que Bouguer a remarquée dans les Alpes. Quelles que soient les conséquences qu'on peut tirer de cette observation, il est évident que les eaux seules qui viennent de la fonte des neiges et des glaces peuvent déformer les montagnes, et creuser ces vallons étroits et tortueux qui serpentent au pied de ces hautes cimes. Les voyageurs qui traversent les grandes chaînes sont obligés de suivre partout le chemin des torrens. Tantôt il faut escalader jusqu'à leur source, et tantôt descendre au fond des abîmes, au travers desquels ils se fraient une route dans la plaine. Sans la coopération de la mer, il semble d'abord qu'il suffirait, pour la formation des montagnes, qu'un terrain eût été considérablement élevé dans l'origine, parce qu'avec le cours des siècles, les eaux de pluie et de neige ont pu sillonner, percer, creuser le terrain qu'elles imbibaient, et le tailler en pyramides, en aiguilles, en masses énormes, en mille formes irrégulières dont se compose l'aspect surprenant que présentent aujourd'hui les grandes montagnes. Mais les grandes plaines dont elles sont environnées, prouvent toujours une révolution prodigieuse, qui n'a pu se faire que par une pente considérable, que la mer a dû former et agrandir en se retirant des lieux où sont les montagnes, dans le lit qu'elle occupe. Le Kamtchatka est un nouveau monument de cette théorie. La côte orientale où l'action des eaux de la mer est plus sensible et plus directe présente un front plus escarpé, plus menaçant que la côte occidentale. Que si l'on pénètre dans l'intérieur du pays, on y ressent toujours le voisinage et les traces de l'Océan qui l'a sans doute englouti, revomi, formé, détruit ou défiguré, tel qu'il est aujourd'hui.

La pointe la plus méridionale du Kamtchatka, qui sépare les deux mers dont cette presqu'île est environnée, s'appelle le cap *Lopatka*, parce qu'il ressemble à une omoplate, ou, selon d'autres, à une pelle. Il ne s'élève que de dix brasses ou cinquante pieds au-dessus du niveau de la mer : il est par conséquent sujet à des inondations qui rendent le pays inhabitable à vingt verstes du rivage. Il n'est fréquenté que par les gens qui vont à la chasse des renards, jusqu'à trois verstes du cap Lopatka. Il n'y croît que de la mousse; dans cet espace on voit des lacs et des étangs, mais il n'y a ni ruisseaux ni rivières. Le terrain y est composé de deux couches; l'inférieure est solide, la supérieure est une tourbe spongieuse, sa surface est couverte de monticules, et ne produit rien.

Les volcans sont aussi fréquens dans les zones tempérées et glaciales qu'entre les deux tropiques. Le Kamtchatka en compte trois. Le premier est celui d'Avatcha, au nord de la baie de ce nom. C'est un groupe de montagnes à peu près isolé; sa base couverte de bois s'étend jusqu'à la baie; le milieu forme une sorte d'amphithéâtre; le sommet est absolument aride. Ces montagnes jettent de la fumée, mais rarement du feu. Cependant une éruption eut lieu dans l'été de 1737; elle ne dura qu'un jour, et ne vomit que des cendres épaisses. Mais ce fut l'avant-coureur d'un tremblement de terre, qui, le 6 octobre suivant, renversa en un quart d'heure toutes les huttes et les tentes des Kamtchadales.

Cette secousse fut accompagnée d'un mouvement de la mer très-singulier; car elle monta d'abord à la hauteur de vingt pieds, recula au delà du point d'où elle était venue, remonta une seconde fois plus haut que la première, et se retira si loin, qu'on la perdit de vue. Au bout d'un quart d'heure le tremblement de terre recommença, la mer s'éleva à deux cents pieds, inonda la côte, et se retira. Les habitans y perdirent leurs biens, et plusieurs la vie. Des champs y furent changés en lacs d'eau salée.

Le second volcan sort d'une ou deux montagnes, situées entre la rivière de Kamtchatka et celle de Tolbatchick. Ces montagnes n'avaient jamais exhalé que de la fumée, lorsqu'en 1739 elles vomirent un tourbillon de flammes qui dévora les forêts. De ce tourbillon sortit un nuage épais qui couvrit la neige de cendres dans l'espace de cinquante verstes. Il fallut attendre qu'il retombât de la neige sur cette cendre pour pouvoir marcher dans la campagne.

Le troisième volcan est la montagne la plus haute du Kamtchatka, sur les bords du fleuve de ce nom; elle est environnée d'un amphithéâtre de montagnes jusqu'aux deux tiers de sa hauteur. Son sommet escarpé et fendu en longues crevasses de tous les côtés est terminé par un cratère; il est si élevé, qu'on le découvre à trois cents verstes. Aux approches d'un orage, cette montagne se couvre de nuages jusqu'au quart de sa hauteur. Elle vomit une fumée épaisse, et quelquefois des cendres à la distance de trois cents verstes. Elle a brûlé depuis 1727 jusqu'en 1731. Mais sa plus grande éruption fut en 1737, le 25 septembre, et dura l'espace d'une semaine entière. Les yeux ou l'imagination des peuples sauvages d'alentour virent sortir de ce rocher embrasé comme des fleuves de feu ; c'étaient des flammes ondoyantes. On entendit ou crut entendre un tonnerre dans les flancs de la montagne ; un sifflement, un mugissement des vents qui soufflaient, qui allumaient cette forge infernale. Il en sortit un tourbillon de charbons embrasés et de cendres fumantes, que le vent poussa dans la mer, sans que la campagne s'en ressentît. Ce phénomène prodigieux fut suivi d'un tremblement de terre, dont les secousses durèrent par intervalles depuis le mois d'octobre suivant jusqu'au printemps de l'année 1738, et causèrent d'assez grands ravages.

Steller observe au sujet de ces volcans que les montagnes qui vomissent ces feux sont presque toujours isolées ; qu'elles ont à peu près la même apparence extérieure, et doivent contenir en dedans les mêmes matières ; qu'on trouve toujours des lacs sur le sommet, et des eaux chaudes au pied des montagnes où les volcans se sont éteints ; ce qui est une preuve de la correspondance que la nature a mise entre la mer, les montagnes, les volcans et les eaux chaudes, comme si celles-ci venaient originairement de ces sources de feu.

On trouve des eaux chaudes dès la pointe

méridionale du Kamtchatka, et l'on en rencontre constamment au pied des montagnes en avançant vers le nord.

Parmi celles que l'on trouve près de la rive méridionale du Baanio, il en est une dont l'eau jaillit avec grand bruit à la hauteur d'environ cinq pieds dans un endroit rempli de fentes et de crevasses.

Près du Chemeth, on voit couler vers la mer orientale une source d'eau chaude qui, sur trois verstes de longueur, s'élargit jusqu'à trois sagènes à son embouchure. Elle coule entre des rochers; son lit a quelquefois quatre pieds de profondeur. Grâces à la chaleur de ses eaux, ses bords se couvrent de verdure et de plantes qui fleurissent dès le mois de mars, quand la nature est encore morte aux environs. Plus loin, on rencontre une plaine aride couverte de cailloux grisâtres. Il en sort une vapeur fumante, avec un bruit semblable à celui de l'eau qui bout. Cependant on n'y trouve, sous une couche de terre molle, qu'un lit de pierre si dure, qu'on ne peut la creuser. Les coteaux des environs exhalent de la fumée.

A leur pied se trouvent deux puits, dont l'un a cinq sagènes de diamètre sur dix pieds de profondeur, et l'autre, trois sagènes de diamètre sur une de profondeur. Ces deux puits ou gouffres ne sont séparés que par un espace de trois sagènes d'un terrain marécageux et mouvant. L'eau qui bout dans ces sources fait tant de bruit, qu'on ne peut s'entendre en parlant très-haut ; elle s'y couvre d'une vapeur si épaisse, qu'elle dérobe la vue d'un homme à la distance de sept sagènes. Cependant, pour entendre le bouillonnement de l'eau, il faut se coucher par terre : mais il reste à savoir si, lorsqu'on est dans cette attitude, avec une oreille appliquée contre terre, il est aisé d'entendre un autre bruit que celui dont cette oreille est frappée, ou si l'on peut entendre à la fois deux bruits très-différens.

L'eau de toutes ces sources est remarquable par une matière noire qui tache les doigts comme l'encre de la Chine, et qui surnage à sa surface. Un fait encore plus digne d'observation, c'est que ces sources d'eau bouillante sont comprises entre l'embouchure du Kamtchatka sur la côte orientale, et celle de l'Ozernaya sur la côte occidentale. Dans cet espace se trouvent les lacs et les volcans les plus considérables de toute la presqu'île ; les montagnes ont le plus subi d'altérations, dans leurs formes, par les eaux, les feux et les tremblemens de terre ; enfin la mer y exerce le plus de ravages. Tout le reste du pays est rempli de pyrites, de soufre, de pierres alumineuses et ferrugineuses. Cependant on n'y trouve point de fer ni d'eaux chaudes. Kracheninnikov pense que, dans les endroits où ces matières inflammables produisent des éruptions et des tremblemens de terre, ces accidens doivent provenir d'une fermentation causée par l'eau de la mer qui s'ouvre un passage dans les cavités dont tout le sol du

Kamtchatka se trouve creusé; car on observe que les tremblemens de terre y sont plus fréquens aux équinoxes, surtout du printemps, où les marées sont les plus fortes.

Malgré la communication de la mer avec ces cavernes intérieures du Kamtchatka, l'on n'y a point encore rencontré de fontaines salées. Du reste, les sources dont on vient de parler, et une infinité d'autres eaux courantes qui se jettent dans les rivières empêchent celles-ci de se geler entièrement par les plus grands froids, et de tarir dans l'été. Celles de ces sources qui, réunies, forment la petite rivière de Klioutchvka, ont le double avantage de fournir du poisson frais et d'être fort saines à boire, malgré leur fraîcheur. Dans tous les autres endroits, l'eau froide que les Kamtchadales boivent en mangeant leur poisson brûlant et plein d'huile, leur cause des dyssenteries.

Les bords du Kamtchatka sont couverts de racines et de baies qui semblent tenir lieu de nos grains nourriciers. La nature y produit des bois également propres à la construction des maisons et à celle des vaisseaux : les plantes qui veulent un terrain chaud y croissent beaucoup mieux, surtout à la source du Kamtchatka, où la péninsule est le plus large et le moins sujette aux brouillards. Entre sa source et son embouchure, on a semé de l'orge et de l'avoine avec succès.

Les légumes, tels que la laitue, le chou et les pois, qui ont besoin de chaleur, ne prospèrent pas au Kamtchatka; mais ceux qui ne demandent que de l'humidité, comme les navets, les radis et les betteraves, viennent partout plus abondans, plus gros, de meilleure qualité le long de la rivière de Kamtchatka.

Au bord des rivières, dans les marais et les bois, l'herbe surpasse la hauteur de l'homme, et peut se faucher jusqu'à trois fois dans un été. C'est aux pluies du printemps et à l'humidité du terrain qu'il faut attribuer ce genre de fécondité qui conserve le foin fort avant dans l'automne, et lui donne du suc et de la séve, même en hiver. Aussi les bestiaux y sont-ils d'une grosseur prodigieuse, toujours gras, et donnent du lait dans toutes les saisons.

Cependant les bords de la mer sont en général trop pierreux, trop sablonneux, ou trop marécageux pour être propres aux pâturages ou à la culture; mais sur la côte occidentale l'on trouve, en avançant dans le pays, des endroits bas qui paraissent formés des sables que la mer y a transportés. La terre n'y gèle qu'à un pied de profondeur. Au-dessous est une terre molle jusqu'à l'épaisseur d'une archine et demie; plus bas, une couche de glace très-dure à briser; puis une vase délayée et liquide, enfin le roc qui s'étend depuis les montagnes jusqu'à la mer. Cette terre est comme une éponge imbibée, qui n'a point assez de consistance pour faire croître même des bois.

Si les cantons voisins de la mer sont communément stériles, les endroits élevés, et les collines qui s'en éloignent, se couvrent de bois et de cette verdure qui semble inviter à la culture. Mais la neige qui précède la gelée aux premiers jours de l'automne s'oppose à la semence des grains, soit avant l'hiver, parce que, venant à fondre, elle détruit les semences ; soit au printemps, parce qu'elle séjourne jusqu'à la moitié de mai, temps suivi de près par les pluies qui durent jusqu'au mois d'août. Ce qu'on a semé ne laisse pas de croître assez vite au milieu des eaux ; mais comme l'été est fort court, et que le soleil reste quelquefois quinze jours sans paraître, la moisson ne mûrit point, et la gelée vient la surprendre en fleur.

Les côtes ont peu de bois, et les bords des rivières n'ont que des saules et des roseaux, même à trente verstes de la mer. Cette disette de bois gêne beaucoup les habitans, qui dans l'été vont s'établir sur les bords de la mer pour la commodité de la pêche. On est obligé d'aller chercher du bois fort loin avec beaucoup de peine. La rapidité des rivières et les bancs de sable dont elles se remplissent font qu'au lieu de laisser flotter au gré des courans le bois que l'on a coupé, on est forcé d'en attacher de longs faisceaux aux deux côtés d'un petit canot de pêcheur. Pour peu que la charge ou le train fût considérable, il embarrasserait le canot, et le ferait chavirer et échouer contre les rochers et les bancs. La mer supplée à cet inconvénient par les arbres qu'elle apporte sur les côtes : mais ils sont rares ; et ce bois mouillé, vermoulu, répand plus de fumée que de chaleur. Le voisinage des montagnes offre plus de ressources, surtout dans les endroits où les rivières peu éloignées de la mer sont navigables.

Le meilleur bois est le bouleau. Il y en a de si gros, que le capitaine Spanberg en fit construire un bâtiment pour les voyages de long cours. Ce vaisseau vide enfonça d'abord aussi profondément dans l'eau que s'il eût été chargé. Mais la cargaison n'ajouta rien, ce semble, à son poids. Il n'en prit pas plus d'eau qu'auparavant, et n'en fut pas moins bon voilier. Ce fait est trop singulier, ou trop mal présenté pour ne pas embarrasser un lecteur peu versé dans la physique. On a vu des vaisseaux neufs tirer d'abord beaucoup d'eau au moment qu'ils y sont lancés, puis quelque temps après se moins enfoncer. Sans doute que le bois venant à se gonfler, l'eau ne peut plus y pénétrer, et qu'après qu'on a vidé celle qui, étant entrée dans le vaisseau, l'avait fait enfoncer, il s'élève beaucoup; il se peut qu'alors la charge que sa capacité lui permet de recevoir ne lui fasse pas tirer plus d'eau qu'il n'en avait tiré d'abord. Mais ce phénomène d'hydrostatique a besoin d'être bien vérifié par l'expérience avant qu'on en cherche l'explication.

Quelque stériles que soient les côtes du Kamtchatka, celle de l'orient est pourtant moins dégarnie de bois, sans doute parce que les montagnes sont très-proches de la mer. Mais les plaines même en fournissent de fort beaux, surtout au-dessus de l'Ioupanova, vers le 53e. degré 30 minutes de latitude. On y trouve des forêts de mélèses, qui s'étendent le long des montagnes d'où sort le Kamtchatka. Les bords de ce fleuve en sont aussi revêtus jusqu'à l'embouchure de l'Elovka, qui est de même couronné de ces arbres jusqu'à sa source dans les montagnes.

La variation de la température dépend non-seulement de la distance de l'équateur, mais de la mer d'où viennent les vents, et de la terre qui leur donne plus ou moins d'accès ou de prise. D'un côté, les montagnes occasionent du froid; et de l'autre, elles en garantissent. Ici, la mer entretient la chaleur par des brouillards épais, tandis qu'ailleurs elle la tempère par des vents périodiques. Tantôt un sol aquatique et marécageux engendre tour à tour les glaces et les vapeurs brûlantes ; tantôt un sol pierreux et sec exposé à toutes les rigueurs des hivers et à l'ardeur des étés. Quoique l'éloignement du pôle ou de la ligne décide constamment de la nature des saisons dans chaque climat, le sol n'a pas moins d'influence que le ciel sur l'air que respirent les habitans des différentes zones. C'est dans l'atmosphère qu'ils vivent, et celle-ci se compose des exhalaisons de la terre. La direction des vents condense ou raréfie ces vapeurs, assemble ou disperse les nuages, les résout en neige ou en pluie, fond ou glace les neiges. De là cette inégalité qui fait qu'un pays plus septentrional est moins froid qu'un autre plus méridional. Ainsi le Kamtchatka n'a pas un hiver aussi rude que l'annonce sa position géographique ; mais, s'il est modéré, il est long et constant. Le mercure du thermomètre de Delisle s'y tient pour l'ordinaire entre le 160ᵉ. et le 180ᵉ. degré ; si ce n'est en janvier, mois le plus froid de l'année, qu'il descend de 175 à 200 degrés. Le printemps est court; mais, quoique pluvieux, il est mêlé de beaux jours. L'été n'est pas plus long, mais plus inconstant et plus froid à proportion. Le voisinage de la mer et la fonte des neiges y couvrent tous les jours le ciel d'un voile de vapeurs que le soleil ne dissipe guère qu'à midi. L'on peut très-rarement s'y passer de fourrures. Cependant, loin de la mer, le temps est constamment serein depuis le mois d'avril jusqu'à la mi-juillet. Ainsi, dans les terres, on voit le thermomètre varier du 146ᵉ. au 130ᵉ. degré ; mais, au mois de juillet, il monte quelquefois jusqu'au 118ᵉ. degré. On éprouve peu d'orages en été.

La plus belle saison est l'automne : on a de beaux jours durant le mois de septembre ; mais, vers la fin, ils sont troublés par les vents et les tempêtes, qui préludent à l'hiver. Les rivières gèlent dès le commencement de novembre : ce mois et les deux suivans offrent rarement des jours sereins. C'est en septembre et octobre, en février et mars qu'on peut voyager avec le plus de sûreté.

Les vents influent beaucoup sur les saisons dans le Kamtchatka. Au printemps, le vent du sud-est ; en été, le vent d'ouest ; en automne, le vent du nord-est ; en hiver, le vent d'est, soufflent avec des variations le long de la mer occidentale. Le vent d'est est souvent impétueux, dure trois jours, renversant les hommes par terre, et poussant des phoques sur des glaçons flottans contre la pointe de Lopatka. Le vent du nord donne en toute saison le plus beau temps, celui du midi, de la pluie en été, de la neige en hiver. Comme ces vents viennent la plupart de la mer, il n'est pas étonnant qu'ils dominent sur une langue de terre située entre deux mers, et qu'un élément s'y ressente des influences de l'autre. Le climat est plus doux, la terre plus fertile au nord qu'au midi. Près de la grande rivière, le temps est agréable et serein, tandis qu'à la pointe méridionale, où tous les vents se rencontrent et se heurtent, les habitans n'osent sortir de leurs cabanes. En approchant de ce cap, plus on trouve de brouillards en été, plus on essuie d'ouragans en hiver ; en s'avançant au nord, moins on a de pluie en été, moins on souffre des vents en hiver. La même différence qu'on remarque entre le nord et le midi du Kamtchatka s'observe à peu près entre ses côtes d'orient et d'occident : tandis que sur les bords de la mer de Pengina l'air est sombre, épais et nébuleux ; sur les rives de l'orient, le ciel est pur et serein : c'est un monde différent sous la même latitude. La neige qui s'entasse à douze pieds de hauteur sur la pointe de Lopatka diminue d'épaisseur à mesure qu'on s'avance au nord : à peine en trouve-t-on un pied et demi sur les bords de la Tighil, vers le milieu de la presqu'île, prise dans sa longueur.

C'est pourtant cette neige qui rend, dit-on, le teint des habitans très-basané, et qui leur gâte la vue de très-bonne heure. Comme le froid et les vents la condensent, les rayons du soleil, réfléchis sur cette superficie éblouissante et dure, brûlent la peau et fatigue les yeux. Quoi qu'il en soit de ce premier effet de la neige, le second est très-certain : aussi les habitans portent-ils pour garde-vue des réseaux tissus de crin noir, ou des écorces de bouleau criblées de petits trous. Mais ces bandeaux n'empêchent pas que le mal d'yeux ne soit très-fréquent au Kamtchatka. Steller y trouva un remède qui dissipait en six heures de temps la rougeur et l'inflammation, et guérissait de la douleur du mal : c'était d'appliquer sur les yeux une espèce de cataplasme fait d'un blanc d'œuf battu jusqu'à l'écume, avec du camphre et du sucre.

La neige qui tombe dans la presqu'île, entre les 52e. et 55e. degrés, est si abondante, qu'à la fonte du printemps toute la campagne est inondée par le débordement des fleuves. Mais ce qui rend le séjour du pays encore plus incommode, ce sont les vents et les ouragans.

Comme il existe des mines dans presque toutes les grandes chaînes des montagnes, il est assez vraisemblable qu'il s'en trouve dans le Kamtchatka. Mais le peu de besoin que les Russes ont de trouver des métaux dans un pays où ils en apportent, le peu d'aptitude des habitans pour en découvrir, les difficultés de l'exploitation, dues à la nature du sol, laissent ignorer si le Kamtchatka renferme de ces richesses utiles. On a pourtant découvert une mine de cuivre entre le lac Kouril et la rivière Girovaia. De petites rivières couvrent leurs bords d'un sable ferrugineux. On trouve de la craie blanche aux environs du lac Kouril; une terre couleur de pourpre autour des sources chaudes; du tripoli et de l'ocre rouge le long de la grande rivière; de l'ambre jaune en quantité près de la mer de Pengina. Les montagnes renferment une sorte de cristal couleur de cerise, mais en petite quantité : on rencontre près de la rivière de Khariasova, qui se jette dans la mer de Pengina vers le 56°. degré de latitude, du cristal vert en grands morceaux. Les Kamtchadales en fabriquaient jadis leurs armes et leurs outils tranchans. On trouve aussi dans cet endroit une pierre légère et blanche dont ils font des mortiers et des lampes. Partout, aux sources des rivières, ils ramassent des pierres transparentes qui leur servent à tirer du feu. Il y en a de blanches comme du lait, que les Russes prennent pour des cornalines; il y en a de jaunâtres qu'ils appellent hyacinthes. Mais on n'a point encore trouvé de vraies pierres précieuses. Les côtes de la mer fournissent une pierre de couleur de fer, poreuse comme l'éponge, et qui rougit au feu.

Les principaux arbres du Kamtchatka sont le mélèse, le peuplier blanc, le saule, l'aune, le bouleau et le petit cèdre.

Les deux premiers servent à construire les habitations de terre et les bâtimens de mer. Steller dit que le peuplier blanc doit à l'eau salée de la mer d'être extrêmement poreux et léger; il ajoute que sa cendre, exposée à l'air, s'y change en pierre rougeâtre dont le poids augmente avec le temps; et quand on brise cette pierre après bien des années, on y trouve des parcelles ferrugineuses.

L'écorce des saules sert à nourrir les hommes; celle de l'aune, à teindre les cuirs.

Les bouleaux du Kamtchatka diffèrent de ceux de l'Europe; ils sont d'un gris plus foncé, très-raboteux et remplis de gros nœuds : le bois en est si dur, qu'on en fait des plats; et l'écorce si tendre, qu'on la sert à manger dans ces plats. Mais, pour la préparer, on la détache encore verte, on la hache en menus morceaux, comme le vermicelle; on la fait fermenter dans le suc même du bouleau, et on la mange avec du caviar sec.

Le petit cèdre diffère du grand, en ce qu'au lieu de s'élever comme cet arbre majestueux, on le voit tortueux et rampant sur les montagnes et dans les plaines, où il croît avec peine, et toujours faible. Ses fruits proportionnés au tronc et aux branches, sont de petites noix qui couvrent de petites amandes. Aussi les Kamtchadales les mangent sans les dépouiller de l'écorce. Ce fruit astringent cause des ténesmes ; mais les sommités de l'arbuste, infusées dans l'eau chaude comme du thé, guérissent du scorbut.

On trouve au Kamtchatka deux sortes d'aubépine : l'une à fruits noirs, l'autre à fruits rouges, qu'on garde pour l'hiver; beaucoup de sorbiers, dont on confit les fruits; passablement de genevriers, dont on néglige les baies ; peu de groseillers rouges et de framboises, qu'on ne se donne pas la peine d'aller cueillir loin des habitations. Mais, en revanche, il y a trois sortes de myrtilles (*vaccinium*), dont on emploie les baies à faire des confitures et de l'eau-de-vie. Le fruit de la camarigne, que les naturels du pays appellent *vodianitsa*, sert à teindre en couleur de cerise de vieilles étoffes de soie déjà pasées : on l'emploie aussi avec de l'alun et de la graisse de poisson, à noircir les peaux de loutre de mer et les mauvaises zibelines. Ce mélange leur donne un noir si luisant, que les acheteurs y sont trompés.

A la ressource de ces fruits se joint celle des plantes pour dédommager les habitans du manque de grains.

La principale de ces plantes, qui tient lieu de farine et de gruau, c'est la sarane, qu'on trouve principalement dans ce pays; c'est une espèce de lis. Cette plante s'élève à la hauteur d'environ un demi-pied ; sa tige est un peu moins grosse que le tuyau d'une plume de cygne. Vers la racine, elle est d'une couleur rougeâtre, et verte à son sommet; ses feuilles sont ovales et verticillées. La fleur termine la tige ; elle est d'un rouge de cerise foncé. Sa racine ou sa bulbe est à peu près aussi grosse qu'une gousse d'ail, et composée de plusieurs petites gousses rondes : elle fleurit à la mi-juillet, et pendant ce temps-là elle est si abondante, que les campagnes en paraissent toutes couvertes.

La sarane, pilée avec le morocha (*rubus chamœmorus*) et avec d'autres baies, se cuit au four : c'est un mets si agréable et si nourrissant, qu'il peut faire oublier le pain.

Les Kamtchadales font des bouillons, des confitures, et les Russes de l'eau-de-vie avec le matteït (*sphonpilium*). Cette plante est semblable au panais. Sa racine, jaune en dehors, blanche en dedans, a le goût amer, fort et piquant comme le poivre; sa tige creuse, de la hauteur d'un homme, et d'une couleur verte et rougeâtre avec de petits duvets courts et blancs; les fleurs ressemblent à celles du fenouil.

On coupe les rameaux qui sortent du nœud le plus près de sa racine, car les tiges principales ne sont pas bonnes. On ratisse avec une coquille l'écorce de ces rameaux; on les expose quelque temps au soleil, puis on les lie en bottes. Dès qu'ils commencent à sécher, on les enferme dans des sacs faits de nattes, où ils se couvrent d'une poudre douce dont le goût approche de celui de la réglisse. Trente-six livres de cette plante ne rendent qu'un quart de poudre. Le suc qui produit cette poudre est si actif et si vénéneux, qu'il occasione des enflures et des pustules sur la peau, partout où il tombe. Aussi les femmes mettent-elles des gants pour manier et préparer cette plante ; et ceux qui la mangent verte au printemps la mordent sans y toucher avec les lèvres. Voici comment on en tire de l'eau-de-vie.

On la fait fermenter par paquets, avec de l'eau chaude, dans un petit vase où l'on mêle des baies de gimolost. On tient ce vase couvert dans un endroit chaud. Cette première fermentation produit une liqueur qu'on appelle *prigolovok*. Pour en faire de la braga, boisson plus forte, on la verse dans un vase d'eau, et on y mêle encore du matteït. Ce mélange fermente vingt-quatre heures, et quand il cesse de bouillir, on a de la braga. C'est avec celle-ci que se fait l'eau-de-vie. On la jette dans une chaudière, avec les herbes destinées à la distillation. Cette chaudière est bouchée d'un couvercle de bois, dans lequel on fait passer un canon de fusil qui sert de tuyau. La première distillation donne une eau-de-vie commune, qui s'appelle *raka*. Les gens riches boivent de la seconde distillation, qui rend cette eau-de-vie d'une force à ronger le fer. Elle n'en conviendrait que mieux aux entrailles dures de cette classe d'hommes qu'une nature grossière et une vie laborieuse rendent les plus robustes ; mais elle est trop chère pour leur pauvreté. Le marc de la chaudière est bon à faire de la braga pour le peuple, et ce qu'on en jette engraisse le bétail, qui le mange avec avidité.

Quelquefois on se dispense de ratisser l'é- corce avant de distiller la plante ; mais elle produit alors une eau-de-vie qui a les effets les plus pernicieux; elle coagule le sang, cause de violentes palpitations de cœur; elle enivre aisément, et son excès va jusqu'à priver un homme de sentiment. Croit-on arrêter l'ivresse de cette boisson par un verre d'eau froide, on y retombe bientôt, et si elle n'ôte pas l'usage de tous les sens, elle engourdit au moins les pieds. Pour peu qu'on boive de cette eau-de- vie, elle trouble le sommeil de songes inquié- tans, qui, dans les âmes superstitieuses, réveil- lent tous les remords du crime, et peuvent, dans le délire, leur arracher l'aveu de leurs forfaits cachés. Le Vieux de la montagne, qui savait inspirer l'audace du fanatisme par une ivresse délicieuse, aurait imprimé les terreurs de la superstition avec cette boisson. Bien des Kamtchadales n'osent manger de matteït, de peur de s'énerver. En revanche, ils s'en ser- vent pour tuer la vermine, en se frottant les cheveux du suc qu'ils en tirent au printemps.

On a de l'eau-de-vie en plus grande abon- dance, et de meilleure qualité, lorsqu'au lieu d'eau pour distiller le matteït, on se sert d'une infusion de kiprei (*epilobium*). La moelle de sa tige est d'un goût agréable qui ressemble aux cornichons séchés des Kalmouks. Sa feuille verte, et son écorce broyée, s'infusent et se prennent comme du thé vert, dont cette infusion a le goût. Le kipreï sert aussi à faire du vinaigre. Les mères mâchent cette herbe, et l'appliquent sur le nombril des enfans à qui elles viennent de couper le cordon ombilical.

Le *tcherèmcha*, ou l'ail sauvage, entre dans une espèce de mets qu'on appelle *schami*. C'est un ragoût froid, composé de choux, d'ognons, de cornichons, et quelquefois de poisson et de pieds de cochons. L'ail sauvage qu'on y mêle est un excellent antiscorbutique; mais il faut sans doute en user médiocrement, car des Cosaques attaqués du scorbut, en ayant trop mangé, furent couverts de gale et de pustules : cependant ces croûtes tombèrent, et le mal disparut.

Parmi d'autres plantes dont les Kamtchadales font usage pour leur nourriture, on peut remarquer l'outchiktchou, plante dont la feuille ressemble à celle du chanvre.

Si la nature a refusé les alimens les plus communs aux Kamtchadales, elle y a suppléé par un grand nombre de racines d'herbes, dont le besoin leur donne l'instinct d'éprouver et d'employer la vertu. Ils savent et l'endroit où elles croissent, et le temps de les cueillir, et l'usage qu'on en peut faire. Les nations les plus civilisées n'ont pas de botanistes plus éclairés que ces sauvages; car la faim instruit mieux que la curiosité, parce que les Kamtchadales n'ont presque rien à manger. Steller les appelle avec raison *mangeurs de tout*. En effet, jusqu'aux herbes sèches que la mer jette sur les côtes, jusqu'aux champignons dangereux qu'on appelle *meukhomores*, ils vivent de tout ce qui ne tue pas.

Les plantes qu'ils ne mangent pas en santé leur sont bonnes pour les maladies ou les plaies.

La racine que les Kamtchadales appellent *zgate* est très-funeste à leurs ennemis. Quand ces sauvages ont trempé leurs flèches dans le suc de la racine de cette plante, elles font des blessures incurables. Les hommes en meurent au bout de deux jours, à moins qu'on ne suce le poison de leur plaie; les baleines et les phoques atteints de ces flèches bondissent avec violence, puis vont se jeter et périr sur les côtes.

Les végétaux sont presque l'unique ressource des Kamtchadales dans tous leurs besoins. Avec une plante haute et blanchâtre, qui ressemble au froment, ils tressent des nattes qui leur servent de couvertures et de rideaux, des manteaux unis et lisses d'un côté, velus de l'autre. Le côté velu se met par-dessous contre le froid, et par-dessus contre la pluie. Les femmes font, de cette espèce de jonc, des corbeilles où elles mettent leurs petits ornemens, et de grands sacs pour les provisions de bouche; elle sert encore à couvrir les habitations, soit d'hiver ou d'été. On la coupe avec une omoplate de baleine ou même d'ours, façonnée en faux, et qui, aiguisée sur des pierres, devient tranchante comme du fer.

Une autre sorte d'herbe ou de jonc non moins utile à ce peuple qui manque de tout, c'est le *bolotnaïa* ou *tonchitch*, nom d'autant plus remarquable, qu'il désigne cette plante dans les usages superstitieux des Kamtchadales. Elle leur sert d'ouate pour envelopper leurs enfans quand ils viennent au monde : ils léur en mettent encore, au lieu de langes, à l'ouverture qu'ils ménagent dans le berceau pour la propreté. Quand cette herbe est humide, ils l'ôtent pour en mettre de nouvelle. Cette herbe tressée sert encore de bas, qui sont très-bien tendus sur la jambe. Cette herbe se carde avec un peigne fait d'os d'hirondelles de mer, et se prépare comme le lin, que les Kamtchadales n'ont pas, non plus que le chanvre; mais ce peuple sauvage y supplée par l'ortie : il l'arrache au mois d'août, et la laisse sécher dans les cabanes le reste de l'été. Quand l'hiver arrête la pêche et les travaux du dehors, on prépare l'ortie. Après avoir fendu la tige en deux, on tire adroitement l'écorce avec les dents; ensuite elle est battue, nettoyée, filée entre les mains, et roulée autour d'un fuseau. Le fil à coudre n'est point retors, mais on tort en double celui qu'on destine à faire des filets ; car c'est là le principal usage de l'ortie. Comme on ne fait ni rouir la plante, ni bouillir le fil, ces filets ne durent guère qu'un été.

Les animaux de terre font la richesse du Kamtchatka, si le mot de *richesse* peut convenir à des hommes qui ont à peine le plus étroit nécessaire. Les Kamtchadales ne font la guerre aux animaux que pour en avoir la peau. C'est un objet de besoin, d'ornement et de commerce. Les peaux grossières font leurs habits; les plus belles, leur parure ou leur gain. Commençons par l'animal le plus utile : à double titre, c'est le chien.

Le chien sert à traîner l'homme pendant sa vie : à sa mort, il l'habille de sa peau. Les chiens du Kamtchatka, grossiers, rudes et demi-sauvages comme leurs maîtres, sont communément blancs, noirs, mêlés de ces deux couleurs, ou gris comme les loups; plus agiles et plus vivaces que nos chiens, quoique plus laborieux. Faut-il l'attribuer à un climat plus convenable, à une nourriture plus légère? Ils vivent de poissons, rarement de viande. Au printemps, qu'ils ne sont plus nécessaires pour les traîneaux, on leur rend la liberté de courir où ils veulent, et de se nourrir comme ils peuvent. Ils s'engraissent sur les bords des rivières ou dans les champs.

Au mois d'octobre on les rassemble, on les attache pour les faire maigrir, et dès que la neige couvre la terre, on les attelle pour traîner. Durant l'hiver, qui est une saison de travail pour eux, et de repos pour les hommes, on les nourrit avec de l'opana. C'est une espèce de pâte, faite de poisson, qu'on a laissé fermenter dans une fosse. On en jette dans une auge pleine d'eau la quantité nécessaire pour le nombre des chiens à nourrir. On y mêle quelques arêtes de poissons; on fait chauffer ce mélange avec des pierres rougies au feu. Voilà le mets qu'on leur donne tous les soirs pour réparer leurs forces et leur procurer un profond sommeil. Dans le jour, ils ne mangent point, de peur d'être pesans à la course. On nourrit de chair de cornailles ceux qu'on dresse pour la chasse; prétendant qu'ils en ont plus de nez. Quand l'animal devient inutile, on le tue, ou l'on attend qu'il meure, et l'on prend sa peau. Celle des chiens blancs, qui ont le poil long, sert à border les pelisses et les habits faits de peaux plus communes.

Les animaux dont la chasse occupe les chiens sont le renard et le belier sauvage.

Les renards du Kamtchatka ont un poil épais, si luisant et si beau, que la Sibérie n'a rien à leur comparer dans ce genre. On en voit de diverses couleurs; mais les plus estimés sont les châtains-noirs, ceux qui ont le ventre noir et le corps rouge, et ceux au poil couleur de feu. On dit que les renards les plus beaux sont aussi les plus fins, et qu'un Cosaque, très-habile chasseur, poursuivit deux hivers de suite au Kamtchatka un beau renard, qu'il ne put jamais prendre. Un fait n'établit pas un principe: d'ailleurs, comme on ne poursuit guère avec une certaine ardeur que les plus beaux renards, et comme ceux-ci acquièrent de la ruse à proportion des piéges qu'on leur tend, il était naturel qu'un animal, plus couru qu'un autre, en en devînt plus habile. C'est le fruit de l'expérience qui étend le progrès des connaissances chez tous les animaux.

Au Kamtchatka, dit-on, un renard qui est échappé d'un piége ne s'y prend plus. Au lieu d'y entrer, il tourne autour, creuse la neige qui l'environne, le fait détendre et mange l'amorce. Mais l'homme, toujours plus inventif, a plus d'un piége pour le prendre. Les Cosaques attachent un arc bandé à un pieu qu'ils enfoncent dans la terre. De cet endroit, ils conduisent une ficelle le long de la piste du renard, assez loin du piége. Dès que l'animal, en passant, touche la ficelle de ses pattes de devant, la flèche part, et lui perce le cœur.

Les Kamtchadales du midi ont l'art de prendre les renards au filet : voici comment. Ils passent au milieu de ce filet, qui est fait de barbes de baleines, un pieu où ils lient une hirondelle vivante. Le chasseur, avec une corde passée dans les anneaux du filet, va se cacher dans un fossé. Quand le renard se jette sur l'oiseau, l'homme tire la corde, et l'animal est pris. Sans doute que la faim le pousse dans ce piége, car de semblables lacets paraissent bien grossiers pour le plus fin des animaux. Au reste, les renards étaient jadis si communs ou si affamés au Kamtchatka, qu'ils en devenaient familiers au point de venir manger dans les auges des chiens, et de se laisser tuer à coups de bâton. Sans doute qu'ils sont plus rares, puisqu'on est obligé de les prendre avec la noix vomique.

Les beliers sauvages ont l'allure de la chèvre, et le poil de renne. Ils ont deux cornes, dont chacune, dans sa plus grande grosseur, pèse de vingt-cinq à trente livres. On en fait des vases, des cuillers et d'autres ustensiles. Aussi vifs, aussi légers que le chevreuil, ils habitent comme lui les montagnes les plus escarpées, au milieu des précipices. Ainsi les Kamtchadales qui leur font la chasse vont s'établir sur ces rochers, avec leur famille, dès le printemps, jusqu'au mois de décembre. La chair de ces beliers est très-délicate, de même que la graisse qu'ils ont sur le dos. Mais c'est pour avoir leur fourrure qu'on leur donne la chasse.

La zibeline est l'animal le plus précieux. Celles du Kamtchatka sont les plus belles, au noir près. C'est pour cela que leurs peaux passent à la Chine, où la teinture achève de leur donner la couleur foncée qui leur manque. Les meilleures sont au nord de la presqu'île; les plus mauvaises au midi. Mais celles-ci mêmes ont la queue si fournie et si noire, qu'une de ces queues vaut une zibeline ordinaire. Cependant les Kamtchadales font peu de cas de ces animaux. Autrefois ils n'en prenaient que pour les manger ; aujourd'hui c'est pour payer le tribut de peaux que les Russes leur ont imposé. Du reste, ils préfèrent une peau de chien, qui les défend du froid, au vain ornement d'une queue de martre. Leur richesse n'est pas encore parvenue au luxe. Les chasseurs de profession vont passer l'hiver dans les montagnes, où les zibelines se tiennent en plus grand nombre. Mais c'est toujours un petit objet d'occupation et de lucre pour les Kamtchadales, trop paresseux au gré des Russes, qui sont plus avides.

Les marmottes du Kamtchatka sont très-jolies par la bigarrure de leur peau, qui est chaude et légère. Cet animal, aussi vif que l'écureuil, se sert comme lui des pates de devant pour manger. Il se nourrit de racines, de baies et de cônes de pin. Les Kamtchadales ne font point de cas de la peau des marmottes ni des hermines. Elles sont trop petites et trop soyeuses pour un peuple grossier dont l'esprit s'arrête à l'utilité.

En revanche, il estime singulièrement la fourrure du glouton, surtout la peau du glouton blanc tacheté de jaune. Dieu même, disent-ils, ne peut être revêtu que de ces riches peaux. C'est le présent le plus galant pour les femmes kamtchadales. Elles s'en font un ornement de tête singulier. C'est un croissant qui présente deux cornes blanches. Elles croient ressembler avec cette parure au mitchatgatchi, oiseau de mer tout noir, à qui la nature a donné deux aigrettes blanches sur la tête. Cependant on ne prend pas beaucoup de gloutons : il leur est sans doute plus facile d'en acheter, c'est-à-dire, de donner un ou deux loutres de mer pour deux pates blanches de glouton.

Le Kamtchatka est un pays trop hérissé de montagnes, de ronces et de frimas, pour que les ours y manquent. Il y en a, mais qui ne sont ni aussi grands, ni même aussi féroces que semblent l'annoncer la rigueur du climat. Rarement ils attaquent, à moins qu'à leur réveil ils ne trouvent quelqu'un auprès d'eux, que la crainte sans doute leur fait prendre pour ennemi. C'est alors que, pour se défendre, ils se jettent sur le passant. Ainsi l'ours est plus redoutable endormi qu'éveillé. Mais, au lieu de tuer l'homme, il lui enlève la peau du crâne depuis la nuque du cou, pour la rabattre sur les yeux du malheureux, comme s'il n'avait à redouter que sa vue. Quelquefois, dans sa fureur, il lui déchire les parties les plus charnues, et le laisse en cet état. On entend souvent au Kamtchatka de ces écorchés (dranki), qui, comme dit Lucrèce, remplissent les bois et les montagnes de leurs gémissemens, tenant leurs mains tremblantes sur des ulcères rongés de vers. Ce sont là les périls de la vie sauvage, moins nombreux et moins redoutables que ceux de la société. L'ours, moins inhumain que l'homme, épargne les êtres qu'il ne craint point. Loin de faire aucun mal aux femmes, souvent il les suit comme un animal domestique, content de manger quelquefois les baies qu'elles ont cueillies. En général, il ne cherche qu'à vivre, et quand il le peut sans verser le sang, il évite le carnage. Les ours sont très-gras pendant l'été, sans doute parce qu'alors ils trouvent abondamment du poisson. Mais quand l'hiver glace les rivières et flétrit les végétaux, l'ours maigrit, ne vivant que d'arêtes desséchées, des provisions, ou des restes de poisson qu'il vole dans les cabanes, des rennes qu'il peut tuer par hasard, ou des renards et des lièvres qu'il trouve pris dans les piéges. Du reste, cet animal est si paresseux, que les Kamtchadales ne croient pas pouvoir dire une plus grosse injure à leurs chiens, quand ils s'arrêtent trop souvent en tirant un traîneau, que de les appeler ours (*kèren*).

Cependant, comme l'ours, malgré sa paresse, devient carnassier et destructeur quand la faim le presse, on est obligé de lui faire la guerre à coups de flèches, ou de lui tendre des piéges. Les Kamtchadales ont une façon singulière de le prendre dans sa tanière : on y entasse à l'entrée une quantité de bois, et près du trou, des soliveaux et des troncs d'arbres. L'ours, pour s'ouvrir un passage libre, retire ces pièces de bois en dedans, et s'embarrasse tellement des obstacles mêmes dont il veut se délivrer, qu'il ne peut plus sortir. Alors les Kamchatdales ouvrent la tanière par-dessus, et tuent l'ours avec des lances. D'autres prennent ces animaux avec des nœuds coulans, au milieu desquels ils suspendent un appât de viande entre les grosses branches d'un arbre naturellement courbé. L'ours, plus gourmand que rusé, passe la tête ou la pate dans ces nœuds; et restant pris à l'arbre, il paie sa gourmandise de sa peau; car c'est pour sa peau qu'on en veut à sa vie. les Kamtchadales s'en font des fourrures très-estimées et des semelles de souliers pour courir sur la glace; ils se couvrent même le visage des intestins de l'ours pour se garantir du soleil.

Un animal très-commun partout, et qui ne devrait pas l'être, ce semble, dans les régions aussi peu habitables que le Kamtchatka, c'est le rat. Ce pays en a trois espèces. La première, à courte queue, au poil rouge, est aussi grosse que les plus grands qu'il y ait en Europe; mais elle diffère de ceux-ci, surtout par son cri semblable à celui des cochons de lait; du reste, elle ressemble à une espèce de belette qui pourtant se nourrit de rats, mais sans doute des plus petits. Ceux-ci sont, pour ainsi dire, domestiques, tant la faim les rend familiers avec les Kamtchadales, dont ils volent sans crainte les provisions.

Une troisième espèce vit des larcins qu'elle fait à la première, qui se tient dans les plaines, les bois et les montagnes. L'une a des rapports avec les frelons, et l'autre avec l'abeille.

Les gros rats, qu'on appelle *tegoulicitch*,

ont de grands nids partagés en cellules, qui sont autant de greniers souterrains destinés à différentes provisions de bouche pour l'hiver. On y trouve de la sarane nettoyée, d'autre non préparée, que les rats font sécher au soleil dans les beaux jours; des plantes de plusieurs sortes, des cônes de pin. L'histoire de ces rats est plus curieuse que celle des hommes qui nous la transmettent; mais en est-elle plus vraie?

Ce peuple souterrain a des temps d'émigration, si l'on en croit les Kamtchadales. Quelquefois les gros rats disparaissent de la presqu'île, et c'est alors le présage d'une mauvaise année. Mais quand ils reviennent, c'est l'augure d'une chasse et d'une année abondante. On annonce leur retour dans tout le pays par des exprès.

C'est au printemps qu'ils partent pour se rendre au couchant, sur la rivière de Pengina, traversant des lacs, des golfes et des rivières à la nage, souvent noyés en route, ou restant épuisés de fatigue sur le rivage, jusqu'à ce que le soleil et le repos leur aient rendu des forces; souvent enlevés par des canards sauvages, ou dévorés par une espèce de saumon. Une armée de ces rats est quelquefois deux heures à passer un fleuve : c'est qu'ils n'ont point de ponts ni de bateaux, quoique les Kamtchadales s'imaginent qu'ils traversent les eaux sur une espèce de coquillages faits en forme d'oreille qu'on trouve sur les rivages, et que les habitans ont appelés les *canots des rats*.

Ce n'est pas la seule fable dont ils se disent les témoins oculaires. Rien de si merveilleux, à les entendre, que la prévoyance de ces rats, et l'ordre de leur marche. Avant de partir, ils couvrent leurs provisions de racines vénéneuses, pour empoisonner les rats frelons qui viendraient piller leurs cellules en leur absence. Quand ils reviennent, et c'est au mois d'octobre, s'ils trouvent leurs magasins d'hiver dévastés et vidés, ils se pendent de désespoir. Aussi les Kamtchadales charitables, mais sans doute par superstition, loin de leur enlever leurs provisions, remplissent leurs trous d'œufs de poisson, ou caviar; et s'ils trouvent au bord des rivières quelques rats demi-morts d'épuisement, ils tâchent de les sauver. Ainsi l'histoire de la terre est partout, comme on voit, celle des folies ou des mensonges de l'homme : on est forcé de les écrire, ne fût-ce que pour l'en détromper.

Les loutres se prennent à la chasse, et lorsque les ouragans de neige les égarent dans les bois. Leurs peaux, assez chères, parce qu'elles sont rares, s'emploient à border les habits, mais surtout à conserver la couleur des zibelines, en leur servant d'enveloppe dans les endroits où l'on serre celles-ci.

Les phoques remontent des mers du Kamtchatka dans les rivières, en si grande quantité, que les petites îles voisines de la mer en sont couvertes.

Le phoque ne s'éloigne guère de la côte au delà de trente milles ; c'est un signal du voisinage de la terre pour les navigateurs : s'il entre dans les rivières, c'est pour suivre le poisson dont il se nourrit.

La femelle ne porte qu'un petit à la fois. Le cri des phoques est désagréable, surtout leur grognement continuel ; les jeunes se plaignent comme des personnes qui souffrent.

Parmi les différentes manières de les prendre à terre, les Kamtchadales en ont une qui leur semble particulière. Quand les petits sont sur la glace, les chasseurs, mettant une serviette au-devant d'un traîneau, les poussent et les écartent de leurs trous ; et quand ils en sont éloignés, on tombe sur eux et on les assomme avec des massues, ou bien à coups de carabine sur la tête, car il est inutile de les frapper ailleurs ; les balles restent dans la graisse du phoque : mais il ne faut pas croire qu'elles ne font que les chatouiller agréablement, comme l'ont dit des gens qui ne doutent de rien.

Quelquefois on tend des filets très-forts, en trois ou quatre endroits d'une rivière où les phoques sont entrés, et on les pousse dans ces filets avec de grands cris. Quand ils s'y sont embarrassés, on les assomme, et l'on en prend, dit-on, dans ces sortes de pêche et de chasse, jusqu'à cent à la fois. Ils sont durs à tuer : j'ai vu moi-même, dit Kracheninnikov, un de ces animaux qu'on avait pris à l'hameçon poursuivre nos gens, quoiqu'il eût le crâne brisé en plusieurs pièces. Aussitôt qu'on l'eut tiré sur le rivage, il tâcha de fuir dans la rivière; mais ne le pouvant pas, il se mit à pleurer, et dès qu'on l'eut frappé, il se défendit avec la plus grande fureur.

Quand on les surprend endormis sur la côte, s'ils en ont le temps, ils fuient; et, pour rendre le chemin plus glissant, ils vomissent, non pas une espèce de lait, comme on l'a dit par erreur, mais de l'eau de mer.

Les Kamtchadales ne prennent les morses que pour en avoir les dents, qui pèsent depuis cinq ou six livres jusqu'à dix-huit, et dont le prix augmente avec le poids.

Un animal que l'on confond avec ceux-ci, est l'otarie à crinière, ou lion marin. Ce phoque pèse depuis trente-cinq jusqu'à quarante poudes. Les gros beuglent, les petits bêlent; mais leurs mugissemens affreux, et plus forts que ceux des phoques ordinaires, avertissent les navigateurs, dans les temps de brouillard, de la proximité des rochers et des écueils où les vaisseaux pourraient échouer; car ces animaux, quand ils sont à terre, se tiennent sur le haut des montagnes, dans les îles.

Les mâles ont jusqu'à quatre femelles qui s'accouplent au mois d'août, et portent neuf mois. Ils tournent et jouent sans cesse autour d'elles, et se battent avec fureur pour conserver leur possession. Du reste, le mâle et la femelle sont plus indifférens pour leurs petits, qu'ils étouffent souvent dans le sommeil, et ne défendent point en cas d'attaque. Quand les jeunes, fatigués de nager, grimpent sur le dos de leur mère, celle-ci plonge dans l'eau pour les y renverser. On dirait qu'ils n'aiment pas la mer, tant ils s'empressent de gagner le rivage quand on les jette à l'eau.

Ce phoque, redoutable par sa grosseur, ses dents, ses rugissemens, sa figure et son nom même, est pourtant si timide, qu'il fuit à l'approche d'un homme, soupire, tremble, et tombe à chaque pas, tant sa graisse lui rend la marche pénible; mais, quand il n'a plus de salut que dans son désespoir, alors il met à son tour son agresseur en fuite, surtout s'il est en mer, où, dans les bonds de sa fureur, il peut submerger les canots et noyer les hommes. Le plus hardi pêcheur, ou chasseur, va contre le vent lui plonger dans la poitrine, au-dessous des pates de devant, un harpon attaché par une longue courroie, qui tient à un pieu dans le canot : les autres pêcheurs percent ensuite de loin l'animal à coups de flèches; et quand il a perdu ses forces, ils s'approchent pour l'achever à coups de lance ou de massue. Quelquefois on lui décoche des dards empoisonnés ; et, comme l'eau de mer irrite sans doute les blessures, l'animal gagne la côte, où on le laisse mourir, si l'on ne peut l'aborder aisément.

C'est un honneur pour les Kamtchadales de tuer des phoques ; un déshonneur de jeter dans la mer un de ces animaux, quand ils l'ont chargé dans leur canot. Ils risquent plutôt d'être submergés, et souvent ils se noient, pour ne pas abandonner leur proie. Quelquefois, à cette pêche, un canot est emporté par les vents, et ballotté par les tempêtes durant huit jours, et les pêcheurs reviennent enfin, sans autre guide ni boussole que la lune et le soleil, à demi-morts de faim, mais couverts de gloire.

Cependant c'est aussi pour l'utilité que les Kamtchadales vont à la pêche des otaries à crinière. La graisse et la chair en sont très-bonnes au goût, mais désagréables à l'odorat, disent quelques personnes, à qui sans doute ce mets ne saurait plaire : car il est rare que le premier de ces sens adopte ce que l'autre rejette, ou que le second repousse ce qui convient au premier. Mais quelle que soit la graisse de ce phoque, que des gens comparent à celle du mouton pour le goût, à la cervelle pour la substance, sa peau du moins est bonne à faire des souliers et des courroies ; et c'en est assez pour que l'homme use à l'égard de l'otarie à crinière du droit de domination, c'est-à-dire du droit de mort qu'il s'est donné sur tous les animaux.

L'otarie, chat marin, n'a que la moitié de la grosseur de l'otarie à crinière : il ressemble du reste au phoque, qui est de la grosseur d'un bœuf ; mais il est plus large vers la poitrine, et plus mince vers la queue. Il naît les yeux ouverts et gros comme ceux d'un jeune bœuf, avec trente-deux dents, suivies et fortifiées de deux défenses de chaque côté, qui lui percent dès le quatrième jour. Son poil, d'un bleu noirâtre, commence alors à devenir châtain ; au bout d'un mois, il est noir autour du ventre et des flancs. Les femelles deviennent grises, et si différentes des mâles, que, sans une grande attention, on les croirait d'une autre espèce.

Ces phoques se tiennent dans la baie qui est entre les caps de Chipounskoi et de Kronotskoi, parce que la mer y est plus calme que sur le reste de la côte orientale du Kamtchatka. C'est au printemps qu'on les y prend, lorsque les femelles sont près de mettre bas : dès le mois de juin ces animaux disparaissent. On conjecture qu'ils passent dans les îles qui se trouvent entre l'Asie et l'Amérique, depuis le 50e. degré jusqu'au 56e., car on ne les voit guère monter plus haut vers le nord, et ils arrivent pour l'ordinaire du côté du midi : c'est ou pour déposer ou pour nourrir leurs petits qu'ils voyagent ainsi. La faim, la sûreté, le soin de se reproduire, sont les guides de tous les animaux errans. Les renards voyagent dans les montagnes du Kamtchatka, au gré des saisons abondantes ou stériles. Les oiseaux se retirent dans les endroits déserts, au temps de la mue ou de la ponte. Les poissons s'enfoncent dans les baies profondes où les eaux sont tranquilles, pour frayer et déposer leurs œufs. Les otaries, chats marins, vont chercher le repos loin des lieux habités pour élever leur famille. Leurs femelles allaitent pendant deux ou trois mois, et reviennent avec leurs petits dans l'automne.

Les otaries, chats marins, ont différens cris, variés comme les sensations qu'ils éprouvent. Quand ils jouent sur le rivage, ils beuglent; dans le combat, ils heurlent comme l'ours; dans la victoire, c'est le cri du grillon; et dans la défaite, c'est le ton de la plainte et du gémissement. Leurs amours et leurs combats sont également intéressans, assez du moins pour mériter que les observateurs daignent vérifier ce que les voyageurs en rapportent. Qu'il soit permis de les décrire sur la foi de quelques physiciens.

Chaque mâle a depuis huit jusqu'à cinquante femelles, qu'il garde, ainsi que ses petits, avec une jalousie incroyable. Les otaries, chats marins, sont séparés en troupes ou familles de cent animaux, et même davantage; mais il faut supposer que le nombre des femelles excède considérablement celui des mâles. Ils préludent à l'accouplement par des caresses; le mâle et la femelle se jettent à la mer, nagent ensemble l'un autour de l'autre pendant une heure, comme pour irriter à l'envi leurs désirs, et reviennent sur le rivage jouir de leurs amours avant le temps de la marée : c'est alors qu'ils sont le plus aisés à surprendre. Comme on les voit souvent en guerre, on croit que c'est l'amour de leurs petits ou de leurs femelles qui les tient dans un état continuel de discorde. Cependant, à voir l'éducation qu'ils donnent à leur race, jointe à la manière dont la nature arma ces animaux, on juge bientôt qu'ils sont faits pour combattre. Quand les petits jouent entre eux, si le jeu devient sérieux, le mâle accourt pour les séparer ; et quoiqu'il gronde, il lèche le vainqueur, et méprise les faibles ou les lâches : ceux-ci se tiennent avec leurs mères, tandis que les braves suivent le père. La femelle, quoique chérie et caressée du mâle, le redoute. S'il vient des hommes pour ravir des petits, le mâle s'avance pour défendre sa race ; et si la femelle, au lieu de prendre ses petits dans sa gueule, en laisse enlever quelqu'un, le mâle quitte le ravisseur pour courir après sa femelle : il la saisit entre les dents, la jette avec fureur contre la terre et les rochers, et la laisse pour morte ; ensuite il roule autour d'elle des yeux étincelans, grince des dents jusqu'à ce que la femelle revienne en rampant, les yeux baignés de larmes, lui lécher les pieds. Le mâle pleure lui-même en voyant enlever ses petits, et ce signe de tendresse est la dernière expression d'une rage impuissante.

Les vieux otaries, chats marins, sont les plus féroces. Quand l'âge de leurs amours est passé, ils se retirent dans une solitude, où ils sont des mois entiers sans boire ni manger ; dormant presque toujours, mais prompts à s'éveiller, soit que l'ouïe ou l'odorat ne participe pas au sommeil de tous les autres sens. Si quelque homme passe à travers leurs retraites, les premiers de ces animaux qu'il rencontre s'élancent sur lui. Ils mordent les pierres qu'on leur jette ;

et, leur eût-on crevé les yeux et cassé les dents, ou même le crâne, ils s'obstinent à se défendre. S'ils reculaient d'un pas, tous leurs voisins qui sont témoins du combat viendraient relancer les fuyards. Il arrive souvent, dans ce tumulte général, que chaque animal croyant que son voisin s'enfuit lors même qu'ils marchent à la bataille, ils courent tous les uns sur les autres, et s'entre-tuent sans aucun discernement. Quand la mêlée est ainsi engagée, les chasseurs ou les voyageurs peuvent passer impunément, et continuer leur route, ou piller et tuer à loisir.

Rien n'est plus singulier que le récit de Steller à ce sujet. « Un jour, dit-il, que j'étais avec un Cosaque, il creva les yeux à un chat marin, puis en attaqua cinq ou six à coups de pierre, et se retira du côté de l'aveugle. Celui-ci, croyant que ses compagnons qu'il entendait crier, couraient sur lui, se jeta sur ceux mêmes qui venaient à son secours. » Alors Steller, qui avait gagné une hauteur pour être témoin du combat que le Cosaque avait excité, vit tous ces animaux se tourner à leur tour contre l'aveugle, le poursuivre dans l'eau, où il s'était réfugié, le traîner sur le rivage, et le déchirer à coup de dents, jusqu'à ce qu'il restât mort sur la place.

Les combats ordinaires ne sont qu'un duel entre deux champions; mais il dure jusqu'à l'épuisement des forces. D'abord il commence à coups de pates, les combattans cherchant en même temps à frapper et à parer. Quand l'un des deux se sent le plus faible, il a recours aux coups de dents, qui font des incisions pareilles à celles que ferait un sabre; mais bientôt les spectateurs viennent au secours du vaincu pour séparer les combattans. Telle est l'ardeur des chats-marins pour la guerre, qu'il n'y en a presque point qui ne soient criblés de blessures, et que la plupart meurent plutôt dans les combats que de vieillesse. Aussi voit-on certains endroits de la côte tout couverts d'ossemens, comme le seraient nos champs de bataille, si les hommes n'ensevelissaient pas leurs morts.

La loutre de mer est le plus doux des animaux marins qui fréquentent la terre. Les femelles semblent montrer une tendresse singulière pour leurs petits, les tenant embrassés entre leurs pates de devant pendant qu'elles nagent sur le dos, jusqu'à ce qu'ils soient en état de nager. Malgré la faiblesse et la timidité, qui les font fuir devant les chasseurs, elles n'abandonnent leurs petits qu'à la dernière extrémité, prêtes à revenir à leur secours dès qu'elles les entendent crier. Aussi le chasseur tâche-t-il d'attraper une jeune loutre, quand il veut en avoir la mère. On recherche la loutre de mer pour sa fourrure épaisse et soyeuse, qui ressemble plus à du duvet qu'à du poil.

On les prend de plusieurs façons, soit à la pêche, en tendant des filets; soit à la chasse, avec des canots et des harpons. On les poursuit encore au printemps, avec des patins, sur les glaces que les vents d'est poussent vers la côte. Quelquefois ces animaux, trompés par le bruit que les vents font en hiver dans les forêts, tant il ressemble au mugissement des vagues, viennent jusqu'aux habitations souterraines des Kamtchadales, où ils tombent par l'ouverture d'en haut.

La plupart des navigateurs ont appelé *vache marine* ou *manati* le rytine, que Steller a le premier décrit avec exactitude. Le manati, ou lamentin, est un animal qui ressemble à celui-ci, mais que l'on ne trouve qu'entre les tropiques. La peau du rytine, noire, raboteuse, épaisse comme l'écorce d'un vieux chêne, est écailleuse et dure, au point de résister à la hache. Au lieu de dents, le rytine n'a que deux os blancs et plats, enchâssés dans les deux mâchoires. Ses yeux, petits en comparaison de sa tête, comme sa tête l'est à proportion de son corps, sont placés sur la même ligne que les narines, à distance égale entre le museau et les oreilles, qui sont des trous presque invisibles. Les deux pates ou nageoires qu'il a précisément au-dessous du cou lui servent à se cramponner si fortement aux rochers, que sa peau s'enlève par lambeaux avant que le pêcheur lui fasse lâcher prise. Cet animal pèse deux cents poudes; sa longueur est d'environ quatre sagènes, c'est-à-dire, de vingt-six ou vingt-sept pieds, et son poids de sept à huit mille livres.

Ces animaux nagent par bandes, et si près du rivage dans la haute marée, qu'on peut, dit Steller, leur toucher le dos avec la main. Quand on les tourmente ou qu'on les frappe, ils fuient, gagnent la mer, et reviennent bientôt. « Ces animaux, dit Kracheninnikov, ne prennent pas le moindre soin de leur conservation ; de sorte qu'on peut s'approcher au milieu d'eux avec des canots, marcher sur le sable, choisir et tuer celui qu'on veut. »

Chaque bande est composée de quatre rytines, le mâle, la femelle, et deux petits de grandeur et d'âge différens. En général, ces animaux tiennent leurs petits au milieu d'eux pour les mettre à couvert. Le mâle aime si fort sa femelle, qu'après avoir tenté vainement de la défendre et de la délivrer, quand les pêcheurs la tirent sur le rivage avec des harpons, il la suit malgré les coups dont il est accablé, s'élance subitement vers elle aussi vite qu'une flèche, et reste quelquefois deux ou trois jours attaché sur son corps mort.

Quand un homme, monté sur un canot de quatre rameurs, a jeté le harpon sur un de ces animaux, il y a trente pêcheurs sur le rivage qui tirent le monstre avec le câble attaché au harpon fait en forme d'ancre. Pendant qu'on tâche d'arracher le rytine des endroits où il s'accroche, les rameurs le percent à coups de pique. Dès qu'il est blessé, il s'agite extraordinairement ; aussitôt une foule d'autres viennent à son secours, ou pour renverser le canot avec leur dos, ou se mettre sur la corde pour la rompre, ou tenter de faire sortir le harpon à coups de queue.

La chair des rytines ressemble à celle du bœuf, quand ils sont vieux, et du veau, lorsqu'ils sont jeunes : l'une est dure, et l'autre aisée à cuire. Celle-ci s'enfle jusqu'à tenir deux fois plus de place cuite que crue. Le lard a le goût de celui du cochon. La viande se sale aisément, quoiqu'on ait prétendu le contraire.

L'Histoire des voyages est le fondement et le magasin de l'histoire universelle. Tous les écrivains, tous les savans doivent y puiser les connaissances et les matières qui sont de leur ressort. Mais comme ils ne cherchent dans chaque pays que les particularités qui le distinguent de tous les autres, on doit s'attacher à ne rassembler dans ce dépôt que les choses les plus singulières ; ou du moins, en se contentant d'indiquer les choses communes à plusieurs pays, ou les ressemblances, il ne faut s'arrêter que sur les différences. C'est là le véritable fonds de l'histoire, soit naturelle, soit civile. La description détaillée des choses appartient aux pays où elles abondent le plus ; il en est de même en général de toutes les productions, soit ordinaires, soit rares, qu'il faut toujours étaler et développer dans le séjour que la nature semble leur avoir plus spécialement assigné. Mais, comme les mêmes êtres varient selon les climats, ce sont ces variétés qu'il faut recueillir, en parcourant plusieurs fois l'échelle des es-

pèces qui se retrouvent la plupart dans toute
l'étendue du globe. C'est dans cet esprit qu'on
va suivre l'histoire des animaux qui habitent les
mers et les eaux intérieures du Kamtchatka.
On ne parlera que des espèces les plus abondantes de ces côtes, ou les plus nécessaires aux
habitans.

Partout où l'on trouve la baleine, on ne peut
la passer sous silence. Ce poisson occupe une
place considérable dans l'histoire des merveilleuses productions de la nature. L'Océan oriental et la mer de Pengina voient souvent de ces
monstrueux cétacés, qui s'annoncent, dit-on,
du fond de l'eau, par les jets prodigieux qu'ils
lancent à la surface d'une mer calme. On dit
même que les baleines approchent souvent si
près du rivage, quand elles viennent s'y frotter
pour se dégager des coquillages vivans dont
elles sont couvertes comme un rocher, que du
bord on pourrait les atteindre à coups de fusil.
Ce fait suppose que la mer est très-profonde
sur les côtes où ce poisson est si familier; car
on prétend qu'il s'y rencontre des baleines qui
ont depuis sept jusqu'à quinze sagènes de longueur. Les plus petites entrent quelquefois
dans les rivières, au nombre de deux ou trois;
mais les plus grosses s'éloignent des côtes de la
mer. Il est rare qu'on en prenne au Kamtchatka;
mais très-ordinaire d'en voir de mortes, que le
flux a jetées sur le rivage, où elles sont bientôt
dépécées. C'est surtout au cap Lopatka que
les tempêtes et les courans en amènent le

plus, et plutôt dans l'automne qu'au printemps.

Les Kamtchadales ont trois manières de prendre les baleines. Au midi, on se contente d'aller avec des canots leur tirer des flèches empoisonnées, dont elles ne sentent la blessure qu'au venin qui les fait enfler promptement, et mourir avec des douleurs et des mugissemens effroyables. Au nord, vers le 60e. degré, les Oliotoures, qui habitent la côte orientale, prennent les baleines avec des filets, faits de courroies de morse, qui sont larges comme la main. On les tend à l'embouchure des baies. Arrêtés par un bout avec de grosses pierres, ces filets flottent au gré de la mer, et les baleines vont s'y jeter et s'y entortiller de façon à ne pouvoir s'en débarrasser. Les Oliotoures s'en approchent alors sur leurs canots, et les enveloppent de nouvelles courroies avec lesquelles on les tire à terre pour les dépecer.

Les Tchouktchis, qui sont à cinq degrés plus au nord, font la pêche de la baleine comme les Européens et les Groënlandais, qui sont placés à la même hauteur du pôle, c'est-à-dire, qu'ils les prennent avec des harpons. Cette pêche est si abondante, qu'ils négligent les baleines mortes que la mer leur donne gratuitement. Ils se contentent d'en tirer la graisse, qu'ils brûlent avec de la mousse, faute de bois ; mais ils ne la mangent point comme les Kamtchadales ; aussi ne sont-ils pas sujets à être empoisonnés. Cet accident est très-commun aux peuples que la paresse ou la faim portent à se gorger de ces présens funestes que la mer leur envoie. « Je fus témoin, dit Kracheninnikov, au mois d'avril 1739, de l'horrible ravage que leur causa cette nourriture. Aux bords de la Berezova, par le 53e. degré de latitude sur la côte orientale, est une petite habitation appelée *Alaoun*. Je remarquai que tous ceux que je voyais étaient pâles et défaits. Comme je leur en demandai la raison, le chef de l'habitation me dit qu'avant mon arrivée, un d'entre eux était mort pour avoir mangé de la graisse d'une baleine empoisonnée, et que, comme ils en avaient tous mangé, ils craignaient de subir le même sort. Au bout d'environ une demi-heure, un Kamtchadale, très-fort et très-robuste, et un autre plus petit, commencèrent tout à coup à se plaindre, en disant qu'ils avaient la gorge tout en feu. Les vieilles femmes, qui sont leurs médecins, les attachèrent avec des courroies, vraisemblablement pour les empêcher d'aller dans l'autre monde. La femme d'un des malades, venant par-derrière, lui prononça tout bas quelques paroles sur la tête pour l'empêcher de mourir. Tout fut inutile; ils expirèrent tous deux le lendemain, et les autres, à ce que j'appris ensuite, furent bien long-temps à se rétablir. »

Si la graisse de baleine est quelquefois funeste aux Kamtchadales, ce cétacé leur est d'ailleurs utile à beaucoup de choses; ils emploient sa peau à des semelles et des courroies;

ses barbes ou fanons à coudre leurs canaux, à faire des filets pour prendre d'autres poissons; sa mâchoire inférieure à des glissoires pour les traîneaux et des manches de couteaux. Ses intestins leur servent de barrils, ses vertèbres de mortiers, ses nerfs et ses veines de cordes pour les piéges qu'ils tendent aux renards.

Avant de terminer cet article de la baleine, il ne faut pas omettre une erreur que Kracheninnikov relève dans Steller. Ce naturaliste, d'après le témoignage de gens qui disaient avoir vu des inscriptions latines sur des harpons de fer qu'on avait trouvés dans des baleines mortes, jetées sur les côtes du Kamtchatka, conclut que ces baleines venaient du Japon. Mais comment se persuader, dit Kracheninnikov, que, dans une distance si longue, et dans une mer parsemée d'un si grand nombre d'îles, ces baleines n'aient été arrêtées nulle part sur les côtes? Comment les Kamtchadales et les peuples barbares qui fréquentent le Kamtchatka ont-ils pu discerner ces lettres latines, eux qui ne savent lire aucune sorte de caractères, dans quelque langue que ce soit? Car, avant notre arrivée, poursuit l'observateur russe, il n'y avait point encore eu de Cosaque qui sût ce que c'était que des lettres latines. Kracheninnikov aurait pu ajouter que tous les peuples qui font la pêche de la baleine ignorent également le latin, à moins que quelque Allemand n'ait eu la fantaisie de faire graver des inscriptions latines sur des harpons de baleine. Mais alors il faut que les baleines atteintes de ces harpons voyagent du Spitzberg au Kamtchatka, par toute l'étendue de la mer Glaciale. Au reste, il serait peut-être aussi curieux et plus important d'attacher ces sortes de monumens au corps des baleines que de passer des anneaux au cou des faucons, avec la date de l'année où on les a pris, et le nom du chasseur qui les a remis en liberté. Cet usage offrirait un moyen de connaître en partie, et l'âge des baleines, et les courses qu'elles font.

A côté de la baleine on peut mettre son ennemi l'espadon; mais ce n'est pas l'animal connu généralement sous ce nom; celui-ci se nomme aussi *épée de mer* ou *dauphin gladiateur* : les Kamtchadales l'appellent *kasatka*. « Les plus gros, dit Steller, ont quatre sagènes de longueur : leur gueule est garnie de grandes dents pointues. C'est avec ces armes que le kasatka attaque la baleine, et non avec une sorte d'épée qu'il a sur le dos. Il est faux que cet animal, en plongeant sous la baleine, comme plusieurs personnes le prétendent, lui ouvre le ventre avec une nageoire pointue; car, quoiqu'il ait une espèce de nageoire fort aiguë, de la longueur d'environ deux archines, et que, lorsqu'il est dans l'eau, elle paraisse comme une corne ou comme un os, cependant elle est molle, n'est composée que de graisse, et l'on n'y trouve pas un seul os. »

C'est comme par l'effet d'une antipathie naturelle que le kasatka poursuit la baleine; car celle-ci le craint et le fuit, malgré la supériorité de sa masse et de ses forces, qui semble lui donner l'empire sur les habitans de la mer. Son ennemi la fait échouer sur la côte, ou la relance en haute mer, jusqu'à ce qu'il se trouve renforcé par une troupe de son espèce. Alors ils fondent tous ensemble sur le monstre, qui fait entendre le bruit de ses mugissemens à plusieurs milles; et ils le tuent sans le dévorer ni l'entamer. Les habitans du Kamtchatka profitent de cette chasse, et conservent une sorte de vénération pour le kasatka; mais ce culte est moins inspiré par la reconnaissance que par la crainte. Quand ils voient un de ces animaux, ils le conjurent, avec une espèce d'offrande, de ne point leur faire de mal : c'est qu'il submerge facilement un canot.

Le *motkoïa*, qui s'appelle *akoul* à Arkhangel, est un squale. Les Kamtchadales ont tant de frayeur de ce monstre, que, lors même qu'il est coupé en petits tronçons, ils disent qu'il remue continuellement, et que sa tête roule les yeux de toutes parts pour chercher son corps.

Il y a dans le Kamtchatka, dit Kracheninnikov, autant d'espèces de saumons que les naturalistes en ont observé dans tout l'univers. Ils y abondent si fort en été, que, s'il faut l'en croire, ils font déborder les rivières en les remontant avec le flux; et quand elles rentrent dans leur lit, la quantité de saumons qui restent morts sur le sable empesterait l'air de la puanteur qu'ils exhalent, sans les vents continuels qui le purifient. On ne peut donner un coup de harpon dans l'eau sans frapper sur un poisson ; la plupart des filets rompent sous le faix quand on veut les tirer; aussi ne fait-on que les tendre.

Cependant il n'y a guère de saumons au Kamtchatka qui restent plus de six mois dans les rivières, soit parce qu'ils n'y trouvent pas assez de nourriture, soit que la difficulté de les remonter ou de s'y arrêter faute de profondeur et d'asile les fasse rentrer dans la mer. Cependant c'est dans les rivières où ils sont nés qu'ils ont coutume de frayer. La femelle, dit Steller, se creuse une fosse dans le sable, et se tient sur ce trou jusqu'à ce que le mâle vienne, en la pressant, faire sortir de son sein les œufs qu'elle y contient, et les arroser du germe fécond qu'il exprime de sa laite. Ces œufs restent ainsi cachés et couverts dans les creux de sable jusqu'au moment d'éclore. Le mois d'août est la saison du frai. Comme les vieux poissons n'ont pas le temps d'attendre leurs petits, ils mènent toujours, dit-on, un saumon d'un an, qui, n'ayant que la grosseur d'un hareng, garde et couve, pour ainsi dire, le frai jusqu'au mois de novembre, où les petits nouvellement éclos gagnent la mer à sa suite. C'est un fait dont Kracheninnikov paraît si peu douter, qu'il suppose le même instinct à nos saumons d'Europe. Mais il croit que la différence d'âge entre les saumons naissans et celui d'un an, qui les garde et les mène, a fait que les naturalistes ont divisé par erreur une seule espèce en deux.

Le naturaliste russe distingue les différentes espèces de saumons par les temps où ils remontent dans les rivières; car ils sont si fidèles à garder l'ordre et la saison de leur marche, que les Kamtchadales ont donné les noms de ces différentes espèces aux mois dans lesquels ils les prennent. Tous les peuples chasseurs, pêcheurs, pasteurs ou laboureurs, ont dû commencer à distinguer les temps de l'année par les espèces d'animaux ou de productions que la nature leur offrait successivement sur la terre ou dans la mer.

Ainsi le mois de mai s'appelle chez les Kamtchadales *tchaovitcha*, parce que c'est le temps où le poisson de ce nom remonte le premier de la mer dans les rivières. Comme c'est le plus gros des saumons, on ne le trouve guère que dans les endroits profonds de la baie d'Avatcha et du Kamtchatka sur la côte orientale; du Bolchaia-Rieka, sur la mer de Pengina. Cette espèce de saumon, long d'environ trois pieds et demi sur dix pouces de largeur, pèse quelquefois près de quatre-vingt-dix livres. C'est une grande fête que la pêche de ce poisson, précurseur de tous les autres. Le premier que l'on prend est pour celui qui jette le filet. « Cette superstition des Kamtchadales déplaît fort aux Russes, dit Kracheninnikov; mais les menaces que ceux-ci peuvent faire en imposent moins aux sauvages que la crainte qu'ils auraient de commettre un grand crime, s'ils cédaient à leurs maîtres les prémices de leur pêche à quelque prix que ce fût. »

Le *niarka*, qui est proprement le saumon, vient au commencement de juin dans toutes les rivières du Kamtchatka. Quelques-uns remontent jusqu'aux sources, où l'on en prend avant que la pêche ait commencé dans les embouchures. Cependant le niarka ne séjourne pas long-temps dans le lit des rivières, préférant les eaux des lacs, parce qu'elles sont, dit Steller, épaisses et fangeuses. Ce poisson pèse rarement au delà de quinze livres.

Le *kaita* ou *kaïbo*, plus beau que le niarka, se montre dès les premiers jours de juillet dans toutes les rivières. En automne, on le pêche près des sources, dans des creux profonds où les eaux sont tranquilles. Sa chair est blanche, et sa peau sans aucune tache.

Le *belaïa riba*, qu'on appelle le poisson blanc, soit parce qu'il a dans l'eau une couleur d'argent, soit parce que c'est le meilleur de tous les poissons à chair blanche, ressemble au kaita pour la grosseur et la figure; mais il en diffère par des taches noires oblongues dont il a le dos parsemé. Quand les vieux poissons de cette espèce ont déposé leurs œufs, ils s'enfoncent dans des endroits profonds, où la vase est épaisse, où l'eau ne gèle jamais; aussi peut-on en prendre même en hiver; c'est la ressource des peuples méridionaux du Kamtchatka; mais en février il n'est pas aussi gras qu'en automne.

Quelque soit l'instinct ou le besoin qui attire

ces poissons dans les rivières, cet attrait est plus fort que le courant des flots qu'il leur fait remonter malgré la plus grande rapidité.

Quand un poisson est las de lutter contre cet obstacle, il s'enfonce dans un endroit plus calme de la rivière pour reprendre des forces. N'en a-t-il point assez en lui-même, il s'attache à la queue d'un autre poisson plus vigoureux qui l'entraîne à sa suite dans les passages rapides et périlleux. Aussi voit-on la plupart de ces poissons que l'on pêche avoir la queue entamée ou mordue. Il y en a qui vont mourir dans le sable ou sur le rivage plutôt que de retourner à la mer, du moins avant la saison.

Steller dit que, lorsqu'ils sont forcés d'y revenir, quoiqu'ils aiment à garder l'embouchure des rivières où ils sont nés, quelquefois ils en sont écartés par les tempêtes, et jetés sur le cours d'un fleuve étranger. C'est pourquoi l'on voit, dans certaines années, une rivière abonder de cette sorte de poissons, tandis qu'une autre en manque tout-à-fait. Quelquefois on est dix ans avant de revoir dans une rivière les poissons qui en ont perdu l'embouchure. Cet accident n'arrive que lorsque les jeunes poissons qui gagnent la mer en automne y sont accueillis par la tempête. S'ils y entrent dans un temps calme, comme c'est l'ordinaire, ils n'ont qu'à s'enfoncer dans un endroit profond; ils y sont à l'abri de l'orage, l'agitation des tempêtes ne se faisant jamais sentir plus bas qu'à soixante sagènes de profondeur. Ainsi l'aigle et le saumon peuvent défier les vents : l'un est au-dessus, l'autre est au-dessous de leurs ravages.

Kracheninnikov fait une classe à part des espèces de poissons qui fréquentent indifféremment toutes les rivières, et dans tous les temps.

La première de ces espèces est le *goltsi*, qui grossit jusqu'à peser vingt livres. Il entre dans le Kamtchatka, et, par les petites rivières qu'il reçoit, gagne les lacs d'où sortent ces rivières. C'est là qu'il séjourne et s'engraisse à loisir durant cinq ou six ans, qui font le terme de sa vie.

La première année, ces poissons croissent en longueur; la seconde, plus en largeur; la troisième, en grosseur par la tête; et les trois dernières années, deux fois plus en épaisseur qu'en longueur. C'est à peu près ainsi que doivent croître les truites, dont le goltsi fait une espèce.

Une seconde espèce est le *monikiz*, distingué des autres sortes de truites par une raie rouge assez large qu'il a de chaque côté du corps, depuis la tête jusqu'à la queue. Il mange les rats qui traversent les rivières en troupes. Il Il aime la baie du brovnitsa, espèce de myrtille qui croît sur le bord des eaux. Quand il en voit, il s'élance de l'eau pour en attraper la feuille et le fruit. C'est un très-bon poisson, mais il est rare. Comme on ne sait quand il entre dans l'eau douce ou retourne dans la mer, on conjecture qu'il remonte les rivières sous la glace.

Les Kamtchadales ont aussi des éperlans,

qu'ils appellent *korioukhi*. Ce sont de très-petits poissons d'un goût si désagréable, que les pêcheurs aiment mieux les donner à leurs chiens que de s'en nourrir. De trois espèces, la plus abondante est celle qu'ils nomment *ouiki*. On dit que les rivages de la mer orientale en sont quelquefois couverts l'espace de cent verstes, à un pied de hauteur. On les distingue, parce qu'ils nagent toujours trois ensemble, se tenant par une raie velue qu'ils ont des deux côtés, et si fortement attachés, que quiconque en veut pêcher en a trois à la fois.

Kracheninnikov termine l'histoire des poissons du Kamtchatka par les harengs, qu'on appelle dans le pays *beltchoucht*. Ce poisson ne se trouve guère dans la mer de Pengina; mais en revanche, il abonde dans la mer orientale, où il a une large carrière. Aussi d'un seul coup de filet en prend-on quatre tonneaux.

Cette pêche se fait dans le lac Vilioutchin, qui est éloigné de cinquante sagènes de la mer, avec laquelle il communique par un bras. « Quand les harengs y sont entrés, dans l'automne, ce bras ou détroit est bientôt fermé par les sables que les tempêtes y entassent. Au printemps les eaux du lac, gonflées par la fonte des neiges, rompent cette digue de sable, et rouvrent aux harengs le passage dans la mer. Comme ils se rendent à ce détroit vers la saison où il doit être libre, les Kamtchadales brisent la glace dans un endroit, y passent leurs filets, où sont attachés quelques harengs pour amorcer les autres, et couvrent l'ouverture de nattes. Un pêcheur veille sur un trou pratiqué dans les nattes pour voir le moment où les poissons entrent dans les filets, en voulant passer le détroit et regagner la mer. Aussitôt il appelle ses compagnons, ôte les nattes, et l'on tire les filets remplis de harengs. On les enfile par paquets dans des ficelles d'écorce d'arbre, et les Kamtchadales les emportent chez eux sur des traîneaux. » C'est ainsi que l'industrie, excitée par le besoin, varie chez tous les peuples avec la situation des lieux et des choses qui concourent à satisfaire ce besoin. Le hareng est le même sur toutes les mers; mais la manière de le prendre n'est pas la même sur toutes les côtes.

L'histoire des pays sauvages est plutôt celle des animaux que des hommes. Mais, quoique partout où l'homme destructeur n'a point imprimé la trace meurtrière de ses pas tous les autres habitans de la terre y dussent trouver un sûr asile et s'y multiplier à loisir, cependant on peut dire en général, peu d'hommes, peu d'animaux: tant la voracité, la guerre, la curiosité, l'ennui du repos, la soif du butin, les besoins et les passions de l'espèce humaine l'agitent et la poussent dans tous les lieux où les productions, soit animales, soit végétales, peuvent fournir des alimens à l'être qui, dévorant tout ce qui vit, se reproduit de la mort de tous les autres êtres. Si donc le Kamtchatka n'est pas aussi peuplé qu'on devrait l'attendre du climat, c'est que la terre y présente peu de subsistances aux hommes ; c'est que le sol montagneux ou marécageux ne produit guère de verdure entre les pierres ou les eaux dont il est couvert. Dès lors on doit imaginer que les oiseaux y sont rares : aussi ne sont-ce la plupart que des oiseaux aquatiques ; et la mer en fournit les plus nombreuses espèces.

Elles sont presque toutes sur la rive orientale du Kamtchatka, parce que les montagnes leur offrent un asile plus voisin, et l'Océan plus de nourriture.

Le plus connu de ces oiseaux est le macareux, désigné sous le nom de *canard du nord*. Les Kamtchadales l'appellent *ypatka*. On le trouve sur toutes les côtes de la presqu'île, et il n'a rien de particulier pour le Kamtchatka que d'y être fort commun.

Un autre oiseau du même genre, qui ne se trouve point ailleurs, est le *mouïchatka*. Il diffère de l'ypatka, qui a le ventre blanc, en ce qu'il est tout noir, et qu'il a sur la tête deux longues plumes effilées d'un blanc jaunâtre, qui, partant de dessus les yeux, lui pendent comme deux tresses de chaque côté du cou.

L'*arau* ou le *kara* est une espèce de plongeur. Cet oiseau, plus gros que le canard, a la tête, le cou et le dos noirs, le ventre bleu, le bec long, droit, noir et pointu, les jambes d'un noir rougeâtre, et trois ergots unis par une membrane noire. Ses œufs sont très-bons à manger ; sa chair est mauvaise, et sa peau sert à faire des fourrures.

Il y a des cormorans qui sont particuliers au Kamtchatka : on les appelle *tchaiki*. Deux de ces espèces diffèrent par les plumes, que l'une a noires, et l'autre blanches. Le tchaiki est gros comme une oie, a le bec long de cinq pouces, tranchant sur les bords; la queue longue de huit à neuf pouces; les ailes de sept pieds d'envergure, quand elles sont étendues; le gosier si large, qu'il avale de grands poissons tout entiers. Il ne peut se tenir sur ses pieds, ni s'élever de terre pour voler, quand il a mangé. Mais par ses traits il ressemble sans doute à beaucoup d'autres oiseaux déjà décrits dans cet ouvrage, quoique les naturalistes soient ordinairement si peu d'accord dans leurs descriptions, qu'ils font tantôt plusieurs sortes d'oiseaux d'une seule espèce, tantôt une seule espèce de plusieurs; le bec, les pieds, les ailes, la nuance et la place des couleurs et des taches, se variant à l'infini, non-seulement d'une espèce à l'autre, mais entre les individus de la même espèce, selon l'âge et le climat. Il suffit donc de recueillir dans cette histoire les relations de divers animaux avec l'homme, c'est-à-dire, ce qu'il y a de particulier entre ces espèces et la nôtre dans les différens pays qu'elles habitent ensemble. Ainsi l'on se contentera de dire que l'homme se sert de la vessie du tchaiki pour l'attacher à ses filets, au lieu de liége, et qu'il pêche ces sortes d'oiseaux : voici comment.

Les Kamtchadales passent un hameçon de fer

ou de bois à travers le corps d'un poisson ; en sorte que l'instrument demeure caché sous la nageoire qui est sur le dos. On jette cette amorce dans la mer. Les tchaïki veulent aussitôt se disputer la proie, et quand le plus fort des combattans a saisi l'hameçon, on tire le tout avec une courroie qui tient à l'amorce. Quelquefois on attache un de ces oiseaux vivans à cette espèce de ligne pour en attraper d'autres, en lui liant le bec, de peur qu'il n'avale l'amorce.

Parmi les oiseaux de mer, on distingue l'*oiseau de tempête*, espèce de pétrel. Les navigateurs l'appellent ainsi, parce qu'il vole fort bas, rasant la surface des eaux, ou qu'il vient se percher sur les vaisseaux, quand il doit y avoir une tempête. Cette allure en est un présage infaillible.

Au nombre de ces oiseaux de mauvais augure, Steller range les starik et les gloupichi. Les premiers, dont le nom est russe et signifie une faucille, sont de la grosseur d'une grive, ont le ventre blanc, et le reste du plumage d'un noir quelquefois tirant sur le bleu. Il y en a qui sont entièrement noirs, avec un bec d'un rouge de vermillon, et une huppe blanche sur la tête. Les naturalistes les nomment *alques huppés*. Les gloupichi tirent leur nom de leur stupidité ; c'est l'alque, perroquet des naturalistes ; ils sont gros comme un pigeon. Les îles ou les rochers situés dans le détroit qui sépare le Kamtchatka de l'Amérique en sont tout couverts. Le dessus de la tête et du cou, le dos, les ailes et la queue sont noirs, avec quelques tâches blanches. Les Kamtchadales, pour les prendre, n'ont qu'à s'asseoir près de leur retraite, vêtus d'une pelisse à manches pendantes. Quand ces oiseaux viennent le soir se retirer dans des trous, ils se fourrent d'eux-mêmes dans la pelisse du chasseur, qui les attrape sans peine.

Le kaïover on kaior, ou petit guillemot, est un oiseau noir, avec le bec et les pates rouges. Les Cosaques l'appelent *isvochiki*, parce qu'il siffle comme les conducteurs de chevaux.

Il y a encore sur ces côtes d'autres cormorans; l'un, entre autres, qu'on appelle *ouril*, est gros comme une oie. Il a le corps d'un noir blanchâtre, les cuisses blanches, les pieds noirs, le bec noir par-dessus, et rouge par-dessous.

Les Kamtchadales disent que les ourils n'ont point de langue, parce qu'ils l'ont changée avec les chèvres sauvages pour les plumes blanches qu'ils ont au cou ou aux cuisses. Cependant cet oiseau crie soir et matin, et son cri ressemble, dit Steller, au son de ces trompettes d'enfant qu'on vend aux foires de Nuremberg. Quand il nage, il porte le cou droit; et quand il vole, il l'allonge. Il habite la nuit par troupes sur le bord des rochers escarpés, d'où le sommeil le fait souvent tomber dans l'eau, pour être la proie des renards qui sont à l'affût. Les Kamtchadales vont lui dérober ses œufs durant le jour, au risque de se casser le cou dans des précipices, ou de se noyer en tombant dans la mer. On prend ces oiseaux avec des filets, ou même avec des lacets enfilés à de longues perches. Quand ils sont une fois posés, ils ne quittent guère leur place, même en voyant prendre ceux qui sont à leurs côtés. Si l'oiseleur vient leur présenter le lacet au bout de la perche qu'il tient à la main, ils détournent la tête pour s'en défendre, mais restent au même endroit jusqu'à ce que leur cou soit pris au nœud coulant.

Les rivières ont aussi leurs oiseaux, et le roi de ces oiseaux est le cygne, qui, comme le dit si bien Saint-Lambert dans son poëme *des Saisons*,

Navigue avec orgueil, flotte avec majesté.

Mais tout l'honneur qu'il reçoit est d'être mangé au dîner des Kamtchadales, dans les festins ou les repas d'invitation. Au temps de la mue, on le prend avec des chiens, on le tue avec des bâtons.

Il y a plus d'adresse dans la manière d'attraper les oies sauvages. Dans l'endroit où ces oiseaux se retirent le soir, on fait des huttes à deux portes. Un chasseur, couvert d'une chemise ou d'une pelisse blanche, s'approche doucement des oies. Quand il en a été aperçu, il regagne en rampant la hutte ouverte; les oies l'y suivent; il sort par l'autre extrémité de la cabane, dont il ferme la porte; puis il en fait le tour, et, rentrant par la première porte, il assomme toutes les oies.

On les prend aussi dans des fossés que l'on creuse le long des lacs où elles se tiennent. Lorsqu'elles veulent se promener, elles marchent sur ces trappes que l'on a cachées sous des herbes, et y tombent de façon que leurs ailes sont prises et serrées dans ces fosses étroites.

Ces oies ne sont pas plus sédentaires au Kamtchatka que dans les autres pays. Steller dit qu'elles arrivent au mois de mai pour s'en retourner en novembre. Il prétend qu'elles viennent de l'Amérique, car il les a vues passer devant l'île de Behring en automne, vers l'est; au printemps, vers l'ouest.

Les canards sont encore plus communs que les oies, puisqu'il y en a de dix espèces, sans compter les canards domestiques. Une de ces espèces, qu'on nomme *sauki*, est remarquable par son cri, qui exprime son nom. Steller dit qu'il est composé de six tons qu'il a notés de la manière suivante :

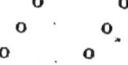

C'est de son cri que les Kamtchadales l'appellent *aanghitche*. Le naturaliste attribue ces trois modulations à trois ouvertures du larynx, qui sont couvertes d'une membrane fine et déliée.

Une espèce de canards particulière au Kamtchatka, ce sont les canards des montagnes. « La tête des mâles est d'un noir aussi beau que du velours. Ils ont près du bec deux taches blanches, qui montent en ligne droite jusqu'au-dessus des yeux, et qui ne finissent que sur le derrière de la tête par des raies roussâtres. Ils ont au-dessus des oreilles une petite tâche blanche de la grandeur d'une lentille ; le bec, ainsi que chez les autres canards, large, plat, et d'une couleur bleuâtre ; un bande longitudinale blanche de chaque côté du cou ; un ruban pareil, liseré d'un noir de velours, à travers la poitrine, et un second au-dessus de l'origine des ailes ; le le dos d'un brun noirâtre ; le croupion et les couvertures de la queue d'un noir bleu très-foncé ; la poitrine, gris de fer ; le ventre, gris brun ; les flancs, d'un roux vif ; les pennes des ailes et de la queue, brunes ; le milieu, d'un bleu pourpré ; les pieds, de couleur de plomb, et les ongles gris. Cet oiseau pèse environ deux livres. C'est un gibier excellent. La femelle n'est pas si belle ; ses plumes sont noirâtres, et chacune d'elles, vers la pointe, est d'une couleur jaunâtre, un peu bordée de blanc : elle a la tête noire et marquetée de tâches blanches sur les tempes : elle ne pèse pas tout-à-fait une livre et demie. »

Ces femelles sortfont stupides, continue Kracheninnikov ; car, au lieu de s'envoler quand elles voient un homme, elles ne font que plonger dans l'eau, qui sans doute est leur principal élément. Mais les eaux sont si basses et si claires, qu'il est aisé d'y tuer ces canards à coups de perche.

Cependant on en prend beaucoup moins à cette sorte de battue qu'à la chasse. Ce dernier exercice, aussi amusant qu'utile, demande de l'adresse : l'automne en est la saison. On va dans les endroits couverts de lacs ou de rivières entrecoupés de bois; on nettoie des avenues à travers ces bois, d'un lac à l'autre ; on lie ensemble des filets qui sont attachés à de longues perches, et qu'on peut tendre ou lâcher au moyen d'une corde, dont on tient les deux bouts. Sur le soir, on tend ces filets à la hauteur du vol des canards. Ces oiseaux viennent s'y jeter d'eux-mêmes en si grand nombre et avec tant de force, qu'ils les rompent souvent, et volent à travers, en passant d'un lac à l'autre, ou rasant la surface de l'eau le long d'une rivière.

Ces canards tiennent lieu de baromètre et de girouette aux Kamtchadales, avec cette différence, qu'ils indiquent plutôt le temps à venir que le temps actuel, et qu'ils tournent et volent contre le vent qu'ils annoncent. Mais ces pronostics ne sont pas infaillibles.

Le Kamtchatka n'a dans ses rochers que des oiseaux de proie. A la cime de ces rochers sont les nids des aigles, qui ont six pieds de diamètre, sur trois ou quatre pouces de hauteur. Tous les jeunes aiglons sont blancs comme le cygne; ensuite les uns deviennent gris, les autres bruns, ou couleur d'argile; les autres noirs, et les autres tachetés de noir et de blanc. Les aigles mangent le poisson, et les Kamtchadales mangent l'aigle : c'est ainsi que les substances animales ou végétales passent les unes dans les autres par la nutrition, et l'homme seul se nourrit de presque toutes. Mais, par une circulation singulière des germes de la vie et de la mort, quand les volatiles, les poissons et les quadrupèdes voraces se sont nourris d'une infinité d'espèces, prises dans les différentes classes du règne animal et sensible, l'homme qui a dévoré toutes ces espèces l'une après l'autre est à son tour la proie de mille insectes les plus vils.

Ils sont très-communs au Kamtchatka. Si les chaleurs de l'été n'y sont pas assez vives pour multiplier beaucoup ces générations, en revanche, les eaux, dont le pays est coupé, font que les vers y fourmillent. La terre en est couverte ; le poisson qu'on fait sécher en est dévoré jusqu'à la peau, qui reste seule. Les moucherons et les cousins rendent ce pays insupportable dans la seule saison où il serait habitable. Heureusement, comme les Kamtchadales sont alors occupés à la pêche, où la fraîcheur et la continuité des vents écartent ces essaims fâcheux que le soleil fait éclore, ils n'en souffrent pas extrêmement. L'humidité de l'air fait aussi qu'on voit peu de papillons, si ce n'est vers la source du Kamtchatka, où la sécheresse du sol et le voisinage des bois les rendent communs. Mais ce qu'il y a de singulier, c'est qu'on en a vu des multitudes prodigieuses voler sur des vaisseaux éloignés de la côte à plus de trente verstes. Peuvent-ils aller si loin sans se reposer? ou bien éclosent-ils sur les vaisseaux mêmes? Dans ce cas, les apporterait-on au Kamtchatka d'un climat étranger, comme les punaises qu'on trouve aux environs du Bolchaia-Rieka et de l'Avatcha, où sans doute elles sont venues dans des coffres et sur des habits?

Si les Kamtchadales sont délivrés de la plupart de nos insectes, ils sont encore plus tourmentés par les poux qu'on ne l'est en Italie et même en Espagne. On en trouve sur les bords de la mer une espèce qui s'insinue entre cuir et chair, et cause des douleurs aiguës, qu'on ne peut faire cesser qu'en coupant la chair vive où elle a fait son nid. Quant aux poux ordinaires, cet insecte domestique des climats chauds, ils abondent tellement au Kamtchatka, que les femmes n'ont souvent d'autre occupation que de s'en délivrer. Elles les font tomber par tas sur leurs habits, en passant leurs cheveux à travers les doigts, qui leur servent de peigne. Les hommes s'en débarrassent avec des étrilles de bois, dont ils se frottent le dos. Mais les hommes et les femmes mangent également leurs poux, sans doute par représailles. Les Cosaques sont obligés de menacer les Kamtchadales de les battre comme des enfans pour les déshabituer de cette malpropreté. Mais on ne saurait empêcher une femme de ce pays de manger des araignées quand elle en trouve, soit avant de s'exposer à la grossesse, soit durant cet état, ou au terme d'accoucher. L'idée qu'on a de la vertu de cet insecte pour la fécondité, fait qu'un mari trouve sa femme mieux disposée, dit-on, à ses approches, quand elle a satisfait à ce goût bizarre pour les araignées.

CHAPITRE IV.

Habitans du Kamtchatka.

Le Kamtchatka, tenant par son extrémité septentrionale au continent, et communiquant au midi avec les îles Kouriles par la mer, ses habitans doivent participer du caractère, de la figure et du langage des peuples qui les environnent. Aussi sont-ils comme divisés en trois nations et trois langues : la Koriake au nord, la Kourile au midi, la Kamtchadale entre deux. Celle-ci, qui est la principale nation, et ne parle que la même langue, habite depuis la source du Kamtchatka jusqu'à son embouchure, et le long de la mer orientale.

Les Kamtchadales s'appellent eux-mêmes *Itelmen*, c'est-à-dire, habitans du pays. Depuis quand l'habitent-ils? Ils y ont été créés, disent-ils. D'où viennent-ils? De la Mongolie, répond Steller. Quelles sont les preuves de cette conjecture? En voici deux.

La langue des Kamtchadales a beaucoup de mots terminés comme celle des Mongols chinois, en *ong*, *ing*, ou *tchin*, *tcha*, ou *ksin*, *ksung*. Ces deux langues se ressemblent dans les déclinaisons et les mots dérivés. Les variations et les aberrations qui se trouvent entre elles viennent du temps et du climat.

Une autre preuve de descendance est la conformité de figure. Les Kamtchadales sont petits et basanés comme les Mongols. Ils ont les cheveux noirs, peu de barbe, le visage large et plat, le nez écrasé comme les Kalmouks. Ces traits, et des rapports dans le caractère des deux nations achèvent de prouver à Steller que ces nations ont une origine commune, ou que l'une vient de l'autre. Mais leur séparation, dit-il, doit être antérieure à celle du Japon d'avec la Chine; et la preuve qu'elle est très-ancienne, c'est que les Kamtchadales n'ont aucun usage ni presque aucune idée du fer, dont les Mongols se servent depuis plus de deux mille ans. Ils ont perdu jusqu'à la tradition de leur origine; ils ne connaissent que depuis peu de temps les Japonais, et même les Kouriles. Ils étaient très-nombreux quand les Russes arrivèrent chez eux, quoique les inondations, les ouragans, les bêtes féroces, le suicide et les guerres intestines fussent des causes continelles de dépopulation. Ils ont une connaissance de la propriété des herbes, qui suppose une longue expérience; mais surtout les instrumens et les ustensiles dont ils se servent sont différens de ceux des autres nations. De tous ces faits, Steller conclut que les Kamtchadales sont de la plus haute antiquité, et qu'ils ont été poussés dans leur presqu'île par les conquérans de l'Orient, comme les Lapons et les Samoïèdes ont été chassés au nord par les Européens. Quoi qu'il en soit de ces conjectures, que les Kamtchadales soient venus des bords du Léna, d'où ils auront été chassés par les Tongouses, ou qu'ils soient issus de la Mongolie, au delà du fleuve Amour, l'incertitude même de leur origine en prouve l'ancienneté, et les révolutions éternelles des peuples qui les entourent sur le continent font présumer qu'ils sont arrivés au Kamtchatka par terre, et non par mer, car c'est le continent qui a peuplé les îles, et non les îles qui ont peuplé le continent.

Les Kamtchadales ressemblent, par bien des traits, à quelques nations de la Sibérie; mais ils ont le visage moins long et moins creux, les joues plus saillantes, la bouche grande et les lèvres épaisses; les épaules larges, surtout ceux qui vivent sur les bords de la mer. Il ne serait pas même surprenant que ces hommes sauvages eussent quelques rapports éloignés de figure avec les animaux dont ils font la chasse, la pêche et leur nourriture, si l'imagination, le climat, les habitudes, les sensations, et surtout les alimens de la mère influent dans la formation du fœtus. Mais si les Kamtchadales ne ressemblent en rien aux animaux dont ils se nourrissent, du moins ils sentent le poisson, et ils exhalent une odeur forte d'oiseaux de mer; aussi musqués par excès de saleté qu'on peut l'être par un raffinement de propreté.

Avant d'entrer dans le tableau de leurs mœurs, il faut connaître leurs occupations; elles se rapportent toutes à leurs premiers besoins, la nourriture, les vêtemens et le logement.

Ce peuple vit de racines, de poissons et d'amphibies; mais il fait plusieurs sortes de mélanges de ces trois substances. Leur principal aliment est l'*ioukola* ou le zaal : c'est là leur pain. Ils découpent toutes les espèces de saumons en six parties. On en fait pourir la tête dans des fosses ; le dos et le ventre sèchent à la fumée; la queue et les côtes à l'air. On pile la chair pour les hommes, et les arêtes pour les chiens. On dessèche cette espèce de pâte, et l'on en mange tous les jours.

Le second mets est le caviar, qui se fait avec des œufs de poisson. Il y a trois façons de le préparer. On fait sécher les œufs à l'air, suspendus avec la membrane qui les enveloppe, ou dépouillés de ce sac, et étendus sur le gazon. D'autres fois on renferme ces œufs dans des tiges d'herbe ou des rouleaux de feuilles ; on les sèche au feu ; enfin on les met sur une couche de gazon, au fond d'une fosse, et on les couvre d'herbe et de terre pour les faire fermenter. C'est ce caviar dont les Kamtchadales sont toujours pourvus. Avec une livre de cette sorte de provision un homme peut subsister long-temps sans autre nourriture. Quelquefois il mêle à son caviar sec de l'écorce de saule ou de bouleau. Ces deux alimens veulent être ensemble : le caviar seul fait dans la bouche une colle qui s'attache aux dents, et l'écorce est trop sèche pour qu'on puisse l'avaler.

Un régal plus exquis encore est le tchoupriki. On étend sur une claie, à sept pieds au-dessus du foyer, des poissons moyens de toute espèce. On ferme les habitations pour les chauffer comme des étuves ou des fours, quelquefois avec deux ou trois feux. Quand le poisson s'est ainsi cuit lentement dans son jus, moitié rôti, moitié fumé, on en tire aisément la peau, on en vide les entrailles, on le fait sécher sur des nattes, on le coupe en morceaux, et on garde ces provisions dans des sacs d'herbes entrelacées.

Ce sont là les mets ordinaires qui tiennent lieu de pain. La viande des Kamtchadales est la chair des phoques et des monstres marins. Voici comment on en fait des provisions. On creuse une fosse, dont on pave le fond avec des pierres. On y met un tas de bois qu'on allume par-dessous. Quand la fosse est chauffée, on en retire les cendres; on garnit le fond d'un lit de bois d'aulne vert, sur lequel on étend par couches de la graisse et de la chair de phoque, entrecoupant ces couches de branches d'aulne; et quand la fosse est remplie, on la couvre de gazon et de terre pour tenir la vapeur bien renfermée. Après quelques heures, on retire ces provisions, qui se gardent une année entière, et valent mieux ainsi boucanées que cuites.

La manière dont les Kamtchadales mangent

la graisse de phoques, est de s'en mettre dans la bouche un long morceau qu'ils coupent près des lèvres, avec un couteau, et de l'avaler sans la mâcher.

Le mets le plus recherché des Kamtchadales est le sélaga. C'est un mélange de racines et de baies broyées ensemble, à quoi l'on ajoute du caviar, de la graisse de baleine, du phoque et du poisson cuit. Tous les peuples sauvages ont ainsi leur *oille*, qu'ils préparent d'une manière qui est dégoûtante pour tout autre qu'eux. Les femmes kamtchadales nettoient et blanchissent leurs mains crasseuses dans le sélaga, qu'elles pétrissent et délaient avec la sarana.

Ce peuple n'a que l'eau pour boisson. Autrefois, pour s'égayer, ils y faisaient infuser des champignons. Aujourd'hui, c'est de l'eau-de-vie qu'ils boivent, quand les Russes veulent leur en donner par grâce, en échange de ce que ces sauvages ont de plus beau et de plus cher. Les Kamtchadales sont fort altérés par le poisson sec dont ils se nourrissent : aussi ne cessent-t-ils de boire de l'eau après leur repas, et même la nuit. Ils y mettent de la neige ou de la glace pour l'empêcher, dit-on, de s'échauffer.

L'homme sauvage est nécessairement plus féroce au nord qu'au midi. Destructeur à double titre, la nature, qui lui donne beaucoup de faim et peu de fruits, veut qu'il tue les animaux pour se nourrir et pour s'habiller. Ainsi le Kamtchadale engraissé, rempli de poissons ou d'oiseaux aquatiques, est encore vêtu, couvert et fourré de leurs peaux. C'est à ce prix sans doute qu'il est le roi de la nature dans l'étroite péninsule qu'il habite. Avant que ce peuple eût été policé par les Russes et les Cosaques, à coups de fusil et de bâton, il se faisait un habillement bigarré de peaux de renards, de phoques, et de plumes d'oiseaux de mer grossièrement cousues ensemble. Aujourd'hui les Kamtchadales sont aussi bien vêtus que les Russes. Ils ont des habits courts qui descendent jusqu'aux genoux ; ils en ont à queue qui tombent plus bas : ils ont même un vêtement de dessus ; c'est une espèce de casaque fermée, où l'on ménage un trou pour y passer la tête. Ce collet est garni de pâtes de chien dont on se couvre le visage dans le mauvais temps, sans compter un capuchon qui se relève par-dessus la tête. Ce capuchon, le bout des manches qui sont fort larges, et le bas de l'habit, sont garnis tout autour d'une bordure de peau de chien blanc à longs poils. Ces habits sont galonnés sur le dos et les coutures de bandes de peaux ou d'étoffes peintes, quelquefois chamarrés de houppes de fil, ou de courroies de toutes couleurs. La casaque est une pelisse d'un poil noir, blanc ou tacheté, qu'on tourne en dehors. C'est là l'habit que les Kamtchadales appellent *kakpitach*, et les Cosaques *koukliancha*. Il est le même pour les femmes que pour les hommes : les deux sexes ne diffèrent dans leurs habits que par les vêtemens de dessous.

Les femmes portent sous la casaque une camisole et un caleçon cousus ensemble. Ce vêtement se met par les pieds, se ferme au collet avec un cordon, et s'attache en bas sous le genou. On l'appelle *chonba*. Les hommes ont aussi, pour couvrir leur nudité, une ceinture qu'ils appellent *machva*. On y attache une espèce de bourse pour le devant, et un tablier pour le derrière. C'est le déshabillé de la maison : c'était tout l'habit d'été d'autrefois. Aujourd'hui les hommes ont pour l'été des caleçons ou culottes de femme qui descendent jusqu'aux talons. Ils en ont même pour l'hiver, mais plus larges et fourrées, avec le poil en dedans sur le derrière, en dehors autour des cuisses.

Les hommes ont pour chaussure des bottines courtes ; les femmes les portent jusqu'au genou. La semelle est faite de peau de phoque, fourrée en dedans de peaux à longs poils pour l'hiver, ou d'une espèce de foin. Les belles chaussures des Kamtchadales ont la semelle de peau blanche de phoque, l'empeigne de cuir rouge et brodé comme leur habit ; les quartiers sont de peau blanche de chien, et la jambe de la bottine est de cuir sans poil, et même teint. Mais quand un jeune homme est si magnifiquement chaussé, c'est qu'il a une maîtresse.

Autrefois les Kamtchadales avaient des bonnets ronds, sans pointe, faits de plumes d'oiseaux et de peaux de bêtes, avec des oreilles pendantes. Les femmes portaient des perruques, on ne dit pas de quelle matière, si c'est de poil d'animaux, ou d'une espèce de jonc velu; mais elles étaient si attachées à cette coiffure, dit Steller, qu'elles ne voulaient point se faire chrétiennes, parce qu'on leur ôtait la perruque pour les baptiser ou qu'on leur coupait les cheveux qu'elles avaient quelquefois naturellement frisés et bouclés en perruque. Aujourd'hui ces femmes ont le luxe de celles de Russie : elles portent des chemises, même avec des manchettes.

Elles ont poussé la propreté jusqu'à ne travailler plus qu'avec des gants, qu'elles ne quittent jamais. Elles ne se lavent pas même le visage ; elles se le teignent avec du blanc et du rouge. Le premier est fait d'une racine vermoulue, qu'elles mettent en poudre, et le second, d'une plante marine qu'elles font tremper dans l'huile de phoque. Dès qu'elles voient un étranger, elles courent se laver, s'enluminer et se parer.

Le luxe a fait de tels progrès au Kamtchatka, depuis que les Russes y ont porté leur goût et leur politesse, qu'un Kamtchadale, dit-on, ne peut guère s'habiller, lui et sa famille, à moins de cent roubles ou de cinq cents francs. Mais sans doute cette dépense s'arrête aux riches ; car il y a des gens encore vêtus à l'ancienne mode, et surtout les vieilles femmes. Un Kamtchadale du premier ordre est un homme qui porte sur son corps du renne, du renard, du chien, de la marmotte, du belier sauvage, des pates d'ours et de loups, beaucoup de phoque et de plumes d'oiseaux. Il ne faut pas écorcher moins de vingt bêtes pour habiller un Kamtchadale à l'antique.

Une des commodités de la vie des sauvages, est de changer d'air et de logement avec les saisons. S'ils n'ont pas de ces palais éternels qui voient naître et mourir plusieurs générations, chaque famille a du moins sa cabane d'hiver et sa cabane d'été; ou plutôt, des matériaux d'un logement ils en font deux, amovibles et portatifs. Leur logement d'hiver, qu'ils appellent *yourte*, se construit de cette manière :

On creuse un terrain à la profondeur de quatre pieds et demi. La largeur est proportionnée au nombre des gens qu'il faut loger, de même que la longueur. Mais on peut juger de cette dernière dimension par le nombre et la distance des poteaux qui sont plantés dans cet emplacement. Sur une ligne qui le partage en deux carrés longs égaux on enfonce quatre poteaux séparés d'environ sept pieds l'un de l'autre. Ces poteaux soutiennent des poutres disposées sans doute dans la longueur de l'yourte. Les poutres portent des solives dont un bout va s'appuyer sur la terre. Ces solives sont entrelacées de perches, et toute cette charpente est revêtue de gazon et de terre, mais de façon que l'édifice présente une forme ronde en dehors, quoiqu'en dedans il soit carré. Au milieu du toit, on ménage une ouverture carrée qui tient lieu de porte, de fenêtre et de cheminée. Le foyer se pratique contre un des côtés longs, et l'on y ouvre un tuyau de dégagement à l'air pour chasser la fumée en dehors par la cheminée. Vis-à-vis du foyer sont les ustensiles, les auges où l'on prépare à manger pour les hommes et les chiens. Le long des murs ou des parois sont des bancs ou des solives couvertes de nattes pour s'asseoir le jour et dormir la nuit. On descend dans les yourtes par des échelles qui vont du foyer à l'ouverture de la cheminée. Elles sont brûlantes. On y serait bientôt étouffé par la fumée; mais les Kamtchadales ont l'adresse d'y grimper comme des écureuils par des échelons où ils ne peuvent appuyer que la pointe du pied. Cependant il y a, dit-on, une autre ouverture plus commode, qu'on appelle *youpana*; mais elle n'est que pour les femmes; un homme aurait honte d'y passer, et l'on verrait plutôt une femme entrer ou sortir par l'échelle ordinaire, à travers la fumée, avec ses enfans sur le dos : tant il est glorieux d'être homme chez les peuples qui ne connaissent encore d'empire que celui de la force. Quand la fumée est trop épaisse, on a des bâtons faits en tenailles pour jeter les gros tisons par-dessus l'yourte, à travers la cheminée. C'est même une joûte de force et d'adresse entre les Kamtchadales. Ces maisons d'hiver sont habitées depuis l'automne jusqu'au printemps.

C'est alors que les Kamtchadales sortent de leurs huttes, comme une infinité d'animaux de leurs souterrains, et vont camper sous des *balaganes*, dont voici la description.

Neuf poteaux de treize pieds, plantés sur trois rangs, à égale distance comme des quilles, sont unis par des traverses, et surmontés de soliveaux qui forment le plancher, couvert de gazon. Au-dessus s'élève un toit en pointe, avec des perches liées ensemble par un bout, attachées par l'autre aux solives qui font l'enceinte du plancher. Deux portes ou trappes s'ouvrent en face l'une de l'autre. On descend dans les yourtes, on monte dans les balaganes, et c'est avec la même échelle portative. Si l'on entre ainsi dans les maisons par le toit, c'est pour les garantir des bêtes, et surtout des ours, qui viendraient y manger les provisions de poissons, comme ils font quelquefois quand les rivières et les champs ne leur offrent rien. Un lieu planté de balaganes est appelé *ostrog* par les Cosaques, c'est-à-dire, *habitation* ou *peuplade*. Un ostrog a l'air d'une ville dont les balaganes seraient les tours. Ces sortes d'habitations sont ordinairement près des rivières, qui deviennent dès lors le domaine des habitans. Ils s'attachent à ces rivières comme les autres peuples à leurs terres. Les Kamtchadales disent que leur père ou leur dieu (c'est la même chose) vécut deux ans sur les bords de chaque rivière, et qu'il les peupla de ses enfans, leur laissant pour héritage les bords et les eaux de la rivière où ils étaient nés. Aussi ne s'éloignent-ils guère, dans leurs transmigrations, de ce domaine antique et inaliénable. Mais les peuples voisins de la mer bâtissent sur ses côtes ou dans les bois, qui n'en sont pas éloignés. La chasse, ou plutôt la pêche des phoques, étend quelquefois leurs excursions à cinquante lieues de leurs habitations. La faim n'admet point de demeure fixe chez les sauvages, comme l'ambition ne connaît ni frontières ni limites chez les peuples policés.

Les meubles des Kamtchadales sont des tasses, des auges, des paniers ou corbeilles, des canots et des traîneaux; voilà leurs richesses, qui ne coûtent ni de longs désirs, ni de grands regrets. Comment ont-ils fait ces meubles sans le secours du fer ou des métaux? C'est avec des ossemens et des cailloux. Leurs haches étaient des os de renne ou de baleine, ou même du jaspe taillé en coing. Leurs couteaux sont encore aujourd'hui d'un cristal de roche, pointus et taillés comme leurs lancettes, avec des manches de bois. Leurs aiguilles sont faites d'os de zibeline, assez longues pour être percées plusieurs fois quand elles se rompent à la tête.

On ne décrit point leurs ustensiles; mais les plus beaux sont des auges de bois, qui coûtaient autrefois un an de travail. Aussi c'était assez d'une belle auge pour distinguer un village entier, quand elle pouvait servir à régaler plusieurs convives. S'il est vrai, comme on le dit, qu'un seul Kamtchadale mange autant que dix hommes ordinaires; on ne saurait trop vanter une de ces auges.

Pour faire leurs outils et leurs meubles, ces sauvages ont besoin de feu. Quel est leur moyen d'en avoir? Ils tournent entre les mains, avec beaucoup de rapidité, un bâton sec et rond qu'ils passent dans une planche percée à plusieurs trous, et ne cessent de le tourner qu'il ne soit enflammé. Une herbe séchée et broyée leur sert de mèche. Ils préfèrent leur art de faire du feu à celui d'en tirer des pierres à fusil, parce qu'il leur est plus facile par l'habitude.

Leurs canots sont de deux sortes : les uns, qu'ils appellent *koiakhtoktim*, sont faits à peu près comme les bateaux de pêcheurs russes; mais ils ne s'en servent que sur la rivière de Kamtchatka. Les autres, qu'on emploie sur les côtes de la mer, et qui s'appellent *taktous*, ont la proue et la poupe d'égale hauteur, et les côtés bas et échancrés vers le milieu, ce qui les expose à se remplir d'eau quand il fait du vent. Veut-on exposer ces canots en haute mer à la grande pêche, on les tient fendus au milieu, puis on les recoud avec des fanons de baleine, et on les calfate avec de la mousse ou de l'ortie qui sert de chanvre. C'est pour empêcher que ces canots ne soient brisés et entr'ouverts par les vagues qu'on pratique, dans le bois dont ils sont construits, ces jointures flexibles et liantes de baleine. Ces sortes de bateaux s'appellent *baïdares*. Ceux des Kamtchadales qui manquent de bois font leurs bateaux de cuir de phoque. C'est sous la protection de la peau d'un de ces animaux qu'ils vont en prendre d'autres.

Ces canots servent non-seulement à la pêche, mais au transport. Deux hommes assis dans un de ces bateaux, l'un à la poupe, l'autre à la proue, remontent les rivières avec de longues perches. Quand la rivière est rapide et le canot chargé, ils sont quelquefois un quart d'heure courbés sur leur perche pour avancer de cinq à six pieds. Mais si le canot est vide, ils feront vingt et même quarante verstes dans un jour. Les plus grands bateaux portent de neuf à treize quintaux. Si la charge demande beaucoup de place, comme le poisson sec, qu'il faut étaler, on joint deux canots ensemble avec des planches en travers qui servent de pont; mais on n'a guère cette facilité que sur le Kamtchatka, rivière plus large et moins rapide que les autres.

Kracheninnikov a mieux détaillé la description des traîneaux que celle des canots. Voici comment les Kamtchadales construisent les voitures de terre :

« Les traîneaux sont faits de deux morceaux de bois courbés; ils choisissent pour cet effet un morceau de bouleau qui ait cette forme; ils le séparent en deux parties, et les attachent à la distance de treize pouces par le moyen de quatre traverses; ils élèvent, vers le milieu de ce châssis, quatre montans qui ont dix-neuf pouces d'équarrissage environ. Ils établissent sur ces quatre montans le siége, qui est un vrai châssis de trois pieds de long sur treize pouces de large; il est fait avec des perches légères et des courroies. Pour rendre le traîneau plus solide, ils attachent encore sur le devant un bâton qui tient, par une extrémité, à la première traverse, et par l'autre, au châssis qui forme le siége. » Chacun de ces traîneaux est attelé de quatre chiens, qui ne coûtent que quinze roubles, tandis que le harnais en coûte vingt. Aussi est-il composé de plusieurs pièces.

Les traits qu'on appelle *alaki* sont deux courroies larges et amples qu'on attache sur les épaules des chiens, à une espèce de poitrail : chaque trait porte une petite courroie avec un crochet qui passe dans un anneau attaché sur le devant du traîneau.

Le timon *(pobegenik)* est une longue courroie attachée par un crochet sur le devant du traîneau, et de l'autre bout, au milieu d'une petite chaîne qui tient les chiens de front et les empêche de s'écarter.

Une courroie plus longue, qui sert de rênes *(ouzda)*, tient par un bout au traîneau comme le timon, et s'accroche de l'autre à une chaîne qu'on attache aux chiens de volée.

Le Kamtchadale conduit son attelage avec l'*ochtal* : c'est un bâton crochu de trois pieds, garni de grelots, qu'il secoue pour animer les chiens, criant *onga*, s'il veut aller à gauche; *kna*, s'il tourne à droite : pour retarder la course, il traîne un pied sur la neige; pour s'arrêter, il y enfonce son bâton. Quand la

Le voyageur assis, les jambes pendantes, a le côté droit vers l'attelage.

neige est glacée, il attache des glissoires d'os ou d'ivoire sous les semelles de cuir dont les ais du traîneau sont revêtus : quand il y a des descentes, il lie des anneaux de cuir à ces semelles. Le voyageur assis, les jambes pendantes, a le côté droit vers l'attelage. Il n'y a que les femmes qui s'asseyent dans le traîneau, le visage tourné vers les chiens, ou qui prennent des guides. Les hommes conduisent eux-mêmes leur voiture.

Cependant, quand il y a beaucoup de neige, il faut avoir un guide pour frayer le chemin. Cet homme précède les chiens avec des espèces de raquettes. Elles sont faites de deux ais assez minces, séparés dans le milieu par des traverses dont celle de devant est un peu recourbée. Ces ais et ces traverses sont garnies de courroies qui se croisent pour soutenir le pied. Le conducteur, qu'on appelle *brodovchiki*, prend les devans et fraie la route jusqu'à une certaine distance ; ensuite il revient sur ses pas, et pousse les chiens dans le chemin qu'il leur a ouvert. Il se perd tant de temps à cette manœuvre, qu'on a de la peine à faire deux lieues et demie dans un jour, tant les chemins sont difficiles et hérissés de broussailles ou de glaces.

Un Kamtchadale ne va jamais sans raquettes et sans patins, même avec son traîneau. Si l'on traverse un bois de saule, on risque de se crever les yeux ou de se rompre bras ou jambes, parce que les chiens redoublent d'ardeur et de vitesse à proportion des obstacles. Dans les descentes escarpées, il n'est pas possible de les arrêter. Malgré la précaution d'en dételer la moitié, ou de les retenir de toutes ses forces, ils emportent le traîneau, et quelquefois renversent le voyageur. Alors il n'a d'autre ressource que de courir après ses chiens, qui vont d'autant plus vite que le poids est léger. Quand le traîneau s'accroche, l'homme le rattrape et se laisse emporter, rampant sur son ventre, jusqu'à ce que les chiens soient arrêtés, ou de lassitude, ou par quelque obstacle.

Les armes des Kamtchadales sont l'arc, la lance, la pique et la cuirasse. Ils font leurs arcs de mélèse, et les garnissent d'écorce de bouleau. Les nerfs de baleine y servent de corde. Leurs flèches ont environ trois pieds et demi de longueur; la pointe en est armée de différentes façons. Quand c'est de pierre, ils appellent la flèche *kauglatch; pinch*, si le bout est d'un os mince; et *aglpinch*, si cette pointe d'os est large. Ces flèches sont la plupart empoisonnées, et l'on en meurt dans vingt-quatre heures, à moins que l'homme ne suce la plaie qu'elles ont faite.

Les lances sont armées comme les flèches : les piques *(oukarel)* sont armées de quatre pointes. Le manche en est fiché dans de longues perches.

La cuirasse, ou cotte d'armes, est faite de nattes ou de peau de phoque. On coupe le cuir en lanières, que l'on croise et tresse de façon à les rendre élastiques et flexible comme des baleines. Cette cuirasse couvre le côté gauche, et s'attache au côté droit. Les Kamtchadales portent, de plus, deux ais ou petites planches, dont l'une défend la poitrine, et l'autre la tête par derrière. Mais ce sont des armes défensives, qui supposent une sorte d'art ou d'habitude de la guerre.

« Les Kamtchadales ont des mœurs grossières, dit Steller. Leurs inclinations ne diffèrent point de l'instinct des bêtes; ils font consister le souverain bonheur dans les plaisirs corporels, et ils n'ont aucune idée de la spiritualité de l'âme.

» Les Kamtchadales sont extrêmement grossiers, disent les Russes. La politesse et les complimens ne sont point d'usage chez eux. Ils n'ôtent point leurs bonnets, et ne saluent jamais personne. Ils sont si stupides dans leurs discours, qu'ils semblent ne différer des brutes que par la parole. Ils sont cependant curieux.... Ils font consister leur bonheur dans l'oisiveté et dans la satisfaction de leurs appétits naturels.... Quelque dégoûtante que soit leur façon de vivre, quelque grande que soit leur stupidité, ils sont persuadés néanmoins qu'il n'est point de vie plus heureuse et plus agréable que la leur. C'est ce qui fait qu'ils regardent avec un étonnement mêlé de mépris la manière de vivre des Cosaques et des Russes. »

Les femmes des Kamtchadales, médiocrement fécondes, accouchent aisément. Steller dit qu'il en vit une sortir de sa yourte, et revenir au bout d'un quart d'heure avec un enfant, sans la moindre marque d'altération sur le visage. Elles accouchent à genoux en présence de tous les habitans du bourg ou de l'ostrog, sans distinction d'âge, ni de sexe; et cet état de douleur n'alarme guère la pudeur. Elles coupent le cordon ombilical avec un caillou tranchant, lient le nombril avec un fil d'ortie, et jettent l'arrière-faix aux chiens. Tous les assistans prennent l'enfant dans leurs mains, le baisent, le caressent, et se réjouissent avec le père et la mère. Les pères donnent à leurs enfans les noms de leurs parens morts; et ces noms désignent ordinairement quelque qualité singulière, ou quelque circonstance relative, soit à l'homme qui le portait, soit à l'enfant qui le reçoit.

Une caisse de planches sert de berceau; on y ménage sur le devant une espèce de gouttière, pour laisser écouler l'urine. Les mères portent leurs enfans sur le dos pour voyager ou travailler, sans jamais les emmailloter ni les bercer. Elles les allaitent trois ou quatre ans. Dès la seconde année, ils se traînent en rampant; quelquefois ils vont jusqu'aux auges des chiens, dont ils mangent les restes.

Mais c'est un grand plaisir pour la famille quand l'enfant commence à grimper sur l'échelle de la cabane. On habille de bonne heure ces enfans à la samoïède. Ce vêtement, qui se passe par les pieds, est un habit où le bonnet, le caleçon et les bas sont attachés et cousus ensemble. On y ménage un trou par-derrière, pour satisfaire aux besoins pressans, et l'on ferme cette ouverture avec une pièce qui se relève.

Les parens aiment leurs enfans sans en attendre le même retour. Si l'on en croit Steller, les enfans grondent leurs pères, les accablent d'injures, et ne répondent aux témoignages de la tendresse paternelle que par l'indifférence. La vieillesse infirme est surtout dans le mépris. Au Kamtchatka, les parens n'ont point d'autorité, parce qu'ils n'ont rien à donner. Les enfans prennent ce qu'ils trouvent sans demander. Ils ne consultent pas même leurs parens quand ils veulent se marier. Le pouvoir d'un père et d'une mère sur leur fille se réduit à dire à son amant, *touche-la, si tu peux*.

Ces mots sont une espèce de défi, qui suppose ou donne de la bravoure. La fille recherchée est défendue, comme une place forte, par des camisoles, des caleçons, des filets, des courroies, des vêtemens si multipliés, qu'à peine peut-elle se remuer. Elle est gardée par des femmes qui ne suppléent que trop bien à l'usage qu'elle voudrait ou ne voudrait pas faire de ses bras ou de ses forces. Si l'amant la rencontre seule ou peu environnée, il se jette sur elle avec fureur, arrache et déchire les habits, les toiles et les liens dont elle est enveloppée, et se fait jour, s'il le peut, jusqu'à l'endroit où on lui a permis de la toucher. S'il y a porté la main, sa conquête est à lui; dès le soir même il vient jouir de son triomphe, et le lendemain il emmène sa femme avec lui dans son habitation. Mais souvent ce n'est qu'après une suite d'assauts très-meurtriers; et telle place coûte sept ans de siége sans être emportée. Les filles et les femmes qui la défendent tombent sur l'assaillant à grands cris et à grands coups, lui arrachent les cheveux, lui égratignent le visage, et quelquefois le jettent du haut des balaganes. Le malheureux, estropié, meurtri, couvert de sang et de contusions, va se faire guérir avec le temps, et se remettre en état de recommencer ses assauts. Mais quand il est assez heureux pour arriver au terme de ses désirs, sa maîtresse a la bonne foi de l'avertir de sa victoire en criant, d'un ton de voix tendre et plaintif, *ni*, *ni*. C'est le signal d'une défaite, dont l'aveu coûte toujours moins à celle qui le fait qu'à celui qui l'obtient. Car, outre les combats qu'il lui faut risquer, il doit acheter la permission de les livrer au prix de travaux longs et pénibles. Pour toucher le cœur de sa maîtresse, il va dans l'habitation de celle qu'il recherche servir quelque temps toute la famille. Si ses services ne plaisent pas, ils sont entièrement perdus ou faiblement récompensés. S'il plaît aux parens de sa maîtresse qu'il a gagnée, il demande et on lui accorde la permission de la toucher.

Après cet acte de violence et d'hostilité, suivi du sceau le plus doux de réconciliation, qui fait l'essence du mariage, les nouveaux époux vont célébrer la fête ou le festin de leurs noces chez les parens de la fille. Voici le détail de cette cérémonie, d'après Kracheninnikov, qui fut témoin, en 1739, d'une noce au Kamtchatka.

« L'époux, dit-il, accompagné de sa femme et de ses parens, s'embarqua sur trois grands canots pour aller rendre visite à son beau-père. Les femmes, assises avec la mariée, portaient des provisions de bouche en abondance. Les hommes tout nus, et surtout le marié, conduisaient les canots avec des perches. A trois cent toises de l'habitation, on descendit à terre; on fit des sortiléges et des conjurations en chantant. Ensuite on passa à la mariée, par-dessus ses habits, une camisole de peau de mouton, où étaient attachés des caleçons et quatre autres habits. Après cette cérémonie, on remonta dans les canots et l'on aborda près de la maison du beau-père. Un des jeunes garçons, député du village de la mariée, la conduisit depuis le canot jusqu'à l'yourte où devait se célébrer la fête. On l'y descendit par une courroie. Une vieille femme qui la précédait avait mis au pied de l'échelle une tête de poisson sec, sur laquelle on avait prononcé des paroles magiques à la première descente du canot. Cette tête fut foulée aux pieds par tous les gens du voyage, par les jeunes mariés, enfin par la vieille, qui la mit sur le foyer à côté du bois préparé pour chauffer l'yourte.

» On ôta à la mariée les habits superflus dont on l'avait surchargée, pour en faire présent à tous les parens qui pouvaient en rendre aux nouveaux mariés; car ces sortes de dons sont rarement gratuits. L'époux chauffa l'yourte, prépara les provisions, et régala tous les convives. Le lendemain le père de la jeune épouse donna son festin, et le troisième jour les convives se séparèrent ; mais les nouveaux mariés restèrent quelques jours chez le beau-père pour travailler. »

Telles sont les cérémonies des premières noces. Les secondes n'en exigent pas. Une veuve qui veut se remarier, n'a besoin que de se faire purifier, c'est-à-dire, que de coucher avec un autre homme que celui qu'elle doit épouser. Cette purification est si déshonorante pour l'homme, qu'il n'y a que des étrangers qui veuillent s'en charger. Une veuve risquait autrefois de l'être toute sa vie ; mais depuis qu'il y a des Cosaques au Kamtchatka, les veuves trouvent à se faire absoudre du crime des secondes noces. On se purifie en ce pays-là comme on se souille en d'autres.

Rien n'est plus libre au Kamtchatka que les lois du mariage. Toute union d'un sexe à l'autre est permise, si ce n'est entre le père et sa fille, entre le fils et sa mère. Un homme peut épouser plusieurs femmes, et les quitter. La séparation de lit est le seul acte de divorce. Les deux époux, ainsi dégagés, ont la liberté de faire un nouveau choix sans nouvelle cérémonie. Ni les femmes ne sont jalouses entre elles de leur mari commun, ni le mari n'est jaloux de ses femmes; encore moins l'est-on de la virginité que nous prisons si fort. On dit même qu'il y a des maris qui reprochent aux beaux-pères de trouver dans les femmes ce qu'on se plaint quelquefois parmi nous de ne pas y trouver, les doux obstacles que la nature oppose à l'amour dans une vierge intacte.

Cependant les femmes kamtchadales ont aussi leur modestie ou leur timidité : quand elles sortent, c'est toujours le visage couvert d'un coqueluchon qui tient à leur robe; viennent-elles à rencontrer un homme dans un chemin étroit, elles lui tournent le dos pour le laisser passer sans être vues. Quand elles travaillent dans leurs yourtes, c'est derrière des rideaux; et si elles n'en ont point, elles tournent la tête vers la muraille dès qu'il entre un étranger, et continuent leur ouvrage : mais ce sont, dit-on, les mœurs grossières de l'ancienne rusticité. Les Cosaques et les Russes policent insensiblement ces femmes sauvages, sans songer que ce sexe est plus dangereux, peut-être, apprivoisé que farouche.

Ce sont les occupations qui font les mœurs. Tous les peuples du Nord ont beaucoup de ressemblance entre eux; les peuples chasseurs et pêcheurs encore davantage.

Au printemps, les hommes se tiennent à l'embouchure des rivières pour attraper au passage beaucoup de poissons qui retournent à la mer, ou bien ils vont dans les golfes et les baies prendre une espèce de morue qu'on appelle *vachinia*. Quelques-uns vont à la pêche des loutres de mer. En été l'on prend encore du poisson; on le fait sécher et on le transporte aux habitations. En automne, on tue des oies, des canards, on dresse des chiens, on prépare des traîneaux. En hiver, on va sur ces voitures, à la chasse des zibelines et des renards, ou chercher du bois et des provisions; ou bien on s'occupe dans sa hutte à faire des filets.

Dans cette saison les femmes filent l'ortie avec leurs doigts grossiers. Au printemps, elles vont cueillir des herbages de toute espèce, et surtout de l'ail sauvage. En été, elles ramassent l'herbe dont elles ourdissent des tapis et des manteaux, ou bien elles suivent leurs maris à la pêche, pour vider les poissons qu'il faut sécher. En automne, on les voit couper et rouir l'ortie, ou bien courir dans les champs pour voler de la sarana dans les trous des rats.

Ce sont les hommes qui construisent les yourtes et les balaganes, qui font les ustensiles de ménage et les armes pour la guerre, qui préparent et donnent à manger, qui écorchent les chiens et les animaux dont la peau sert à faire des habits.

Les femmes taillent et cousent les vêtemens et la chaussure. Un Kamtchadale rougirait de manier l'aiguille et l'alène comme font les Russes, dont il se moque. Ce sont encore les femmes qui préparent et teignent les peaux. Elles n'ont qu'une manière dans cette préparation. On trempe d'abord des peaux pour les racler avec un couteau de pierre; ensuite on les frotte avec des œufs de poissons frais ou fermentés, et l'on amollit les peaux, à force de les tordre et de les fouler. On finit par les ratisser et les frotter, jusqu'à ce qu'elles soient nettes et souples. Quant on veut les tanner, on les expose à la fumée durant une semaine ; on les épile dans l'eau chaude, on les frotte avec du caviar, puis on les tord, les foule et les ratisse.

Pour teindre les peaux de phoques, après en avoir ôté le poil, les femmes les cousent en forme de sac, le côté du poil en dehors. Elles versent dans ce sac une forte décoction d'écorce d'aulne, et le recousent par le haut. Quelque temps après, on pend le sac à un arbre, on le frappe avec des bâtons, à plusieurs reprises, jusqu'à ce que la couleur ait pénétré en dehors, puis on le laisse sécher à l'air, et on l'amollit en le frottant. Cette peau devient enfin semblable au maroquin. Les femmes veulent-elles teindre le poil des phoques pour garnir leurs robes et leurs chaussures, elles emploient un petit fruit rouge, très-foncé, qu'elles font bouillir avec de l'écorce d'aulne, de l'alun, et une huile minérale. Voilà tous les arts, tous les travaux des Kamtchadales.

Presque toutes les occupations se rapportent aux premiers besoins de l'homme. La nourriture, besoin le plus pressant et le plus continuel, qui se renouvelle à chaque instant, qui tient tous les êtres vivans en action, demande presque tous les soins des peuples sauvages. Leurs voyages mêmes, semblables aux courses des animaux errans, n'ont pour but que la pêche et la chasse, la recherche ou l'approvisionnement des vivres. Ils s'exposent, pour en avoir, au danger de mourir de faim. Souvent ils sont surpris, dans un lieu désert, par un ouragan qui fouette la neige en tourbillon. Alors il faut se réfugier dans les bois avec ses chiens et son traîneau, jusqu'à ce que cet orage soit passé. Quelquefois il dure huit jours. Les chiens sont obligés de manger les courroies et les cuirs des traîneaux, tandis que l'homme n'a rien; encore est-il heureux de ne pas mourir de froid. Pour s'en garantir, les voyageurs se mettent dans des creux, qu'ils garnissent de branches, et s'enveloppent tout entiers dans leurs pelisses, où la neige les couvre bientôt, de façon qu'on les ne distinguerait pas dans leurs fourrures, s'ils ne se levaient de temps en temps pour la secouer, ou s'ils ne se roulaient comme une boule, afin de s'échauffer et de respirer. Ils ont soin de ne pas trop serrer leur ceinture, de peur que, s'ils étaient à l'étroit dans leur habits, la vapeur de leur respiration, qui vient à se geler, ne les engourdît, et ne les suffoquât sous une atmosphère de glaçons. Quand les vents de l'est au sud soufflent une neige humide, il n'est pas rare de trouver des voyageurs gelés par le vent du nord, qui suit de près ces sortes d'ouragans. Quelquefois, obligés de courir sur leurs traîneaux, le long des rivières, dans des chemins raides et raboteux, ils y tombent et se noient; ou, s'ils regagnent les bords, ils y périssent dans les douleurs cuisantes du froid qui les a saisis. Rarement ont-ils la commodité de faire du feu; et s'ils l'avaient, ils la négligeraient. Eux et leurs chiens s'échauffent mutuellement couchés pêle-mêle, et se nourissent en route de poisson sec, qui n'a pas besoin d'apprêts. Aux mois de mars et d'avril, saison des voyages, ils passeront deux ou trois nuits dans un endroit isolé. Les hommes s'accroupissent sur le bout des doigts des pieds, entortillés dans leurs pelisses, et dorment tranquillement dans cette situation gênante. D'ailleurs ils sont endurcis au froid. « J'ai vu plusieurs de ces sauvages, dit Kracheninnikov, qui s'étant couchés le soir, le dos tout nu, tourné vis-à-vis du feu, dormaient d'un sommeil profond, quoique le feu fût éteint, et que leur dos fût couvert de givre. » Mais parmi tous ces périls et ces accidens, c'est une grande ressource pour l'homme que la compagnie de ses chiens. Cet animal fidèle échauffe et défend son maître durant le sommeil. Moins fort que le cheval, mais plus intelligent, au milieu des ouragans qui obligent le voyageur d'avoir les yeux fermés, il ne s'écarte guère de son chemin; et si le mauvais temps l'égare, son odorat lui fait bientôt retrouver sa route dans le calme. Sage et prévoyant, sa sagacité prédit l'orage; et, soit finesse de tact, soit l'effet d'une correspondance secrète de la vissicitude de ses modifications avec celle des températures de l'air, quand l'ouragan s'approche et s'annonce sur la neige qu'il amollit ou rend plus humide, le chien s'arrête, gratte la terre avec ses pattes, et semble avertir son maître de la tempête.

Qui croirait qu'un peuple si peu soigné de la

nature fût assez malheureux pour vivre dans un état de guerre? S'il n'a rien à perdre, qu'a-t-il à gagner? Cependant, si l'on s'en rapporte aux Russes, les Kamtchadales se faisaient la guerre entre eux avant que les Russes vinssent les soumettre. Quel était l'objet de cette guerre? Des prisonniers à faire. Le vainqueur employait les hommes à des travaux, les femmes à ses plaisirs. La vengeance, ou le point d'honneur, sentimens outrés et barbares chez tous les peuples, faisaient courir aux armes et au sang. Une querelle entre des enfans, un hôte mal régalé par un autre, c'en était assez pour détruire une habitation. On y allait de nuit, on s'emparait de l'entrée des yourtes; un seul homme, avec une massue ou une pique, tuait ou perçait une famille entière. Ces guerres intestines n'ont pas peu contribué, dit-on, à soumettre les Kamtchadales aux Cosaques. Une habitation se réjouissait de la défaite d'une autre, sans songer que l'incendie d'une maison menace les maisons voisines, et que la destruction d'une peuplade prépare la ruine d'une nation. Mais il en a coûté cher aux Cosaques pour réduire les Kamtchadales : ce peuple, terrible dans la défense naturelle, a recours à la ruse, si la force lui manque. Lorsque les Cosaques exigeaient le tribut, pour les Russes, de quelque habitation qui n'était pas soumise, les Kamtchadales, loin de témoigner d'abord la moindre résistance, attiraient les cruels exacteurs dans leurs cabanes, et les endormaient par leurs présens et leurs festins;

ensuite ils les massacraient tous, ou les brûlaient dans la nuit. Les Cosaques ont appris par ces trahisons à se défier des caresses et des invitations de ces sauvages. Si leurs femmes sortent la nuit de leur yourte, car elles abhorrent le sang, et leurs maris n'osent en répandre sous leurs yeux ; si les hommes racontent des songes où ils ont vu des morts ; s'ils vont se visiter au loin les uns les autres, c'est un indice infaillible de révolte ou de trahison, et les Cosaques se tiennent sur leurs gardes ; on les égorgerait, eux et tous les habitans qui n'entreraient pas dans le complot.

Rien de plus affreux, disent toujours les Russes, que la cruauté des Kamtchadales envers leurs prisonniers. On les brûle, on les mutile, on leur arrache la vie en détail par des supplices lents, variés et répétés. Cette nation est lâche et timide, disent-ils encore. Cependant elle craint si peu la mort, que le suicide lui est très-familier ; cependant, quand on fait marcher des troupes contre les Kamtchadales révoltés, ces rebelles savent se retrancher dans les montagnes, s'y fortifier, y attendre leurs ennemis, les repousser à coups de flèches ; cependant, lorsque l'ennemi l'emporte, soit par la force ou par l'habileté, chaque Kamtchadale commence par égorger sa femme et ses enfans, se jette dans des précipices, ou s'élance au milieu des ennemis, « pour se faire un lit, dit Kracheninnikov, dans le sang et le carnage, pour ne pas mourir sans se venger. Dans une révolte des habitans d'Outkolok, en 1740, continue le même voyageur, toutes les femmes, à l'exception d'une fille qu'ils n'eurent pas le temps d'égorger, furent massacrées par les hommes, et ceux-ci se précipitèrent dans la mer du haut de la montagne où ils s'étaient réfugiés. » Est-ce là de la lâcheté ou de la faiblesse?

Ce peuple, exposé à tant de maux qui lui viennent de la nature ou des hommes, n'est pas sans quelques plaisirs. Il connaît le doux lien de l'amitié ; il sait exercer l'hospitalité. Elle consiste, entre amis, à se régaler. Un Kamtchadale en invite un autre à manger : ce sera de la graisse de phoque ; l'hôte en coupe une longue tranche ; il se met à genoux devant son convive assis ; il lui enfonce cette graisse dans la bouche, en criant d'un ton furieux *tana* (voilà); et, coupant avec son couteau ce qui déborde des lèvres, il le mange ; mais ce ne sont là que les invitations familières : les repas de cérémonie ne se font pas à si bon marché ; aussi ne se donnent-ils point sans intérêt.

Quand un Kamtchadale veut se lier d'amitié avec un de ses voisins, il l'invite à manger : il échauffe d'avance sa yourte, et prépare, de tous les mets qu'il a dans ses provisions, assez pour rassasier dix personnes. Le convié se rend au festin, et se déshabille, ainsi que son hôte : on dirait un défi à coups de poings. L'un sert à manger à l'autre, et verse du bouillon dans une grande écuelle, sans doute pour aider à la digestion par la boisson. Pendant que l'étranger mange, son hôte jette de l'eau sur des pierres rougies au feu pour augmenter la chaleur. Le convive mange et sue jusqu'à ce qu'il soit obligé de demander grâce à l'hôte, qui, de son côté, ne prend rien, et peut sortir de l'yourte quand il veut. Si l'honneur de l'un est de chauffer et de régaler, celui de l'autre est d'endurer l'excès de la chaleur et de la bonne chère. Il vomira dix fois avant de se rendre; mais enfin, obligé d'avouer sa défaite, il entre en composition : alors son hôte lui fait acheter la trâve par un présent, ce seront des habits, ou des chiens, menaçant de le faire chauffer et manger jusqu'à ce qu'il crève ou qu'il paie. Le convié donne ce qu'on lui demande, et reçoit en retour des haillons, ou de vieux chiens estropiés. Mais il a le droit de la revanche, et rattrape ainsi dans un second festin l'équivalent de ce qu'il a perdu dans le premier.

Cette réciprocité de traitemens entretient les liaisons, l'amitié, l'hospitalité chez les Kamtchadales. Si l'hôte ne se rendait pas à l'invitation du convive qu'il a si bien régalé, celui-ci viendrait s'établir chez lui sans rien dire; et s'il n'en recevait pas des présens, même sans les demander, l'étranger, après avoir passé la nuit, attellerait ses chiens sur l'yourte de son hôte, et, s'asseyant sur son traîneau, il enfoncerait son bâton dans la terre, sans partir, jusqu'à ce qu'il eût reçu des présens. Ce serait une injure cruelle, et le sujet d'une rupture et d'une inimitié sans retour, que de le laisser aller les mains vides; et l'hôte avare demeurerait sans amis, déshonoré parmi tous ses voisins.

Kracheninnikov raconte l'histoire d'un Cosaque qui se fit donner par un Kamtchadale une belle peau de renard à force de le chauffer et de le soûler. Loin de regretter son présent, le sauvage se vantait de n'avoir jamais été si bien traité, disant que les Kamtchadales ne savaient pas régaler leurs amis comme les Russes.

Lorsque les Kamtchadales veulent se livrer à la joie, ils ont recours à l'art pour s'y exciter : la nature ne les y porte pas, mais ils y suppléent par une espèce de champignon qui leur tient lieu d'opium : il s'appelle *mucho-more*, tue-mouche; ils en avalent de tout entiers, pliés en rouleaux, sinon ils boivent d'une liqueur fermentée où ils ont fait tremper de ce narcotique. L'usage modéré de cette boisson leur donne de la gaieté, de la vivacité; ils en sont plus légers et plus courageux; mais l'excès qu'ils en font très-communément les jette en moins d'une heure dans des convulsions affreuses; elles sont bientôt suivies de l'ivresse et du délire. Les uns rient, les autres pleurent au gré d'un tempérament triste ou gai : la plupart tremblent, voient des précipices, des naufrages; et quand ils sont chrétiens, l'enfer et les démons. Cependant les Kamtchadales, plus modérés dans l'usage du mucho-more, tombent rarement dans ces symptômes de frénésie. Les Cosaques, moins instruits par l'expérience, y sont plus sujets. Kracheninnikov en rapporte des exemples dont il a été témoin, ou qu'il tient de gens dignes de foi.

« Mon interprète, dit-il, ayant bu de la liqueur de ce champignon sans le savoir, devint si furieux, qu'il voulait s'ouvrir le ventre avec un couteau. Ce ne fut qu'avec bien de la peine qu'on lui retint le bras au moment qu'il allait se frapper.

» Le domestique d'un officier russe avait résolu d'étrangler son maître, persuadé, disait-il, par le mucho-more, qu'il ferait une belle action; et il l'aurait exécutée, si ses camarades ne l'en eussent empêché.

» Un soldat ayant mangé un peu de muchomore, avant de se mettre en route, fit une grande partie du chemin sans être fatigué. Enfin, après en avoir mangé encore jusqu'à être ivre, il se serra les testicules et mourut. »

Un Kamtchadale, dans cette ivresse, saisi de la peur de l'enfer, confessa tout haut ses péchés devant ses camarades, s'imaginant ne les dire qu'à Dieu.

Le mucho-more est d'autant plus redoutable pour les Kamtchadales, qu'il les pousse à tous les crimes, et les expose dès lors au supplice. Ils l'accusent de tout le mal qu'ils voient, qu'ils font, qu'ils disent, ou qu'ils éprouvent. Malgré ces suites funestes, on n'est pas moins avide de ce poison. Les Koriaks, qui n'en ont point chez eux, en font tant de cas, que, par économie ou pauvreté, s'ils voient quelqu'un qui en ait bu ou mangé, ils ont soin de recevoir son urine dans un vase, et la boivent pour s'enivrer à leur tour de cette liqueur enchanteresse. Quatre de ces champignons ne font point de mal; mais dix suffisent pour troubler l'esprit et les sens. Aussi les femmes n'en usent jamais.

Leurs divertissemens sont la danse et le chant. Voici la description d'une de ces danses, dont Kracheninnikov fut témoin. « Deux femmes qui devaient danser ensemble étendirent une natte sur le plancher au milieu de l'yourte, et se mirent à genoux l'une vis-à-vis de l'autre. Elles commencèrent à hausser et baisser les épaules, et à remuer les mains en chantant fort bas et en mesure. Ensuite elles firent insensiblement des mouvemens de corps plus grands en haussant leur voix à proportion; ce qu'elles ne cessèrent de faire que lorsqu'elles furent hors d'haleine, et que leurs forces furent épuisées. »

Les femmes ont encore une danse particulière : elles forment deux rangs les unes vis-à-vis des autres, et mettent leurs deux mains sur le ventre, puis, se levant sur le bout des doigts des pieds, elles se haussent, se baissent, et remuent les épaules en tenant leurs mains immobiles sans sortir de leur place.

Presque toutes les danses des sauvages sont pantomimes. Chez les Iroquois, elles respirent la guerre. Chez les Kamtchadales, il en est une qui retrace la pêche. Dix personnes de l'un et l'autre sexe, parées de leurs plus beaux habits, se rangent en cercle, et marchent avec lenteur, levant en mesure un pied devant l'autre. Les danseurs prononcent tour à tour quelques mots, de façon que, quand la moitié a prononcé le dernier mot, l'autre moitié prononce les premiers. Ces mots sont tirés de la chasse et de la pêche.

Les hommes ont aussi leurs danses particulières. Les danseurs se cachent dans des coins. L'un bat des mains, les élève en l'air, saute comme un insensé, se frappant la poitrine et les cuisses; un autre le suit, puis un troisième; et tous dansent en rond à la file les uns des autres : ou bien ils sautent accroupis sur leurs genoux, en battant des mains et faisant mille gestes singuliers, qui sont sans doute expressifs, mais pour eux seuls.

Les femmes accompagnent quelquefois leurs danses de chansons. Assises en rond, l'une se lève et chante, agite les bras, et remue tous ses membres avec une vitesse que l'œil suit à peine : elles imitent si bien les cris des bêtes et des oiseaux, qu'on entend distinctement trois différens cris dans un seul. Les femmes et les filles ont la voix agréable : ce sont elles qui composent la plupart des chansons. L'amour en fait constamment le sujet, l'amour, qui est le tourment des peuples policés, et la consolation des sauvages. Voici une de ces chansons :

J'ai perdu ma femme et ma vie. Accablé de tristesse et de douleur, j'irai dans les bois, j'arracherai l'écorce des arbres et je la mangerai. Je me lèverai de grand matin, je chasserai le canard aanghitche pour le faire aller dans la mer. Je jetterai les yeux de tous côtés pour voir si je ne trouverai pas quelque part celle qui fait l'objet de ma tendresse et de mes regrets.

Cette chanson s'appelle *aanghitche*, parce qu'elle est notée sur les tons du cri de cet oiseau

Kracheninnikov a noté une autre chanson kamtchadale, faite en l'honneur de quelques Russes. On y remarque ces couplets :

Si j'étais cuisinier de M. l'Enseigne, je n'ôterais la marmite qu'avec des gants.

Si j'étais M. le Major, je porterais toujours une belle cravate blanche.

Si j'étais Ivan, son valet, je porterais de beaux bas rouges.

Si j'étais étudiant, je décrirais toutes les belles filles.

Cet étudiant est Kracheninnikov : la chanson veut aussi qu'il fasse la description de toutes les autres curiosités naturelles du Kamtchatka.

Du reste, il s'étonne que les Kamtchadales, qui montrent beaucoup de goût pour la musique, n'aient d'autre instrument qu'une espèce de flûte faite avec la tige de l'angélique ; « tuyau, dit-il, sur lequel on ne peut jouer aucun air. »

Mais il serait bien plus surprenant qu'ils aimassent la musique, avec si peu d'invention, de ressources et de loisir. C'est un des premiers arts de l'homme en société, mais un des derniers qu'il perfectionne. Il faut tant de sensibilité, d'oisiveté, de mollesse même pour préparer et façonner les organes aux délices de la musique, qu'elle n'entre souvent dans le génie d'une nation que lorsqu'il est éteint sur tous les autres arts qui demandent de l'action, des veilles, du travail. Peut-être aussi faut-il naître organisé pour la belle musique, et ce n'est pas le don des peuples situés à l'extrémité du Nord.

Les plaisirs des Kamtchadales sont très-bornés; leurs maux ne le sont pas autant, quoiqu'en petit nombre. Leurs principales maladies sont le scorbut, les ulcères, le cancer, la jaunisse : chacun de ces maux a plusieurs remèdes. On se guérit du scorbut, au Kamtchatka, par l'application de certaines feuilles sur les gencives, ou par des boissons. On prend des décoctions de plantes, d'une espèce de gentiane ou de bourgeons de pin, qu'on infuse comme du thé; mais souvent on mange de l'ail sauvage.

Les ulcères sont très-dangereux au Kamtchatka, souvent mortels : ils ont quelquefois deux ou trois pouces de diamètre, et s'ouvrent en quarante ou cinquante trous. S'il n'y a point de suppuration, c'est un signe de mort. On y applique, pour attirer la matière, la peau fumante d'un lièvre écorché ; et, si l'on peut, on arrache la racine de l'ulcère.

Il y a trois maladies au Kamtchatka, qu'on appelle incurables : la paralysie, le mal vénérien et les cancers. La première est de tous les pays sans doute ; mais plus rare chez les sauvages, et de là vient qu'ils ne savent pas la guérir. La seconde leur vient des Russes, qui l'ont apportée dans leur pays de conquête comme les Espagnols l'ont prise à la conquête du Nouveau-Monde. Les éponges marines font, dit-on, suppurer les cancers ; et le sel alkali qu'elles contiennent, brûle les chairs mortes de ces sortes de plaies, qui guérissent quelquefois, mais avec peine et lentement.

Il y a des maladies de peau très-dangereuses. Telle est une espèce de gale, qui, comme la petite vérole, vient à tout le monde, et moissonne bien des victimes. Elle fait son éruption sur la poitrine en forme de ceinture, et mène à la mort, quand elle ne suppure pas. Les enfans ont une gale particulière qu'on appelle *teoved*.

Dans certains maux de reins, on se frotte la partie malade devant le feu, avec de la ciguë, sans toucher à la ceinture, de peur qu'il n'en résulte des convulsions ou des crispations de nerfs.

Dans les douleurs des jointures, on y applique une espèce de champignon qui croît sur le bouleau. On l'allume par un bout, et il brûle comme de l'amadou jusqu'à la chair vive, où il fait une plaie qui, après avoir rendu du sang, se ferme ou se sèche avec la cendre de cette sorte d'agaric.

Les femmes ont une herbe dont elles se parfument en certaines parties pour irriter, pour assouvir l'amour ou ses désirs. Elles boivent de certaines infusions pour être plus fécondes, d'autres infusions pour ne pas avoir d'enfans. Les peuples sauvages ont donc aussi des malheureux qui craignent de se multiplier !

Un remède infaillible contre la jaunisse est un lavement d'iris sauvage ou de violette de bois. On en pile la racine toute fraîche dans l'eau chaude, et l'on en verse le suc, blanc comme du lait, dans une vessie où est attachée une canule. La manière de prendre ces sortes de remèdes, est de se coucher en avant, la tête baissée, en pressant la vessie sous le ventre. Ces seringues ne ressemblent pas mal à une cornemuse, et l'on pourrait s'y tromper au premier coup d'œil.

Les feuilles d'ulmaire pilées sont bonnes contre les morsures d'un chien ou d'un loup. La décoction de cette plante bouillie avec du poisson soulage du mal aux dents.

Les Kamtchadales n'ont besoin d'aucune espèce de chirurgien, même pour la saignée. Sans lancettes ni ventouses, quand ils veulent soulager une partie malade, ils prennent la peau d'alentour avec des pincettes de bois; la percent avec un outil tranchant de cristal ou de pierre, et laissent couler autant de sang qu'ils en veulent perdre. C'est assez parler des maladies du corps, il faut passer à celles de l'esprit.

Les Kamtchadales n'ont aucune idée de l'Être Suprême; et n'ont point le mot *esprit* dans leur langue. Quand Steller leur demandait si à la vue du ciel, du soleil, de la lune et des étoiles, ils n'avaient jamais pensé qu'il y eût un Être tout-puissant, créateur de toutes choses, ils lui ont répondu affirmativement « que jamais cela ne leur était venu dans l'idée, et qu'ils ne sentaient et n'avaient jamais senti pour cet Être Suprême ni amour ni crainte. » Voici quelques-unes de leurs opinions religieuses:

« Dieu n'est la cause ni du bonheur ni du malheur; mais tout dépend de l'homme. Le monde est éternel: les âmes sont immortelles. Elles seront réunies aux corps, toujours sujettes à toutes les peines de cette vie, excepté la faim.

» Toutes les créatures, jusqu'à la mouche la plus petite, ressusciteront après la mort, et vivront sous terre, Ceux qui ont été pauvres dans ce monde seront riches dans l'autre; et ceux qui sont riches ici deviendront pauvres à leur tour. Ils ne croient pas que Dieu punisse les fautes, car celui qui fait mal, disent-ils, en reçoit le châtiment dès à présent.

» Ils pensent que le monde empire de jour en jour, et que tout dégénère en comparaison de ce qui a existé autrefois. »

Au défaut d'idées justes sur la Divinité, les Kamtchadales ont fait des dieux à leur image, comme les autres peuples. « Le ciel et les astres, disent-ils, existaient avant la terre. Koutkhou créa la terre; et ce fut de son fils qui lui était né de sa femme un jour qu'il se promenait sur la mer.

» Koutkhou, disent d'autres Kamtchadales, et sa sœur Kouhtligith, ont apporté la terre du ciel, et l'ont affermie sur la mer créée par Outleigin.

» Koutkhou, après avoir créé la terre, quitta le ciel et vint s'établir au Kamtchatka. C'est là qu'il eut un fils appelé *Tigil*, et une fille nommée *Sidanka*, qui se marièrent ensemble. Koutkhou, sa femme et ses enfans, portaient des habits faits de feuilles d'arbres, et se nourrissaient d'écorce de bouleau et de peuplier; car les animaux terrestres n'avaient point encore été créés, et les dieux ne savaient point prendre de poisson. » Sont-ce les Chinois qui ont porté leur mythologie aux Kamtchadales ? Est-ce l'historien du Kamtchatka qui prête à ce pays les fables de la Chine?

» Koutkhou abandonna un jour son fils et sa fille, et disparut du Kamtchatka. Quoiqu'il marchât sur des raquettes, les montagnes et les collines se formèrent sous ses pas : la terre était plate auparavant; mais ses pieds enfoncèrent comme dans de la glaise, et les vallons creusés en conservent la trace.

» Tigil, voyant augmenter sa famille, inventa l'art de faire des filets avec de l'ortie, pour prendre des poissons. Son père lui avait appris à faire des canots. Il enseigna à ses enfans l'art de s'habiller de peaux. Il créa les animaux terrestres, et leur donna Piliatchoutchi pour veiller sur eux. Ce dieu, d'une taille fort petite, vêtu de peaux de goulu, est traîné par des oiseaux : ce ne sont pas des aigles, ni des colombes, mais des perdrix. Sa femme s'appelle *Tiranous*. »

Koutkhou a fait beaucoup de sottises qui ne lui attirent que des malédictions au lieu de louanges et de prières. Pourquoi tant de montagnes, de précipices, d'écueils, de bancs de sable, de torrens ou de rivières si rapides, tant de pluies et de tempêtes? Les Kamtchadales n'ont que des injures à lui dire pour de si mauvais offices. Soit peu de crainte ou d'amour dans leur culte, ils n'offrent au dieu qu'ils estiment le plus que les ouïes, les nageoires, ou les queues des poissons, qu'ils jetteraient dans les immondices. « Ils ont, dit Kracheninnikov, cela de commun avec toutes les nations asiatiques, qui offrent seulement à leurs dieux ce qui ne vaut rien, et qui gardent pour elles ce qu'elles peuvent manger. » Les dieux peuvent ne pas s'en irriter, mais il n'est pas sûr que les prêtres s'en contentent.

Au reste, si les Kamtchadales ne donnent rien à leurs dieux, c'est qu'ils en attendent peu de chose. Ils font un dieu de la mer, qu'ils appellent *Mitg*, et qu'ils représentent sous la forme d'un poisson. Ce dieu ne songe qu'à lui. Il envoie les poissons dans les rivières, mais pour y chercher du bois propre à la construction de ses canots, et non pour servir de nourriture aux hommes. Ces peuples ne peuvent croire qu'un dieu puisse leur faire du bien.

En revanche, ils connaissent des dieux très-capables de leur faire du mal. Ce sont ceux qui président aux volcans, aux fontaines bouillantes. Ces mauvais génies descendent la nuit des montagnes, et volent à la mer pour y prendre du poisson. Ils en emportent un à chaque doigt. Les dieux des bois ressemblent aux hommes; leurs femmes portent des enfans qui croissent sur leur dos et pleurent sans cesse. Ces esprits égarent les voyageurs et leur ôtent la raison.

Piliatchoutchi, ou Bilioukai, ne laisse pas d'être malfaisant quelquefois. Ce dieu habite sur les nuées, d'où il verse la pluie et lance les éclairs. L'arc-en-ciel est la bordure de son habit. Les sillons que l'ouragan fait sur la neige sont les traces de ses pas. Il faut craindre ce dieu; car il fait enlever dans des tourbillons les enfans des Kamtchadales, pour supporter, comme des cariatides, les lampes qui éclairent son palais.

Touila est le dieu des tremblemens de terre. Ils proviennent de ce que son chien kosei, quand il le traîne, secoue la neige qu'il a sur le corps.

Gaëtch est le chef du monde souterrain, où les hommes vont habiter après leur mort; car sous la terre, qui est plate, est un ciel semblable au nôtre : et sous ce ciel est une autre terre dont les habitans ont l'hiver quand nous avons l'été, et leur été durant notre hiver.

C'est ainsi que les fausses notions de la nature ont engendré les fausses idées de la Divinité. L'homme, en général, tire ses lois, ses mœurs et ses opinions religieuses de son climat. A la vérité, les conquêtes et les transmigrations modifient, altèrent et défigurent quelquefois l'histoire civile et religieuse d'un pays et d'une nation, comme son caractère, sa langue, sa physionomie. Mais, tant qu'un peuple sauvage restera ignoré dans l'enceinte d'un pays borné par les eaux ou les montagnes, il prendra ses dieux dans ses bois, dans la mer, dans les cavernes, dans les lieux sombres ou majestueux ; en un mot, dans les grands objets ou les grands effets de la nature. La peur guidera toujours sa marche dans ses superstitions, et s'il cesse de craindre les fantômes créés par son imagination, ce sera pour s'effrayer d'autres fantômes étrangers.

La faiblesse de l'homme le rend timide ; l'expérience du mal, peureux, et l'ignorance, crédule et fou dans ses peurs. Cependant la superstition des Kamtchadales n'est pas toujours aveugle et mal raisonnée. Ils appellent, dit-on, bien et vertu ce qui satisfait leurs désirs et leurs besoins, faute et mal ce qui peut leur nuire. Monter sur les volcans, c'est s'exposer à une perte certaine, c'est commettre un crime que le ciel doit venger. Jusque-là leur crainte est raisonnable ; mais voici une opinion qu'on doit taxer de lâcheté. C'est une faute de sauver un homme qui se noie, parce qu'on peut se noyer soi-même. Rien n'est plus contraire à la vie sociale.

Les Kamtchadales n'ont pour nourrir leur superstition que des magiciennes. Ce sont toujours de vieilles femmes qui ont exercé les sortiléges, comme si ce sexe, qui commence son règne par l'amour, devait le finir par la crainte; heureusement les charmes de la beauté l'emportent sur ceux de la magie. Au Kamtchatka, les magiciennes ne prétendent que guérir les maladies, détourner les malheurs, et prédire l'avenir. Voici leur grand sortilége.

Deux femmes assises dans un coin murmurent à voix basse, on ne sait quelles paroles. L'une s'attache au pied un fil d'ortie entortillé de laine rouge. Elle agite son pied; si c'est avec rapidité, signe de bonheur; si c'est lentement, mauvais augure. Ces deux compagnes grincent des dents en criant *gouche, gouche* : c'est pour évoquer les démons. Quand elles croient les voir, elles crient en éclatant de rire, *kkaï, kkaï*. Après une demi-heure de vision, l'une répète sans cesse *ickki*, c'est-à-dire, ils n'y sont plus. Pendant ce temps-là, l'autre marmotte les paroles sur le visionnaire, pour l'exhorter et l'aider à n'avoir pas peur du diable.

On fait des sortiléges pour avoir du bonheur à la chasse, ou pour détourner le malheur. Si l'on n'a rien pris, c'est, dit toujours la sorcière, parce qu'on a négligé quelque pratique superstitieuse. Il faut expier cette omission en faisant une petite idole de bois qu'on va mettre sur un arbre.

Quand un enfant est né durant une tempête, c'est un mauvais présage. Dès qu'il aura l'usage de la parole, il faudra le réconcilier avec le diable; et c'est par un sortilége qu'on y réussit. On attend un ouragan; alors l'enfant se met tout nu, avec une coquille entre les mains. Il court autour de la cabane, en disant aux esprits malfaisans : « La coquille est faite pour l'eau » salée, et non pour l'eau douce : vous m'avez » tout mouillé, l'humidité me fera périr. Vous » voyez que je suis nu, et que je tremble de tous » mes membres. » Dès ce moment, l'enfant est en paix avec les diables, et il n'attirera plus de tempêtes ni d'ouragans.

Les Kamtchadales attachent beaucoup de mystères aux songes. S'ils possèdent en songe une jolie femme, ce bonheur est le présage d'une bonne chasse. S'ils songent qu'ils satisfont à certains besoins, ils attendent des hôtes; s'ils rêvent à la vermine, ce sont des Cosaques qui viendront chez eux : ces Cosaques lèvent les impôts.

Mais une seule cérémonie renferme toutes les superstitions des Kamtchadales : c'est la fête de la *purification des fautes*. Comme on y trouve les dogmes et les rits de la religion du pays, il est nécessaire de la décrire avec quelque détail.

Cette fête se célèbre au mois de novembre,

quand les travaux de l'été et de l'automne sont finis. Steller en conjecture que, dans l'origine, elle avait été instituée par la reconnaissance. Mais ce n'est pas dans ce sentiment qu'il faut toujours chercher les premiers établissemens du culte religieux. Si les Kamtchadales n'ont qu'une fête dans l'année, c'est au loisir de la saison où elle se célèbre qu'il est naturel de la rapporter; c'est aux circonstances du retour de ce peuple dans ses cabanes, après la dispersion qu'exigent la chasse et la pêche. S'il y mêle beaucoup de pratiques superstitieuses; si le but même de son institution est une expiation religieuse, c'est que, le désir du bien et la crainte du mal accompagnant l'homme partout, il veut intéresser à sa conservation tous les êtres qu'il voit ou qu'il imagine. Il invoque les biens, il conjure les maux, soit en secret, soit en public. Dans une fête de sauvages, chacun porte ses craintes pour en faire un culte, comme ses provisions pour en faire un repas. Il s'y trouve des opinions communes, ainsi que des mets; et chacun s'arrête à ce qui le touche davantage.

Dans la fête des purifications kamtchadales, on commence par balayer l'yourte. On en ôte ensuite les traîneaux, les harnais, et tout l'attirail qui déplaît aux génies qu'on veut évoquer. Un vieillard et trois femmes portent une natte qui renferme des provisions. On fait une espèce de hache avec de l'*ioukola*, qui est une pâte, et ces quatre personnages sacrés envoient chacun un homme dans le bois, avec ses provisions et sa hache pour le voyage. Le *tonchitche* est une herbe mystérieuse qu'on porte à la main ou sur la tête, et qu'on met partout dans les cérémonies religieuses. Les hommes qui vont au bois couper du bouleau pour l'hiver, en ont sur la tête et sur leurs haches; les femmes et les vieillards dans leurs mains. Celles-ci, après le départ des quatre bûcherons, jettent le reste de leurs provisions aux enfans, qui se battent pour se les arracher.

Ensuite les femmes pétrissent ou taillent de l'youkola en forme de baleine. On chauffe l'yourte; et le vieillard apporte une barbue qu'il met dans un fossé creusé devant l'échelle de l'yourte. Il tourne trois fois sur la même place; les hommes, les femmes et les enfans font la même chose après lui. Il fait cuire de la sarana pour régaler les mauvais génies. Chacun met ses idoles de bois, soit anciennes, soit neuves, dans le plafond au-dessus du foyer; car le foyer et l'échelle sont des choses sacrées dans les yourtes.

Un vieillard apporte un gros tronc de bouleau, dont on fait la grande idole. On attache à celle-ci du matteït au cou, on lui offre du tonchitche, et on la met sur le foyer. C'est le grand dieu Jare. Ensuite les enfans se placent auprès de l'échelle, pour attraper les idoles qu'on leur jette de dehors dans l'yourte; puis un d'entre eux prend la grande idole, la traîne par le cou autour du foyer, et la remet à sa place avec ses compagnons, qui le suivent en criant *alkhla-lalai*.

Les vieillards s'asseyent autour du foyer. Le principal, qui fait l'office de grand-pontife, prend une pelle de tonchitche, et dit au feu nouvellement allumé : « Koutkhou nous ordonne
» de t'offrir une victime chaque année. Sois-
» nous propice, défends-nous, préserve-nous
» des chagrins, des malheurs et des incendies. »
Cette victime est l'herbe même qu'il jette au feu. Tous les vieillards alors se lèvent, frappent des pieds, battent des mains, et finissent par danser, en criant toujours *alkhlalalai*.

Pendant ces cris, les femmes et les filles sortent des coins de l'yourte, les mains levées, avec des regards terribles, des contorsions et des grimaces affreuses. Ces convulsions finissent par une danse accompagnée de cris et de mouvemens si furieux, qu'elles en tombent par terre, comme mortes, l'une après l'autre. Les hommes les remportent à leurs places, où elles restent étendues sans mouvement. Un vieillard vient prononcer sur elles quelques paroles qui les font crier et pleurer comme des possédées.

A la fin du jour, les quatre bûcherons reviennent avec tous les hommes qu'ils ont rencontrés, et portent un des plus gros bouleaux coupés à la racine. Ils frappent à l'entrée de l'yourte avec ce bouleau, battant des pieds et jetant de grands cris. Ceux qui sont dedans leur répondent avec le même bruit. Bientôt une fille s'élance en fureur, vole sur l'échelle, et s'attache au bouleau. Dix femmes l'aident à l'emporter; mais le chef de l'yourte les en empêche. Toutes les femmes tirent le bouleau dans l'yourte; tous les hommes qui sont dehors l'en retirent, et les femmes tombent par terre, excepté la fille qui s'était attachée au bouleau la première. Elles restent toutes sans mouvement.

C'est alors que le vieillard vient les désenchanter. Kracheninnikov, de qui l'on a tiré cette description, dit que, dans une de ces fêtes, il vit une des filles obsédées résister plus long-temps que les autres aux paroles mystérieuses du vieillard. Enfin elle reprit ses sens, et, se plaignant d'un grand mal de cœur, elle fit sa confession, et s'accusa d'avoir écorché des chiens avant la fête. Le vieillard lui dit qu'elle aurait dû s'en purifier en jetant dans le feu des nageoires et des ouïes de poissons. Le remords était insensé : l'expiation devait être ridicule.

Les hommes qui reviennent du bois ne rapportent dans les nattes où l'on avait mis des provisions que des coupeaux de bouleau. On en fait de petites idoles en l'honneur des démons qui se sont emparés des femmes. On les range de suite; on leur présente trois vases de sarana pilée, en mettant une cuiller devant chaque idole. On leur barbouille le visage de baies de myrtille. On leur fait des bonnets d'herbes; et après avoir mangé les mets auxquels elles n'ont pas touché, on fait de ces idoles trois paquets, et l'on jette au feu tous ces petits dieux ou démons, avec de grands cris et des danses.

Toutes les cérémonies de cette fête ont de l'analogie avec les occupations et les besoins du peuple qui la célèbre. Une femme vient à minuit dans l'yourte d'assemblée avec une figure de baleine, faite d'herbe, qu'elle porte sur le dos. Les gestes et les grimaces de cette nouvelle cérémonie, l'objet du culte, tout ce qui se dit et se fait à cette occasion, n'est que pour obtenir des vents et de la mer qu'ils envoient des baleines mortes sur les côtes du Kamtchatka.

Le lendemain matin, de vieilles femmes font à peu près les mêmes extravagances devant des peaux de phoques. Elles ont des courroies faites du cuir de cet animal, et les allumant comme des bougies, elles en parfument ou empestent l'yourte. Cette fumigation s'appelle *une purification*.

Ensuite une femme entre dans l'yourte par la seconde ouverture, qu'on appelle *choplade* ou *ioupana*, tenant un loup fait de matteï, et rempli de graisse d'ours. Les hommes et les femmes se disputent ce loup; le premier sexe l'emporte enfin, un homme tire une flèche sur ce loup, et les autres le déchirent, et mangent la pâte et les matières comestibles dont il est formé. « Quoique les Kamtchadales, dit Kracheninnikov, ne soient pas plus en état de rendre raison de cette cérémonie que de celle de la baleine; quoiqu'ils ignorent si elle a rapport à leurs opinions superstitieuses ou non, et pourquoi elle se pratique ; il me paraît cependant que ce n'est qu'un simple divertissement, ou un emblème du désir qu'ils ont de prendre et de manger des baleines et des loups.

Après ces diverses cérémonies, on apporte dans l'yourte des branches de bouleau. Chaque chef de famille en prend une; et, après l'avoir courbée en cercle, il y fait passer deux fois sa femme et ses enfans, qui dansent en rond au sortir de ce cercle. Cela s'appelle se purifier de ses fautes. La fête se termine par une procession qu'on fait autour de l'yourte, en traînant le grand bouleau que les quatre députés ont apporté de la forêt. On le place enfin sur la balagane, où il reste toute l'année sans la moindre vénération.

Telle est la fête de la purification chez les Kamtchadales du midi. Elle se célèbre avec quelque différence dans les rites chez ceux du nord. Au lieu de la cérémonie d'envoyer au bois, ils ont celle d'envoyer à l'eau. Deux hommes nus, portant au cou des guirlandes qu'on vient d'ôter aux idoles, vont à la rivière avec un seau puiser de l'eau par un trou fait dans la glace. Quand ils ont apporté leurs seaux dans l'yourte, l'un de ces porteurs d'eau prend une longue allumette, en met un bout dans le feu, puis la trempe dans les seaux, d'où il tire un morceau de glace qu'il jette au feu. Après le tribut que ces deux élémens se sont payé réciproquement par les mains de ce Kamtchadale, « il donne à tous les assistans à boire de l'eau comme de l'eau bénite, » dit l'auteur russe.

Il se fait ensuite une ou deux cérémonies secrètes, dont tout le mystère et le prix est dans le secret même, qui ne mérite ni d'être vu ni d'être publié. Tout ce qu'on peut en dire ici pour la curiosité, c'est qu'on y purifie toutes les personnes qui sont malades ou en danger de se noyer. Cette purification du passé, qui sert de préservatif pour l'avenir, consiste, pour les malades, à fouler aux pieds des guirlandes de tonchitche dont on leur avait couronné la tête; et pour les autres, à se coucher sur le foyer, qui est couvert de cendre chaude, appelant à leur secours des personnes qui viennent les retirer de la cendre avec le même empressement que s'ils se noyaient.

Le lendemain de cette purification, on prend deux bottes de paille ou d'herbe sèche pour en faire le *pom*. C'est une figure d'homme qui n'a qu'un pied de hauteur, et à laquelle on attache un priape de deux toises de longueur. On la suspend au plafond par ce priape. On courbe en arc cette longue baguette, et on jette la figure au feu. Tout ceci n'a point de sens ni d'objet. Ce sont des fous qui apaisent un mal imaginaire par des remèdes qui en sont l'aliment, comme font les superstitieux à qui la peur a troublé la raison. Mais ces folies se terminent par des jeux qui divertissent.

Les hommes qui sont dans les yourtes bien chauffées jettent les tisons dehors, les femmes les rejettent dedans. C'est à qui l'emportera.

Les femmes tâchent de fermer l'ouverture de l'yourte, les hommes de les en chasser. Les tisons volent de part et d'autre comme des fusées. Les femmes, qui sont en plus grand nombre, traînent par terre les hommes qui veulent les chasser; les hommes, rangés en haie sur les deux côtés de l'échelle, tâchent d'emmener les femmes prisonnières dans l'yourte. Chaque partie veut en avoir le plus; et si l'un des deux en a fait davantage, l'autre combat encore pour les lui enlever, jusqu'à ce qu'on se trouve de part et d'autre avoir un nombre égal de prisonnières. Alors se fait l'échange, et chacun reprend sa femme.

« La fête de la purification, dit Steller, était jadis célébrée par les Kamtchadales pendant un mois entier. Elle commençait à la nouvelle lune. » On en conclut qu'elle avait été établie sur des fondemens solides, et par des vues religieuses. « Ces peuples jettent encore aujourd'hui tout dans le feu, et regardent comme une chose sacrée tout ce que l'on brûle pendant la fête. En effet, la nouvelle lune, aussi-bien que le feu sacré, a toujours été en vénération chez plusieurs nations, et particulièrement chez les Hébreux. » Steller, ou son éditeur, dit à ce sujet, que « c'est le seul peuple qui n'a point perdu le véritable culte après le déluge; tandis que chez les autres nations, comme chez les Kamtchadales, il n'en est resté que quelques traces. » Mais est-ce à propos du déluge qu'on doit parler du culte du feu, et quel rapport a donc ce culte avec le véritable? Le déluge est la catastrophe la plus universelle et la plus attestée que le globe ait éprouvée, et le culte du feu est le plus généralement répandu sur la terre. L'embrasement du monde aurait bien pu, ce semble, faire imaginer des hydrophories, parce que l'eau éteint les incendies; mais le feu n'arrête point les inondations. Pourquoi donc révérer le feu en mémoire du déluge? Est-ce parce que le soleil dessécha les eaux qui couvraient la terre? Sans chercher l'origine des cultes et des fêtes dans la commémoration du déluge, dont le soleil ne paraît ni la cause ni le remède, n'est-il pas plus vraisemblable que les cultes se sont répandus, comme les hommes et les langues, de la zone torride dans toutes les terres, et que le culte du soleil, assez naturel aux habitans d'un climat où cet astre circonscrit ses révolutions annuelles, et répand les plus fortes influences du bien et du mal physiques, se sera dispersé sur la terre avec les nations que la destruction et la population même auront poussées autour du globe? Ces nations, chassées de leur pays ou par la multiplication des habitans, ou par des calamités et des fléaux inattendus, auront porté dans leurs émigrations, et la vénération de l'astre sous lequel elles vivaient, et le témoignage de la catastrophe qui les avait fait sortir de leur patrie. Elles auront à la fois adoré le soleil, qu'elles regardaient comme leur conservateur, et l'Océan, qu'elles fuyaient comme leur exterminateur. Il y a partout des traces de l'influence salutaire et nuisible des deux élémens les plus utiles et les plus dangereux, l'eau et le feu. Ce sont les deux principes les plus sensibles de la génération, les deux agens les plus universels de la destruction. On aura cru qu'ils pouvaient tout, et que seuls ils faisaient tout. Le mouvement qui leur est essentiel, et dont la source est, ce me semble, en eux-mêmes, aura contribué à les faire craindre et adorer. Les sens du vulgaire, le raisonnement des philosophes; tout aura conduit l'homme à ce culte. Il ne faut pour cela ni traditions, ni révolutions. Mais ces deux choses peuvent augmenter l'effet naturel de la crainte, qui est le penchant à la superstition. Dès lors le culte doit être plus frappant, plus solennel, et se ressentir vivement des idées de désolation qui se sont mêlées à la passion la plus forte des hommes. Au reste, le Kamtchatka est trop voisin de la mer, trop sujet aux attaques de cet élément pour ne pas inspirer à ses habitans une frayeur religieuse des maux qu'il peut leur faire, et une opinion vague, soit conçue ou transmise, de ceux qu'il leur a faits. Mais on ne doit pas se hâter de prononcer sur le culte d'un peuple sans avoir entendu ses dogmes; rien n'est plus incertain que d'en juger par ses cérémonies. Les hommes sont si enclins et si sujets à se tromper en matière de superstition, qu'on ne sait jamais bien ce qu'ils adorent : si c'est l'idole, ou l'offrande, ou l'autel, ou les vases et les instrumens, ou les paroles du culte, ou même le prêtre. La vénération religieuse erre vaguement sur toutes ces choses; car le propre de la peur est de confondre les objets et les idées, surtout dans l'ombre et l'obscurité. Mais on ne se trompe guère sur les opinions religieuses d'un peuple, quand on voit qu'elles ont du rapport à ses actions. Demandez aux Kamtchadales ce que c'est que les éclairs; ils vous répondront : Ce sont les esprits Gamouli, qui, en échauffant leurs huttes, se jettent les tisons à demi consumés. Quand ils entendent le tonnerre, ils disent : *Koutkhou battitouskeret*, Koutkhou tire ses canots; car ils pensent que ce dieu passe ses canots d'une rivière à l'autre, et qu'il entend aussi le même bruit quand ils font la même chose. Ce Dieu craint leur tonnerre comme ils craignent le sien. Lorsqu'il tombe de la pluie, ce sont les Gamouli qui pissent. S'il fait un grand vent, c'est Balakirg, fils de Koutkhou, qui secoue ses cheveux longs et frisés sur la face d'un pays. Durant son absence, sa femme Zavina se met du rouge pour lui plaire à son retour, et ce rouge fait l'éclat de l'aurore et du crépuscule. S'il passe la nuit dehors, elle pleure, et c'est pourquoi le ciel est sombre.

Les Kamtchadales voient très-peu de serpens; mais ils ont une crainte superstitieuse des lézards. Ce sont, disent-ils, les gaëthes, qui viennent leur prédire la mort. Si on les attrape, on les coupe en petits morceaux, pour qu'ils n'aillent rien dire au dieu des morts. Si un lézard échappe, l'homme qui l'a vu tombe dans la tristesse, et meurt quelquefois de la peur de mourir.

Si les Kamtchadales font quelques grimaces de superstition pour conjurer les maux, ils en ont aussi pour attirer les biens dont ils ont besoin. Avant d'aller à la pêche du phoque, ils en font une espèce de représentation mystique, comme les enfans. Une grosse pierre qu'ils roulent contre une yourte, représente la mer; de petits cailloux qu'ils mettent sur cette pierre signifient les vagues; de petits paquets de matteït, les phoques. On met ces paquets entre des boulettes de *tolkoucha*, pâte faite d'œufs de poisson et d'autres mélanges. Avec de l'écorce de bouleau on fait une espèce de vase en forme de canot; on le traîne sur le sable, comme s'il nageait sur la mer. Tout cela se fait pour inviter les phoques à se laisser prendre; en leur montrant qu'ils trouveront au Kamtchatka de la nourriture, une mer, et ce qu'il leur faut. Dans l'yourte, les Kamtchadales ont des hures de phoques à qui ils font des prières et des reproches, comme si ces animaux refusaient de venir chez les hôtes qui les régalent si bien. La fin du repas qu'ils présentent à ces amphibies aboutit à manger eux-mêmes tous les mets qu'ils leur ont offerts; car une religion qui ne donnerait rien à manger ne serait pas bonne pour des sauvages.

Ceux des Kamtchadales qui font la pêche de la baleine s'y préparent par des cérémonies à peu près semblables. Ils façonnent une baleine de bois d'environ deux pieds de longueur. Ils la portent en procession, d'un balagane dans une yourte. Ils placent devant la *Ioupana* un grand vase plein de *tolkoucha*. Ensuite on tire la baleine de l'yourte en criant, *la baleine s'est enfuie dans la mer*. On va la remettre dans un balagane neuf fait exprès, où on laisse une lampe allumée, avec un homme, pour empêcher qu'elle ne s'éteigne pendant la saison de la pêche, qui dure depuis le printemps jusqu'en automne.

Enfin la superstition des Kamtchadales paraît surtout dans leurs usages à l'égard des morts, qui, dans tous les pays, ont toujours été la terreur des vivans. Cette peur fait qu'au Kamtchatka l'on n'ose rien porter de ce qui leur a servi, pas même loger dans l'habitation où un homme est mort. Heureusement il en coûte peu d'en construire une autre. Mais il est singulier que cette frayeur des morts n'inspire pas une sorte de vénération pour les cadavres. Les Kamtchadales les donnent à manger à leurs chiens. Il est vrai que c'est par un motif d'intérêt pour les hommes. « Ceux, disent-ils, dont le corps aura été dévoré par les chiens, en auront de très-bons dans le monde souterrain. » Cependant ils ont encore une autre raison d'intérêt personnel pour exposer les cadavres à la voirie, devant la porte de leurs yourtes : les esprits malins qui ont tué ces victimes s'en contenteront peut-être en les voyant, et feront grâce aux vivans.

FIN DU ONZIÈME VOLUME.

TABLE DES MATIÈRES
CONTENUES DANS CE VOLUME.

SECONDE PARTIE. — ASIE.

LIVRE V,

ASIE CENTRALE ET THIBET.

Pag.

CHAPITRE IV. — Petite Boukharie. . . . 1
CHAP. V. — Tartarie indépendante. 32

LIVRE VI,

SIBÉRIE.

CHAPITRE PREMIER. — Voyage de Gmelin en Sibérie. 70
SUPPLÉMENT AU CHAPITRE PRÉCÉDENT. — Samoïèdes et Ostiaks (par un anonyme.). 177
CHAP. II. — Voyage de l'abbé Chappe en Sibérie. 220
CHAP. III. — KAMTCHATKA. Climat. Minéraux. Animaux. 279
CHAP. IV. — Habitans du Kamtchatka.. . 351

FIN DE LA TABLE.

www.ingramcontent.com/pod-product-compliance
Lightning Source LLC
Chambersburg PA
CBHW051828230426
43671CB00008B/882